清华法律评论

TSINGHUA LAW REVIEW

第十一卷　第二辑

《清华法律评论》编委会　编

法律出版社 LAW PRESS · CHINA

清華大學法學院

TSINGHUA UNIVERSITY SCHOOL OF LAW

1·29

清华法律评论

TSINGHUA LAW REVIEW

第十一卷　第二辑

《清华法律评论》编委会　编

法律出版社 LAW PRESS · CHINA

北京

本出版物已被《中国学术期刊网络出版总库》等CNKI系列数据库、北大法宝数据库、万方数据知识服务平台、维普《中文科技期刊数据库》、超星期刊域出版平台、集刊全文数据库、国家哲学社会科学文献中心等七平台全文收录。

目　录

清华法律评论(第十一卷第二辑)
第1~3页

卷首语

随着《民法典》的出台,我国民事法学研究进入了解释论的新阶段。“法治是最好的营商环境。”随着贯彻新发展理念、构建新发展格局战略的实施,民事法治建设在推进中国式现代化中发挥着日益重要的作用。对于实践中出现的一系列重要问题,需要在理论层面进行细致梳理、谨慎反思并提出妥当方案。为此,《清华法律评论》第11卷第2辑特设“民商法前沿问题研究”栏目,并结合备受学界关注的其他重大理论问题,共精心甄选了10篇佳作刊发,以期对中国法学繁荣发展有所助益。

“民商法前沿问题研究”专题栏目共刊发论文3篇。李欢博士、李建伟教授的《“虚伪”无须“通谋”:《民法典》第146条适用要件的历史解释视角》一文认为我国立法者有意将“单方虚伪表示”条款与“串通”二字同时删去,条文设置与规制结构与德国法已大有不同,不能机械照搬“通谋虚伪表示”的学理解释。承接中国法上的“以合法形式掩盖非法目的”,遵循历史解释方法,将“虚假意思表示规则”解释为“以合法形式掩盖非法目的”的正向进化,对该条款的适用不以“通谋”为必要要件,更有利于《民法典》第146条的理解与适用。李昊教授、翟旭峰的《论违约获益剥夺的中国法路径》一文,认为我国合同法有必要借鉴英美法的经验引入违约获益剥夺制度。违约获益剥夺在性质上属于一种独立的违约救济,在《民法典》生效施行的背景下,需要在解释论上确定违约获益剥夺的规范基础,对此较为稳妥的方案是将违约方获益作为认定守约方损失的标准,进而借助违约损害赔偿规则(《民法典》第584条)实现违约获益剥夺的法律效果。王俐智讲师的《"网络互助"法律性质的争议与回应——基于混合合同理论的思考》,认为网络互助存在着平台与会员的委托关系和会员之间的射幸关系这两层法律关系。委托与射幸相互依存,不可能脱离对方而独立存在,因而构成混合合同。基于网络互助的性质界定,实践中的互助金支付主体难题以及互助条件认定难题均可予以纾解。

"评论"栏目共有5篇论文。周啸天教授、程明的《贿赂类犯罪中"谋取不正当利益"构成要件之再界定》主张贿赂类犯罪所保护的法益,应当为国家工作人员职务行为的公正性。"谋取不正当利益"构成要件不应该被删除,而应进一步界定其具体内涵,将利用"程序不正当"谋取利益的情况也纳入其中。段蓓讲师的《非法吸收公众存款罪的限缩性解释》一文,认为金融准入制度的目的在于保障金融交易秩序的良性发展,其间的关联可分化为如下两个层面的逻辑。其一,以金融准入制度为核心的"手段-目的等价型"层面,其重点在于规制和防止高风险的资本货币类运营的金融行为。其二,以金融交易制度为核心的"手段-目的离散型"层面,其重点在于保障交易信赖和交易秩序,落脚点为公众资金安全是否有被侵害的风险。孙世民博士的《一种新型环境伦理观的构建——从国际环境法的视角》一文,认为应当在摒弃人类中心主义的环境伦理观的同时,构建一种新型的环境伦理观——以可持续发展为中心的新型的环境伦理观,其尊重环境的独立价值和内在价值,倡导人与自然和谐共处,对于实现人类社会的可持续发展具有重要的意义和价值。李游副教授、陈珺雅的《现代金融司法的金融风险协同治理角色》一文,认为现代金融司法应不再仅局限于"裁判者"的内部功能角色,同时也具有在金融发展和金融风险防控中指引、预防、预警、治理的外部功能角色。这使现代金融司法不仅追求围绕事实和证据裁判案件本身"定分止争"的法律效果,而且需要担当金融风险协同治理角色,关注相应裁判对金融市场、社会民生、政治大局的社会效果。何思萌讲师的《近代中国监察权与检察权的关系及其嬗变》一文,认为随着国家司法制度与监察制度的完善,近代中国监察权和检察权的关系经历了中西对立、中西并存到中西共融的三个阶段,展现了两种权力独有的特点和功能,显示出转型期国家综合多方力量打击官吏违法犯罪行为的努力。

"实务研讨"栏目有2篇论文。张嘉彦、徐晓松教授的《反垄断法视阈下的公司"黑箱"及其破解》一文,认为随着公司实践的日益发展,复杂的公司关系日益成为反垄断法实施的阻碍,不宜再将其作为"黑箱"对待。要进一步破解"黑箱",可以通过在责任层面设定个人责任以提高反垄断法实施效能、降低公司代理成本。于汇讲师的《共享经济下的我国劳动关系认定——因应与完善》一文,认为未来为应对网络平台用工问题,我国劳动关系认定规则的自我完善是最为现实的选择,完善的路径包括增加劳动关系判断要素、增加经济从属性的内容和理念以及运用利益衡量与衡平的司法裁判方法。

《清华法律评论》秉承"新百年、新清华、新法学"的理念,以清华法学的学术思想、学术风气和学术情怀为引领,不断努力与奋进,已经成为具有鲜明特色的学术刊物。在《清华法律评论》的发展中,虽有办刊的不易,但我们也在对困难的克服中收获了更多的感动。感谢清华大学法学院各位领导、老师的大力支持,正是有你们这样的坚强后盾,我们才能无所畏惧、勇往直前;感谢我们的各位作者,正是你们的厚学深见才提升了我们刊物的整体水平,你们是繁荣社会主义法学的真正力量;感谢一直以来关心与陪伴我们的众多读者朋友,你们的支持与厚爱尽管让我们诚惶诚恐,但也更加坚定了我们要将刊物办好的决心;感谢在本辑的审稿、校对工作中倾注了诸多心血与付出的编委会同人,也感谢法律出版社曲杰老师的有益建议和辛勤编辑。没有你们,就没有《清华法律评论》。在此,谨向诸位表示衷心的感谢,也期盼诸君能够继续关照成长中的《清华法律评论》!

编者　谨识

2022 年 12 月 31 日

【专　题】

民商法前沿问题研究

清华法律评论(第十一卷第二辑)
第7～39页

“虚伪”无须“通谋”:《民法典》第146条适用要件的历史解释视角

——兼论德国法上“通谋虚伪表示”与中国法上“虚假意思表示”的异质*

李　欢**　李建伟***

目　次

* 本文为国家资助博士后研究人员计划项目“国家出资公司的监督体系研究”(GZC20241964)。

** 李欢,中国社会科学院法学研究所助理研究员,博士后研究人员,主要研究方向:商法学。

*** 李建伟,中国政法大学民商经济法学院教授,法学博士,博士生导师,主要研究方向:商法学。

摘　要　民法学界已达成共识,后《民法典》时代为解释时代,法典条文的适用要件是法释义学争论的核心之一。《民法典》第146条确立了"虚假意思表示规则",目前主流解释为德国民法上的"通谋虚伪表示"。此解释路径关注形式逻辑的规范表达,而非权益保护的裁判实操。由此带来三个方面的难题:其一,在解释路径上,不符合我国的历史认知。其二,在逻辑结构上,不能涵摄单方虚伪表示与避法行为。其三,在司法审查上,实操性将面临很大的压力。《德国民法典》将虚伪表示分为真意保留、戏谑行为与通谋虚伪,分别规定于第116条、第118条、第117条,在行为规制上形成逻辑闭合。在我国原《民法总则》的制定中,立法者有意将"单方虚伪表示"条款与"串通"二字同时删去,条文设置与规制结构与德国法已大有不同,不能机械照搬"通谋虚伪表示"的学理解释。承接中国法上的"以合法形式掩盖非法目的",遵循历史解释方法,将"虚假意思表示规则"解释为"以合法形式掩盖非法目的"的正向进化,对该条款的适用不以"通谋"为必要要件,上述难题将迎刃而解。好的解释方法应以建构减轻论证负担的法释义学为进路。

关键词　通谋虚伪　虚假意思表示　历史解释方法　单方虚伪表示　恶意串通

一、引言

世俗社会的真假虚实是人性,更是法律世界永恒的关注主题之一。"谎言与真相"自当有"合同之欺诈"与"侵权之诈欺"①规制,而"虚假与真意"(若认为)尽可收在《民法典》第146条之中,亦未曾言过。以民法人视角观之,赋予表意人之意思自治,是私益领域"地心引力"之所在,民法精神自由之神灯助燃,如此表意自由,似乎就不该有假意之念。意思表示作为法律行为的核心,在理想状态下,意思的形成及其表达都应是无瑕疵的,表意为真,方能识别,进而亦可裁判,以致德国法上萨维尼的探求真意原理业已成为我国民法典"民事法律行为"章节在解释上的基本进路。但若真意终究无法被探

① 我国台湾地区将侵权法上的欺诈称为诈欺。参见王泽鉴:《侵权行为法》(第1册),中国政法大学出版社2001年版,第295页。

求,条文解释中是该更多强调立法者的规范目的,还是更多关注适法者的裁判视角,是理论与实务共同研讨的话题。

国内学界已达成普遍共识,后《民法典》时代的到来,意味着学界对于中国民法学的研究应从“立法论”转向“解释论”①,并为基本的教义原则和解决方案不断地提出各种不同的、相互竞争的建议,以逐渐构建中国法教义学的框架。《民法典》第146条规定:“行为人与相对人以虚假的意思表示实施的民事法律行为无效。以虚假的意思表示隐藏的民事法律行为的效力,依照有关法律规定处理。”该条款为原《民法总则》确立的“虚假意思表示规则”,《民法典》原封未动予以承继。该条款虽在学理上与德国法的“通谋虚伪”相关联,但条款表述中并未体现“通谋”,而纵观大陆法系,德、日、韩在通谋虚伪条款中均有“通谋”二字的清晰表达。“虚假意思表示规则”如以“通谋”为条款适用要件,则条款适用将被限定,且一方当事人即为此负举证责任,如不以“通谋”而定,则在解释上有单方虚伪表示的可能性,是否应以“通谋”来解释,就成为该条款的核心问题。在《民法典》业已施行的当下,正确理解和精准适用前述条款,已成更高层次更为妥当对待意思自治的逻辑必然。目前,官方权威解读与释义(有著名学者及立法组成员)均将该条款解释为“通谋”,并有着重强调“通谋”为条款适用必要的构成要件者。② 此解释路径实为忠于德国法上的学理认知与立法解释,并未充分考虑我国的立法路径依赖与司法实践的真实现状,过多关注规范上的表达,而非裁判上的实操。德国民法在学理上将虚伪表示二分,即单方的虚伪表示和通谋虚伪③,单方虚伪表

---

① 《民法典》颁布实施后,不少学者意识到法律运行层面解释及适用的重要价值。例如,有学者认为:法之适用或解释论是中国民法发展的重点。参见王泽鉴:《中国民法的特色及解释适用》,载《法律适用》2020年第13期。另有学者认为:“在《民法典》颁行后,可以预见的是,解释论将进一步取代立法论,成为民法学当仁不让的核心研究范式,解释论也将围绕《民法典》条文确定其主题。”参见谢鸿飞:《后〈民法典〉时代的中国民法学:问题与方法》,载《社会科学研究》2021年第1期。

② 持此观点者,参见黄薇主编:《中华人民共和国民法典总则编解读》,中国法制出版社2020年版,第473页;杨立新主编:《中华人民共和国民法典释义与案例评注·总则编》,中国法制出版社2020年版,第381页;法律出版社法规中心编:《中华人民共和国民法典总则编注释本》,法律出版社2020年版,第147页;石宏主编:《〈中华人民共和国民法典〉解释与适用·总则编》,人民法院出版社2020年版,第272页;张新宝:《〈中华人民共和国民法典·总则〉释义》,中国人民大学出版社2020年版,第294页。

③ 为避免概念使用上的混淆,本文所指的虚伪表示,指不区分单方或者双方通谋的虚伪表示的情形,并不特指单方虚伪表示或通谋虚伪,因国内已有学者将虚伪表示等同于通谋虚伪,为便于论述,作此澄清。

示又分为真意保留与缺乏真意表示（中国法语境称为戏谑行为）。德国立法上亦采取此学理认知进路，将真意保留、通谋虚伪、缺乏真意表示，分别于《德国民法典》第116～118条予以明确。在我国《民法总则》出台之前，学者们曾经以草案的形式多次建议对单方虚伪和通谋虚伪分别作出规定，但在《民法总则（草案）》一审稿中，并未出现单方虚伪表示的规定（实际将真意保留和缺乏真意删除），其后在一审稿的审议中，又将草案第124条（通谋虚伪）中的“串通”二字删除①，该版本在二审稿、三审稿至最终定稿中均未改动，《民法典》承继此规定。这样相较而言，我国虚假意思表示规则的立法表达与德国法已然大有不同，在此立法语境下，如还将“通谋”机械地解释为《民法典》第146条的必要构成要件，就未免有些德国法上的教条。

实际上，将“通谋”作为要件的解释路径，会带来三个方面的难题。第一，在解释路径上，这一做法不符合我国的历史认知。以条款删减的一一对应关系，先前条款表述为“以合法形式掩盖非法目的”②，并未精准探求行为人的内在意思，而是以外在表示为立法原意，实际上采取的是表示主义，而今若以“通谋”要件为解释，实际已转为意思主义，则会违背我国合同规范以表示主义为原则的历史解释路径。第二，在逻辑结构上，这一做法并不能涵摄单方虚伪表示与规避法律的行为。中国法上真意保留与戏谑行为均无立法表达，该条款若因“通谋”要件而被限定，则“通谋”成立的一面，将与《民法典》第154条的“恶意串通，损害他人”实难区分。“通谋”未成立的一面，将直接沦为《民法典》第142条的意思表示解释条款的适用。另外，适用范围的缩小只能带来裁判者适法上的难题。第三，在司法审查上，实操将面临很大的压力。中国法院“案多人少”为实际国情，法律适用仍不可过度精细化，条款设计“宜粗不宜细”为的即是留足充分的裁量权，司法考察的重点应放在虚假意思表示的识别上，这已不易，“通谋”意味着“知悉”甚至“合谋”，过度地探求真意很可能造成当事人抗辩上的阻却事由，其现实困境在于当事人举证成本增加的同时，条款适用难度将陡增。

---

① 参见扈纪华编：《民法总则起草历程》，法律出版社2017年版，第98页。

② 若以条款删减的一一对应关系，则与“通谋虚伪”相对照的只能是“以合法形式掩盖非法目的”，官方新旧法的条款对照表也如此表达。参见江必新、何东宁编著：《民法总则与民法通则条文对照及适用提要》，法律出版社2017年版，第91页；《中华人民共和国民法总则与中华人民共和国民法通则》（对照应用版），中国法制出版社2017年版，第135页；杨亦晨主编：《民法典关联法规与权威案例提要》，中国法制出版社2020年版，第360页。

细研深究,“通谋”与否,并非只是适用要件的细节争议,实质隐含着条文理解以及解释路径上的差异,或许只有跳出“通谋”与否的学理解释框架,才能将问题看得清晰。拉伦茨认为:“假使依一般或法律特殊的语言用法获得的字义、依法律的意义脉络,或依法律基本的概念体系所得的解释结果,仍然包含不同的解释可能性(也经常如此),就会发生下述问题:何种解释最能配合立法者的规定意向或其规范想法。由此就进入解释的‘历史性’因素,在探求法律的规范性标准意义时亦须留意及此。”①因条款适用要件兹事体大,本文以立法史考察视角,对此问题刨根问底,尝试还原中国法上“虚假意思表示规则”。历史解释方法其实并不烦琐,主要根据法律文本之外的与文本直接有关的历史资料来确定法律的意思。② 本文运用的有关立法历史资料主要包括:关于制定法律的提案说明,关于审议法律草案的说明,关于讨论、通过法律草案的记录立法准备材料(文件记录以及其他与立法过程有关的材料),立法说明,包括立法者的私人材料(如原《民法通则》讲话稿等),立法者当时发表的文章,新旧规范进行对照、比较的资料记载,以及司法案例等其他有关文献。必须承认,“虚假意思表示”通谋与否这个问题其实颇为复杂,人们很容易形成一种似是而非的认识或判断,其中并非没有可推敲之处。笔者对此条文表述引发的解释方法及内容的问题作了初步的追问与辨析,希望引起学界同人的关注与研讨。

---

① [德]卡尔·拉伦茨:《法学方法论》,陈爱娥译,商务印书馆2003年版,第207页。

② 关于历史解释方法,国内外学者多有阐释。杨仁寿认为,历史解释“系指探求立法者于制定法律时所作价值判断及其所欲实现的目的,以推知立法者之意思,而为解释之方法。因此,立法史及立法过程中所参考的一切资料,遂成为法意解释主要之依据”。参见杨仁寿:《法学方法论》,中国政法大学出版社2013年版,第162页。梁慧星认为,历史解释“是指对一个法律条文作解释时,从法律的起草和制定过程中的有关资料,如立法理由书、草案和审议记录等,分析立法者于制定法律时所作价值判断及所要实现的目的,以推知该法律条文的立法者意思的解释方法”。参见梁慧星:《裁判的方法》,法律出版社2017年版,第149页。焦宝乾认为,历史解释的要点有二:其一,在使用历史解释方法时,一般需要参考立法过程中的各种资料。其二,通过这些资料,历史解释旨在探求制定法律时的立法者的意思。参见焦宝乾:《历史解释与目的解释的区分难题及其破解》,载《法商研究》2021年第5期。德国法学家魏德士认为:“历史解释力图从法律规定产生时的上下文中确定规范要求的内容和规范目的。它涉及在规范产生时发挥共同作用的各种情况和影响因素。”参见[德]伯恩·魏德士:《法理学》,丁小春、吴越译,法律出版社2003年版,第340页。

二、学理原旨:德国法上基于表意瑕疵理论的“虚伪表示”学说

法律行为以意思表示为核心要素,若意思表示有瑕疵,则将影响法律行为预期的法律效果。私法关系的变动,因表意人受自身或外在因素的影响,意思与表示经常性的不一致,这被称为“意思表示瑕疵”或“表意瑕疵理论”。① 表意瑕疵理论作为德国民法上最为重要的基本理论,其内涵十分丰富。但总体来讲,以探求真意为表意瑕疵理论方法论上的进路,深受历史法学派萨维尼的学说影响,萨维尼虽然极力反对法典编纂,但其探求真意的法律行为学说思想却深刻影响德国民法典的制定。② 萨维尼认为,意思与表示的一致属于意思表示“符合自然规律的关系”③,这种“符合自然规律的关系”该是意思建立在正确的价值判断之上,且没有受到任何强迫或欺诈的影响。萨维尼具有理想主义性质的法律概念至今依然被人们所探讨,原因很大程度上在于,探求真意成为德国民法典制定中的立法政策,这当是萨维尼的执着与贡献。④

(一)表意瑕疵理论

表意瑕疵理论基本围绕表意人内心意思与表示行为是否一致而展开。在确定意思表示的内容上,德国民法学说因意思表示(Willenserklärung)中意思与表示的关注点不同,分为意思主义与表示主义。并且,学说上的这种划分,“并非单纯的事实问题,而是一个价值判断或立法政策的问题”⑤。所谓

---

① 参见[德]汉斯·布洛克斯、沃尔夫·迪特里希·瓦尔克:《德国民法总论》,张艳译,中国人民大学出版社 2012 年版,第 233 ~ 234 页。

② 萨维尼在其不朽名著《现代罗马法体系》中,正式提出法律行为概念,系统阐释法律行为理论,并作出了一个经典定义,法律行为即指“行为人欲设其意欲法律关系而从事意思表示行为”。萨维尼的学说为德国民法典所采纳,《德国民法典》第一次在总则中规定法律行为,从而在立法上首次确立意思表示(法律行为)理论。参见[德]耶林:《拿破仑法典以来私法的普遍变迁》,徐砥平译,会文堂新记书局 1915 年版,第 86 页。

③ [德]维尔纳·弗卢梅:《法律行为论》,迟颖译,法律出版社 2013 年版,第 472 页。

④ 参见[德]约阿希姆·吕克特:《未被认识到并且未获承认的精神遗产——萨维尼对于 1900 以后的德国法学的影响》,盛桥仁译,载《清华法学》2003 年第 2 期。

⑤ 冉克平:《民法典总则意思表示瑕疵的体系构造——兼评〈民法总则〉相关规定》,载《当代法学》2017 年第 5 期。

意思主义,指表意人的内心意思与表示行为不一致时,以表意人的内心意思为裁判基准。该学说主张,意思表示解释的目的仅在于探求表意人的真意。[①]这当从表意人的主观方面着手,体现的是意思自治的原理。[②] 所谓表示主义,指表意人的内心意思和表示行为不一致时,以表意人的外在表示或表示行为为裁判基准。该学说主张,在意思表示的解释原则上,应当采取客观的立场,该学说重视人们在社会和商业交往中外部的表示行为,并不关注表意人的内心世界。表示主义的基本原理在于对相对人合理信赖的保护。[③] 另外,自20世纪以来,伴随理论上"表示意识不必要说"逐渐成为通说[④],信赖保护、交易安全在学界及实务界的呼声逐步提高,已成为近、现代民法的重要发展趋势。[⑤]

表意瑕疵理论依情势的不同可划分为表意非自由、表意非真意。前者欠缺意思表示构成要件的行为意思(Handlungswille)[⑥],情形上有欺诈、胁迫、乘人之危;后者欠缺意思表示构成要件的效果意思(Geschftswille/Erfolgswille)[⑦],情形上有真意保留(Geheimer Vorbehalt)、缺乏真意表示(Scherzerkl rung)、通谋虚伪表示(Scheingeschäft)。按照德国法的分类,本文讨论的是表意非真意,可表述为单方虚伪表示(真意保留、缺乏真意表示)与通谋虚伪表示。

(二)单方与双方的虚伪表示

真意保留,是指表意人将意欲发生法律效果的真实意思于心中保留,而其外在表示的内容并非内心真实的意思表示。[⑧] 于此情形下,表意人由于各

---

① 参见[日]山本敬三:《民法讲义Ⅰ:总则》,解亘译,北京大学出版社2012年版,第97页。

② 表意人以意思表示为工具可以自主决定其私法上的行为,当然,这样亦构成表意人对意思表示瑕疵承担责任的基础。参见王泽鉴:《民法总则》,中国政法大学出版社2009年版,第281页。

③ 参见[德]卡尔·拉伦茨:《德国民法通论》(下),王晓晔等译,法律出版社2003年版,第455页。

④ 作为表意人内心意思三要件的表示意识,被认为是意思表示必要的构成要素。但近年来,"表示意识不必要说"逐渐取代了"表示意识必要说"成为通说。参见[日]山本敬三:《民法讲义Ⅰ:总则》,解亘译,北京大学出版社2012年版,第99页。

⑤ 参见[德]卡尔·拉伦茨:《德国民法通论》(上),王晓晔等译,法律出版社2003年版,第59页。

⑥ 表明行为人受其自由意志的控制。Vgl. Palandt/Heinrichs, BGB, 66. Aufl. 2007, §105 Rn. 2.

⑦ 表明行为人旨在达到特定法律效果的意思。Vgl. Bered Rüthers/Astrid Stadler, Allgemeiner Teil des BGB, 14. Aufl., C. H. Beck München 2006, S. 136.

⑧ 参见[德]汉斯·布洛克斯、沃尔夫·迪特里希·瓦尔克:《德国民法总论》,张艳译,中国人民大学出版社2012年版,第239页。

种不欲使他人知晓的缘故,故意作出与真实意思不一致的外在表示。德国法上,是在表意瑕疵理论框架内阐释真意保留,认为其是意思表示瑕疵最为简单的情形。① 典型的如甲男欲将礼物赠与同窗乙女,为了避免其妻多疑而影响夫妻关系,而向乙女作出买卖的意思表示。真意保留的构成要件有三:其一,表意人应当具有表示意识(Erklärungsbewuβtsein)。当表意人知晓通过其行为参与到法律关系中时,则表意人具有表示意识。② 其二,表意人故意作出意思与表示不一致的内容。从表意人的外在表示所得出的客观的、规范的表达意思,与表意人的内心意思不相符。其三,表意人故意隐匿其真实意思,且不为相对人所知。在真意保留情形中,表意人故意以虚假的意思表示使对方误以为真,因此保留的意思是隐蔽、隐藏的。③ 此外,关于真意保留的举证责任,因为真意保留原则上被认为是有效的,如欲主张外在表示行为无效,应由表意人来承担相对人明知其真意保留的举证责任。毕竟,推翻该有效原则的利益归表意人享有,所以由表意人承担举证责任,这样亦较为妥当。④

缺乏真意表示,又称为戏谑行为,是指表意人作出的表示并非出于真意,并且期待相对人会立即了解其表示并非出自真意的意思表示。与真意保留不同的是,缺乏真意表示中表意人并没有故意隐藏其真意,相反,表意人期待着其"并非出于真意的事实不会被他人所误解"⑤。但是,这种细微的差别经常只限于学理范畴,实践中因为主观举证的困难,二者几乎难以界分。

通谋虚伪表示,是指表意人和相对人一致同意外在表示的事项不发生法律行为上的效果,并且双方明知隐藏于彼此内心的真实意思表示。⑥ 从行为的目的来看,通谋虚伪表示的双方当事人大多是为影响、欺骗或侵害第三人

---

① 参见[德]迪特尔·梅迪库斯:《德国民法总论》,邵建东译,法律出版社2000年版,第444页。

② 参见[德]汉斯约阿希姆·穆谢拉克:《论"意思"与"表示"的关系——关于意思表示构成要件的探讨》,王剑一译,载张双根等主编:《中德私法研究》,北京大学出版社2014年版(总第10卷),第102页。

③ 参见[日]山本敬三:《民法讲义Ⅰ:总则》,解亘译,北京大学出版社2012年版,第117页。

④ 参见[日]近江幸治:《民法讲义Ⅰ:民法总则》,渠涛等译,北京大学出版社2015年版,第171页。

⑤ [德]迪特尔·梅迪库斯:《德国民法总论》,邵建东译,法律出版社2000年版,第444页。

⑥ 参见[德]卡尔·拉伦茨:《德国民法通论》(下),王晓晔等译,法律出版社2003年版,第497页。

利益(如债权人或税务机关等)而作出意思表示,但是并不以此为必要。[①] 对于通谋虚伪表示的构成要件,学者认为须具备三个:一是行为人须是两方以上的表意人。二是表意人与相对人作出的外在表示并非彼此的真意。三是表意人与相对人对表示与真意不一致的表达须有通谋。[②]

表意人是否与相对人通谋,为单方虚伪表示与通谋虚伪表示的核心区分点。表意人对相对人在外在的表示行为上,既不能有任何欺骗相对人的企图,也必须无意使相对人暂时感到疑虑或混乱;否则,前者很难与真意保留相区分,后者很难与缺乏真意相区分。另外,从功能上看,通谋虚伪表示与合同的解释规则易发生重叠。在通谋虚伪表示之中,当事人经常会通过合同文本的形式隐藏其真实的意图(以赔偿保证书、相反证书或附加信等不同形式出现),在具体识别上,有时只能通过对合同进行解释才能够具体确定。[③]

(三)虚伪表示的效力规则

由意思表示构成所形成的意思主义与表示主义所确立的表意瑕疵的效力规则,是法律对表意人的意思自治与相对人的合理信赖之间利益平衡的结果(如若涉及第三人利益,则是法律对当事人的意思自治与第三人利益平衡的结果)。由此,德国立法上在表意人的内心意思与表示行为不一致时,以相对人是否有合理信赖保护之需求为区分情形进行条文设计。

在不存在相对人信赖保护的情形下,表意人的意思自治须受到优先保护。具体而言:其一,相对人非为善意的真意保留。基于意思主义的立场,《德国民法典》第116条第2款规定,若相对人明知表意人将真意保留于心中,此种情况下并无外观的合理信赖,则相对人无须得到保护,意思表示无效。[④] 其二,通谋虚伪表示。基于意思主义立场,《德国民法典》第117条规定,若双方当事人通谋作出虚伪表示(不欲使虚伪行为有效),则通谋虚伪表示无效。但是,当事人的虚伪行为所掩盖的隐藏行为(欲使隐藏行为有效)则

---

① 参见陈卫佐:《德国民法总论》,法律出版社2007年版,第309页。

② 参见杨立新:《民法总则规定的虚假民事法律行为的法律适用》,载《社会科学文摘》2018年第3期。

③ 参见冉克平:《论〈民法总则〉上的通谋虚伪表示》,载《烟台大学学报(哲学社会科学版)》2018年第4期。

④ 参见[德]维尔纳·弗卢梅:《法律行为论》,迟颖译,法律出版社2013年版,第477页。

尊重当事人意思自治,视法定情势而定,或有效或无效或其他。①

在存在相对人信赖保护的情形下,表意人的意思自治将让位于相对人的信赖保护。具体而言:其一,相对人为善意的真意保留。基于表示主义的立场,《德国民法典》第116条第1款规定,表意人作出真意保留表示,如果相对人对保留不知情,则表示是有效的;反之,若为无效,表意人对于相对人明知此真意负有证明义务。② 如此表达,是为了维护交易安全,优先保护相对人的合理信赖。其二,缺乏真意表示。基于削弱的表示主义的立场,《德国民法典》第118条规定,若行为人预见到缺乏真意表示(戏谑行为)会被误解,则所作出的不严肃意思表示应被认定为有效。戏谑行为仍然成立意思表示和法律行为,为的即是在最低限度上保护社会交往,这显然有利于交易的安全。

三、追本溯源:中国法上"以合法形式掩盖非法目的"的立法史考察

一国法律的推进演化是理性研究与实践感知不断催化的结果。同一部法律,因法律解释者或适用者基于不同的历史时代、知识背景、思维方式或学术偏好,也会产生不太相同甚至相左的观点。若法律条文表述再抽象、概括一些,更是将"仁者见仁、智者见智"表现得愈加明显。原《民法通则》中"以合法形式掩盖非法目的"在国内有众多解释就是一个例证。

(一)"以合法形式掩盖非法目的"并非来自域外

中国民法学说与立法是通过学习、借鉴域外学说、立法及判例逐步发展形成的,其先后受到德国潘德克顿法学、苏联法学和日本法学的深刻影响。③ 在众多学者的记忆中,苏联法学对中国民法学产生了很大的影响,不可否认的是,20世纪中华人民共和国成立后的第一个30年里,苏联法学是我国法学主要的效仿、继受对象。"以合法形式掩盖非法目的"的表述最早见于我国1986年的《民法通则》,而苏联民法学对中国《民法通则》的制定有很大影响,

① 参见[德]维尔纳·弗卢梅:《法律行为论》,迟颖译,法律出版社2013年版,第480页。

② 参见[德]维尔纳·弗卢梅:《法律行为论》,迟颖译,法律出版社2013年版,第478页。

③ 参见孙宪忠:《中国近现代继受西方民法的效果评述》,载《中国法学》2006年第3期。

尤其是1962年的《苏联民事立法纲要》与1964年的《苏联民法典》。[①] 因此,如果从法律继受方面考察“以合法形式掩盖非法目的”的表述由来,苏联民法对此问题的基本认知应当是首先考察的对象。但要说明的是,苏联的民法典历史上从未出现过“以合法形式掩盖非法目的”这样的表述。

苏联曾编纂过两部民法典,即1922年《苏俄民法典》和1964年《苏联民法典》。在苏联民法典的起草过程中,虽以德国民法典为范本专章设计了法律行为,但将虚伪意思表示拆分为“虚构的法律行为”与“伪造的法律行为”[②]。前者指行为人实施行为只是为了“徒具形式”,尚无产生法律效果之意,属于无效的法律行为;后者指行为人实施行为目的在于掩盖另一法律行为,而被掩盖行为的效力的有无应关注对于该类行为的法律规范。与德国民法学说上的通谋虚伪表示相较而言,苏联民法上的这两个概念实际上以虚伪表示的目的或动机为关注点,并以虚伪表示是否存在其他掩盖的法律行为为区分标准,将它们一同视为意思表示与真实意思不符的法律行为。[③] 德国法上的虚伪表示,关注的是意思表示的真实内容存在与否,若根本不存在,意思表示的内容为虚构,则无效,并不关注虚构的目的。反之,若另有真实意思内容存在,则需进一步探求其真实意思,并相应作出效力判断。这样看来,虚构的目的与虚构的内容,实际上是一个问题的不同出发点,德国法上的虚伪表示和苏联的“虚构的法律行为”与“伪造的法律行为”没有本质上的区别。

认真说来,二者的最大差异,当是规避法律的行为的认识问题。德国在民法典编纂时,对规避法律的行为是否作为独立理论予以明文规定,进行激烈的讨论,最后达成共识,避法问题尚属于法解释范畴,并不存在一个独立的法律规避理论,因而民法典无须作特殊处理。[④] 而1922年《苏俄民法典》另有专条将违反法律的行为与规避法律的行为并行作出了规定。《苏俄民法典》第30条明确规定:“凡以违反法律或规避法律为目的所为法律行为,以及显然于国家有损害的法律行为,皆属无效。”根据苏联学者的解释,规避法律的

---

① 参见梁慧星:《民法总论》(第4版),法律出版社2011年版,第20~21页。

② 亦有人将其译为“虚假的法律行为”与“伪造的法律行为”或“虚伪的法律行为”与“伪装的法律行为”。

③ 参见[苏联]坚金、布拉图斯主编:《苏维埃民法》(第1册),李光谟等译,法律出版社1956年版,第290页。

④ 参见[德]维尔纳·弗卢梅:《法律行为》,迟颖译,法律出版社2013年版,第414页;[德]迪特尔·梅迪库斯:《德国民法总论》,邵建东译,法律出版社2000年版,第494页。

行为,“即是行为人欲达到法律禁止之目的,选择某些法律所允许的法律行为,意图藉以达到违法的效果”①或者“即是在形式上并不直接违反法律,但是它所引起的法律后果是违反法律的”②。相较于前述“伪造的法律行为”概念,规避法律的行为这样一种解释表达,似乎很难与其相区分。然而,避法行为是否区分为独立条款的问题,到了1964年《苏联民法典》已不存在。1964年《苏联民法典》基本沿袭了1922年《苏俄民法典》的“虚构”和“伪造”的法律行为,并直接删除了避法行为条款。苏联学者在解释该条第2款伪造的法律行为时,基本作出了与《德国民法典》第117条完全一致的解释,不再刻意区分伪造的法律行为与规避法律的行为。③ 这样看来,通过对苏联民法典关于“虚构的法律行为”与“伪造的法律行为”的历史考察可得出两个结论:一是苏联民法典与德国民法典对“通谋虚伪表示”的认知与法解释基本一致,并没有实质的差别。二是中国法上的“以合法形式掩盖非法目的”表述并不继受于苏联。

(二)“以合法形式掩盖非法目的”与规避法律的行为相关联

既然“以合法形式掩盖非法目的”并非来自苏联民法学,则只可能是本土化的条文阐释。在对“以合法形式掩盖非法目的”的官方释义中,无论是1986年《民法通则》出台当时,还是近期,均只是作了字面的文义解释,甚至有重复条文词语的解释现象。例如,1986年《民法通则》的释义,“表面上合法,实质上违法,是以合法形式做外衣,达到非法目的”④。这种似是而非的解释,无疑是推脱解释责任,无益于条文的实际理解。后民法典时代将是法释义学与判例规则相融贯的年代,条文解释的规范性与准确性,值得学界与解释部门高度重视。目前的情况是,近年来国内越来越多的学者,尤其是年轻

---

① [苏联]C. H. 布拉都西等编著:《苏维埃民法》(上),中国人民大学民法教研室译,中国人民大学出版社1955年版,第150~151页。

② [苏联]坚金、布拉图斯主编:《苏维埃民法》(第1册),李光谟等译,法律出版社1956年版,第286页。

③ 参见[苏联]B. Л. 格里巴诺夫、C. M. 科尔涅耶夫编:《苏联民法》(上册),中国社会科学院法学研究所民法经济法研究室译,法律出版社1984年版,第227~228页。

④ 穆生秦主编:《〈民法通则〉释义》,法律出版社1987年版,第71页。类似的情形还有,“它是以合法形式达到违法的目的”,参见周元伯主编:《〈中华人民共和国民法通则〉释义》,南京大学出版社1986年版,第70页;“以貌似合法的行为达到非法目的”,参见法律出版社法规中心:《民法通则注释本》,法律出版社2014年版,第38页。

学者,均倾向于以规避法律行为理论来解释该条款[①],笔者就以相关的历史文献资料来探究下此观点是否成立。

中华人民共和国成立后至1987年《民法通则》实施前,我国共经历了三次民法典的编纂工作,20世纪50年代和60年代制定的民法典草案,均没有出现“以合法形式掩盖非法目的”类似条文表述。1979~1982年,第三次民法典起草期间,立法者先后草拟了四稿草案。1980年8月,全国人大常委会法制委员会草拟的《中华人民共和国民法草案(征求意见稿)》“总则编”第49条第1款中,虽然规定了法律行为的无效事由,并于第5项中明确规定“行为人有意逃避法律约束的行为”(该条款可理解为新中国第一次表述避法行为)[②],但仍未规定“以合法形式掩盖非法目的”。1981年4月,《民法草案(征求意见稿)》二审稿总则部分第37条亦未改变此避法行为表述[③];同年7月意见稿三审稿在“合同编”第133条规定,“违反法律、法令规定的或者有意逃避法律、法令约束的合同,没有法律效力”[④]。该条款明确将违法行为与避法行为并行规定。1982年5月,四审稿亦未作出改动,沿袭了三审稿的条文规定。[⑤] 1985年7月,全国人大常委会法工委会同最高人民法院、民法学者,在广泛征求中央与各地方法律专家、法律院系、研究单位意见的基础上,开始着手制定《民法通则》,在《民法草案(征求意见稿)》四审稿的基础上拟定了《民

① 在笔者查阅的文献中,持此观点的学者较多,参见胡康生主编:《中华人民共和国合同法释义》,法律出版社2009年版,第92页;耿林:《强制规范与合同效力——以合同法第52条第5项为中心》,中国民主法制出版社2009年版,第651页;崔建远:《合同法总论》(上卷),中国人民大学出版社2008年版,第263页;吴汉东、陈小君主编:《民法学》,法律出版社2013年版,第152页;王军:《法律规避行为及其裁判方法》,载《中外法学》2015年第3期;杨代雄:《恶意串通行为的立法取舍——以恶意串通、脱法行为与通谋虚伪表示的关系为视角》,载《比较法研究》2014年第4期;董淳锷:《合法形式掩盖下的非法合同问题研究——以企业间借贷的法律规避现象为例》,载《华东政法大学学报》2014年第2期。

② 何勤华、李秀清、陈颐编:《新中国民法典草案总览》(下卷),法律出版社2003年版,第377页。

③ 参见何勤华、李秀清、陈颐编:《新中国民法典草案总览》(下卷),法律出版社2003年版,第442页。

④ 何勤华、李秀清、陈颐编:《新中国民法典草案总览》(下卷),法律出版社2003年版,第511页。

⑤ 参见何勤华、李秀清、陈颐编:《新中国民法典草案总览》(下卷),法律出版社2003年版,第578页。

法通则(草案)》。[①] 从1985年11月至次年3月,经过长达5个月之久的一系列审议工作与座谈会,在第六届全国人大第四次会议上,时任全国人大常委会法工委主任的王汉斌作了《关于〈中华人民共和国民法通则(草案)〉的说明》,指出在听取各方意见之后,对草案条款作出了一定修改,其中,由于原草案关于法律行为规定的无效类型尚不能包括所有的无效情形,对此予以修正,即为正式施行的《民法通则》中的七项法律行为无效事由。[②] 此时《民法通则》抛弃了原有的"有意逃避法律、法令约束的法律行为"的表述,而采用了"以合法形式掩盖非法目的"的概念。至此,通过四次民法草案稿可看出,立法者始终在强调避法行为,但最终1986年《民法通则》却将避法行为条款删除,以"以合法形式掩盖非法目的"代之,从中可以看出立法者并不是十分认可避法行为的说法,否则无须作出任何改动,但这样暂时还得不出"以合法形式掩盖非法目的"是否为避法行为的结论。

查阅当时出版的民法学说与著作发现,有的观点将"利用合法的形式以求达到非法目的"这一概念直接解释为"逃避法律约束行为"[③]。另有观点将"以合法形式掩盖非法目的"解释为"存在两个以上的法律行为,包括形式上合法的与实质上违法的,后者即为行为人欲达'非法目的'之构成,该行为是钻法律或政策的漏洞"[④],这是一种隐藏行为说的解释路径。有直接参与立法的学者在其著作中简明扼要地指出,"以合法形式掩盖非法目的"为"规避法律的违法行为"[⑤],或者为"兼具伪装行为与法律规避行为的双重属性"[⑥]。从以上文献资料中可以看出,当时的立法者认为"掩盖"与规避法律之意图具有关联性。换言之,行为人欲避法,才需要形式合法的行为进行掩盖。这种依

---

① 参见彭冲:《制定民法通则要从我国的实际出发》,载中共中央党史研究室编:《彭冲纪念文集》,中共党史出版社2015年版,第396~400页。

② 参见王汉斌:《关于〈中华人民共和国民法通则(草案)〉的说明》,载《中华人民共和国国务院公报》1986年第12期。

③ 法学教材编辑部编:《民法讲义》,法律出版社1981年版,第41页。

④ 在中共中央党校与最高人民法院组织举办的《民法通则》培训班上,主讲人将"以合法形式掩盖非法目的"解释为利用一个合法行为掩盖一个非法行为,也就是说其中存在两个以上的行为,包括形式上合法的行为与实质上违法的行为,后者即为行为人欲达到的"非法目的"。参见最高人民法院《民法通则》培训班编辑组:《民法通则讲座》,北京市文化局出版处1986年版,第149页;顾昂然等:《中华人民共和国民法通则讲座》,中国法制出版社2000年版,第137页。

⑤ 顾昂然:《〈民法通则〉概论》,北京师范学院出版社1988年版,第75页。

⑥ 周元伯主编:《中国民法教程》,南京大学出版社1988年版,第130页。

目的论的解释路径在当时理论界颇为盛行。另外值得一提的是,考证“以合法形式掩盖非法目的”概念表述的由来,也与规避法律行为有关。这可追溯至1950年,中央政法干部学校民法教研室在学习、借鉴1922年《苏俄民法典》第30条(前已述,该条为违法行为与避法行为的并行条款)时,将其理解为“违反法律的行为,就是直接和法律规定相抵牾的行为。规避法律的行为就是利用合法的形式达到非法的目的的行为”①。此“利用合法的形式达到非法的目的”的表述,可基本认为是中华人民共和国能查到的最早接近于“以合法形式掩盖非法目的”的表述,二者在意义及思维方式上基本一致(当然退一步讲,毕竟1986年《民法通则》是35年后集民法学界之精英集体制定的,此表述的含义与当初“避法”这样简化的理解已全然不同)。这样总结看来,以规避法律的行为来解释“以合法形式掩盖非法目的”条款,证据还是相当充足的。

若不作精细的理论深究,该观点乍看之下与生活经验基本相符合,但还是经不起推敲。合法行为掩盖之下的法律行为,亦可合法,亦可非法,将“以合法形式掩盖非法目的”等同于避法行为这种理解方式,实际上是将规避法律的行为法制化,并采取“一刀切”全都非法的处理方式。这种极端的方法无益于问题的解决,只能徒增新的烦恼,毕竟众多有益的社会创新项目产生于法律边缘地带。司法实践中,规避法律的行为往往涉及交易创新和尊重意思自治、合同自由原则,并受到行政监管政策的考量。避法行为不等于违法行为,民法学说上,避法行为的合理性在一定程度上已经得到充分论证,德国民法学已经对虚伪表示与规避法律的行为进行了清晰的界定,认为根本不存在独立的法律规避理论,规避法律的行为是一个法律解释问题,这点在现代民法上已无疑义。即使在当时,也不乏对此问题有清晰认识的学者,对二者进行了准确的区分,认为规避法律的行为可存在于掩盖行为之中,因此二者并不等同②,汇集当时民法学界之精英集体不会察觉不到这么明显的认识错误。这样分析下来,将“以合法形式掩盖非法目的”与规避法律的行为混为一谈的学术意见还是站不住脚,如若强调结论,只能讲二者在理解上存在关联性。

---

① 中央政法干部学校民法教研室:《苏维埃民法的几个基本问题讲稿提纲》,1955年6月,中华人民共和国司法部图书资料,第23页。

② 参见王利明等:《民法新论》(上),中国政法大学出版社1988年版,第393页。

(三)"以合法形式掩盖非法目的"应解释为"伪装的民事行为"

为了更清晰地看到此条文的历史全貌,我们还需要继续回答两个问题:一是无论苏联民法典还是德国民法典,对"虚伪表示"均有清晰、准确的条文,缘何立法者要弃之不用,反而选择表意更为抽象的"以合法形式掩盖非法目的",尤其是"非法目的"的理解分歧更是给后来的司法实践带来极大的困扰。二是集精英集体之学识铸成的条款在规制上到底能不能包含真意保留与戏谑行为以及通谋虚伪表示(如果说将"以合法形式掩盖非法目的"狭义理解为"虚伪表示"),如果不能就将形成规制上的法律漏洞。

可以明确的是,"以合法形式掩盖非法目的"所传递的信息在于,行为人的意思表示和真实意志不一致,是认定法律行为无效的重要依据之一。全国人大常委会法工委民法研究所于1986年组织编写的《民法通则讲话》,明确将"以合法形式掩盖非法目的"解释为"伪装的民事行为"[①],并将其与欺诈、胁迫、乘人之危一起归入意思表示不真实而无效的法律行为类别。至于伪装行为所掩盖的法律行为的效力,须单独考察。假使"伪装的民事行为"不违法,这种行为仍然有效;假使"伪装的民事行为"违法,则这种行为无效。后一种行为即属于"以合法形式掩盖非法目的"的行为。1986年,民法学者编写的《民法通则讲话》更是直接指出,"以合法形式掩盖非法目的"为伪装行为,其无效原因是行为不反映当事人的真实意思表示。[②] 1990年出版的民法体系书《中国民法学·民法总则》则将"以合法形式掩盖非法目的"的法律行为纳入伪装的民事行为概念中。[③] 由于《民法通则讲话》与《中国民法学·民法总则》都是为了法律施行而作,且均是出于立法重要参与者之手,所以"伪装的民事行为"或"伪装行为"应可以视为对"以合法形式掩盖非法目的"条文所作出的最接近立法目的的权威解释。关于伪装的民事行为,除了前述已在《苏俄民法典》中提及以外(前已述《苏俄民法典》的伪造的法律行为与德国民法的虚伪表示并无实质差异),佟柔先生在其1982年主编的《民法概论》中认为,因意思表示不真实而无效的情况比较复杂,"可能是行为人自己的故意

① 《民法通则讲话》编写组编:《民法通则讲话》,经济科学出版社1986年版,第137页。

② 参见胡仕湘主编:《民法通则讲话》,河南人民出版社1986年版,第139页。

③ 参见佟柔主编:《中国民法学·民法总则》,中国人民公安大学出版社1990年版,第242~243页。

或过失造成的,也可能是其相对人、利害关系人所施加的影响造成的”①,他将虚伪表示区分为“虚构的法律行为”与“伪装的法律行为”。“虚构的法律行为”专为表示形式,而并无使其发生法律后果之意图,并因它根本不符合法律行为的本质,因此被认为没有法律上的意义。而“伪装的法律行为”是被行为人用来掩盖其真实欲为的法律行为。伪装行为并不反映行为人的真正意图,因而其本身是无效的。至于被掩盖的真实的法律行为是否有效,则不可一概而论。“在大多数情况下,办理伪装的法律行为具有规避法律、掩盖某种违法行为的目的。但是,在另一些情况下,被掩盖的真实的法律行为并不具有违法的性质,行为人是出于其他考虑而不欲人知的。正因如此,处理伪装的法律行为时,应当适用关于被掩盖的真实的法律行为的规定。后果如果符合法律有效行为的各项条款,应认为有效,否则无效。”②实际上,这种伪装行为包含避法行为的理解方式,已经与苏联和德国的理解大有不同,这也表明,中国法上的伪装的民事行为并不继受于苏联,有着尊重本国国情的认知。

当然,这里我们还须再回答一个问题,即是若将“以合法形式掩盖非法目的”理解为“伪装的法律行为”,缘何立法者要采取“一刀切”的形式宣布该“伪装”的法律行为无效。“当解释者试图发掘和寻找一项法律规范的立法目的时,不可避免地要回到该规范最初制定时的背景中,利用当时的历史背景去认识其原始的含义。”③或许,我们还得通过一些当时政策上的价值选择,并将其置于历史背景中去考察,毕竟“在历史因素中,有时也包含一些价值决定,故只要这些价值决定还合时宜,历史因素在这个限度下,便能参与决定法律内容”④。改革开放初期,本应由社会和民事主体在民法法制的范围内自主地去调解社会生产与经济交易活动,但市场经济条件还不够成熟,国家仍担负太多的社会任务和责任。在这样一种法制欠缺、投机盛行的状况下,规避监管行为、避法行为又大量存在,因而20世纪80年代在法律规定上通常采取一种抽象概括的表述方式,以留足司法部门充分的裁量权。时任全国人大常委会法工委主任王汉斌在《关于〈中华人民共和国民法通则(草案)〉的说明》

① 佟柔等主编:《民法概论》,中国人民大学出版社1982年版,第66页。
② 佟柔等主编:《民法概论》,中国人民大学出版社1982年版,第67页。
③ 李晓辉:《经济法解释研究——历史解释视角》,厦门大学出版社2017年版,第233页。
④ 黄茂荣:《法学方法与现代民法》,中国政法大学出版社2001年版,第278页。

关于民事法律行为部分的说明中,着重强调了两点,一是法律行为规定的无效类型须予以调整,二是“防止违法投机分子钻空子”①。“以合法形式掩盖非法目的”,实际上是对“伪装的民事行为”或“伪装行为”“一刀切”的处理方式,为的便是从严打击、防止适法上的漏洞。应当说,原《民法通则》的诞生与实施,从根本上促进了市场资源基础性配置功能,国家则主要是进行宏观调控和间接管理,但在条文的拟定中,又必须留足公权介入的空间。② 另外,实事求是作为立法政策之一,也在条文的拟定中起到指导性作用。时任全国人大常委会委员长的彭真,不仅是民法通则的决策者,也是亲历者,其特别强调立法要从实际出发,要解决实际问题。他认为:“一部法律制定出来以后,看起来写得非常好,但如果与实际情况不相符,到时候就没有办法去实施和执行。所谓从实际出发立法,单纯地从法制的角度讲,要保证法律的稳定性和严肃性以及将来能够顺利地实施。”③1999 年《合同法》承继了“以合法形式掩盖非法目的”。1995 年年底,在海口市召开的中国法学会民法学经济法学研究会年会的重要议题就是统一合同法的制定问题。与会代表共同提出立法政策的表达,第一项即是“在合同法的立法中应当强调合同法条款的具体性与可操作性,力争使最高司法机关减少司法解释,避免法官任意解释的弊病”。④ 原《合同法》第 52 条第 3 项延续“以合法形式掩盖非法目的”的规定,恰是此立法政策得以贯彻的具体表现,从后续的实效情况来看,该条款虽然争议很大,但是在适用上,条款的可操作性得以发展,后续的改进目标即是在法官恣意裁量的任意解释上下功夫。

笔者通过对以上历史文献资料的分析,发现彼时立法者对“以合法形式掩盖非法目的”采取的是一种杂糅的定义。概念的杂糅势必带来理解的混乱,原《民法通则》施行后的 30 余年间,司法实践中出现多种不同的解释可以

---

① 王汉斌:《关于〈中华人民共和国民法通则(草案)〉的说明》,载《中华人民共和国国务院公报》1986 年第 12 期。

② 参见杨振山:《〈民法通则〉诞生的历史条件及意义》,载《政法论坛》1986 年第 3 期。

③ 傅洋于 2005 年 9 月 22 日在中国人民大学所作的题为“彭真委员长与民法通则”的报告,载张玉敏主编:《新中国民法典起草五十年回顾与展望》,法律出版社 2010 年版,第 105 页。

④ 赵晓耕主编:《新中国民法典起草历程回顾》,法律出版社 2011 年版,第 180 页。

体现出这点。[①] 总之,历史地看,我国原《民法通则》既未继受《苏俄民法典》之“虚构的法律行为”与“伪造的法律行为”概念,又未借鉴德国民法典上的“通谋虚伪表示”制度,只是独创性地依目的论将“以合法形式掩盖非法目的”规定为一种无效的民事法律行为。这样一种写意的表达方式虽并非标准的法律规范用语,但更多考虑的是裁判思维,基本能被国人所接受。在理解上,从规范的法律解释视角来看,如果不想陷入主观主义的法律适用泥潭,以保证法律交往的安定性,“以合法形式掩盖非法目的”只能解释为“伪装行为”或者“伪装的民事行为”。在适用上,也因“合法形式”与“非法目的”的概括、抽象,可作相当宽泛的解释,具有相当强的事实包容性,可以涵摄规制德国法的单方虚伪表示、通谋虚伪表示与“规避法律的行为”。只理解为“规避法律的行为”的意见,是无视立法史、立法目的而纯粹立足于法条外观对法律予以解释的结果[②],在规制上也将形成法律漏洞,这与后续的司法实践并不相吻合。

四、循序渐进:中国法上“虚假意思表示规则”的立法史考察

2016年,原《民法总则》公布前夕,先后有六稿“民法总则建议稿”(以下简称《学者建议稿》),无一例外均规定了通谋虚伪。[③] 中国法学会民法典编纂项目领导小组提出的《中华人民共和国民法典·民法总则专家建议稿(提交稿)》(以下简称《专家建议稿(提交稿)》)亦对通谋虚伪予以规定。全国人大常委会法工委民法室起草的《中华人民共和国民法总则(草案)》(以下简称《民法总则(草案)》)并未规定通谋虚伪。但《中华人民共和国民法总则

---

① 根据公开的民事裁决书,法院在理解、适用“以合法形式掩盖非法目的”规定上亦呈现相当混乱的状态,法官在裁判文书中使用了“虚假意思表示”“伪装行为”“虚伪表示”“虚假合同”“脱法行为”等概念来阐释适用该规定的基本理由。总体而言,法官对“以合法形式掩盖非法目的”规定主要作出了三种理解:其一,指德国民法法系上的虚伪表示;其二,指规避法律行为;其三,指具有“非法目的”的法律行为(非法行为)。参见朱广新:《论“以合法形式掩盖非法目的”的法律行为》,载《比较法研究》2016年第4期。

② 参见朱广新:《论“以合法形式掩盖非法目的”的法律行为》,载《比较法研究》2016年第4期。

③ 以梁慧星教授、王利明教授、杨立新教授、孙宪忠教授、李永军教授以及龙卫球教授为代表的六位学者先后主持完成了各自的“民法总则建议稿”。

(草案)(征求意见稿)》第103条明确规定:“行为人与相对人串通,以虚假的意思表示实施的民事法律行为无效,但双方不得以虚假的意思表示无效对抗善意第三人。”《民法总则(草案)》(一次审议稿)增加一款,规定隐藏行为:“行为人以虚假的意思表示隐藏的民事法律行为,依照有关法律规定处理。”《民法总则(草案)》(二次审议稿)第2款中添加“的效力”三字:“行为人以虚假的意思表示隐藏的民事法律行为的效力,依照有关法律规定处理。”三次审议稿对前述条款维持不变。2017年2月16日,原全国人大法律委员会第四次审议稿删去了第1款的“串通”二字。2017年3月12日全国人大审议《民法总则(草案)》时,经原全国人大法律委员会研究,又将草案第149条第1款中“但是双方均不得以此对抗善意第三人”删去,修改为“行为人与相对人以虚假的意思表示实施的民事法律行为无效”,并相应删去第155条(民事法律行为因重大误解、欺诈、显失公平被撤销的,不得对抗善意第三人)。[①] 同时,将第2款中“行为人以虚假的意思表示隐藏的民事法律行为的效力,依照有关法律规定处理”中的“行为人”删去,终成定稿。

笔者列举成表(见表1),以求清晰。

表1 《民法总则(草案)》审议稿与终定稿中关于“通谋虚伪”的规定

《民法总则(草案)》(一次审议稿)	《民法总则(草案)》(二次审议稿)	《民法总则(草案)》(三次审议稿)	《民法总则(草案)》(四次审议稿)	《民法总则(草案)》(终定稿)
第124条 行为人与相对人串通,以虚假的意思表示实施的民事法律行为无效,但是双方均不得以此对抗善意第三人。	第139条 行为人与相对人串通,以虚假的意思表示实施的民事法律行为无效,但是双方均不得以此对抗善意第三人。	第147条 行为人与相对人串通,以虚假的意思表示实施的民事法律行为无效,但是双方均不得以此对抗善意第三人。	第149条 行为人与相对人以虚假的意思表示实施的民事法律行为无效,但是双方均不得以此对抗善意第三人。	第146条 行为人与相对人以虚假的意思表示实施的民事法律行为无效。 以虚假的意思表示隐藏

① 2017年3月12日,第十二届全国人大第五次会议审议时,有代表提出,民事法律行为无效或者被撤销后对第三人产生的法律后果,情况比较复杂,不宜一概规定为不得对抗善意第三人,宜区分情形由《民法典》的“物权编”“合同编”等分编作具体规定,并据此将法律行为章节涉及第三人效力规则尽予删去。参见《第十二届全国人民代表大会法律委员会关于〈中华人民共和国民法总则(草案)〉审议结果的报告》,2017年3月12日第十二届全国人大第五次会议主席团第二次会议通过。

续表

《民法总则(草案)》(一次审议稿)	《民法总则(草案)》(二次审议稿)	《民法总则(草案)》(三次审议稿)	《民法总则(草案)》(四次审议稿)	《民法总则(草案)》(终定稿)
行为人以虚假的意思表示隐藏的民事法律行为,依照有关法律规定处理	行为人以虚假的意思表示隐藏的民事法律行为的效力,依照有关法律规定处理	行为人以虚假的意思表示隐藏的民事法律行为的效力,依照有关法律规定处理	行为人以虚假的意思表示隐藏的民事法律行为的效力,依照有关法律规定处理	的民事法律行为的效力,依照有关法律规定处理

从以上通谋虚伪的设定与否的态度来看,学者也是借鉴大陆法系的通谋虚伪学说予以规定。但立法机构的态度先是与学者一致,后又发生了明显的转变。条文表述上先后经历了四次修改,一次审议稿增加“隐藏行为”设定,二次审议稿添加“的效力”,四次审议稿删去“串通”,终定稿删去“不得以此对抗善意第三人”与“行为人”。总体观之,二次审议稿对该条款表述字数最多,而终定稿表述字数最少,说明该条款争议较大,条文字数表述呈递减趋势,有“宜粗不宜细”的立法倾向。接下来笔者分别对此予以评述:

第一,增加“隐藏行为”。一次审议稿增加“隐藏行为”规定,可视为对“以合法行为掩盖非法目的”的根本上的修正。行为人与相对人以虚假的意思表示实施的民事法律行为无效,实际上就是“以合法行为掩盖非法目的”的更精确表述。笔者前已论述,“以合法行为掩盖非法目的”在中国法上可理解为“伪装的民事行为”或“伪装行为”,是采取“一刀切”的处理方法。这里增加隐藏行为,就是在司法审查上,进一步对此问题深究,裁判者须继续探求在伪装行为之下掩盖的行为人与相对人真心所欲达成的法律行为,否定“一刀切”的处理方式。应当留意的是,根据伪装行为与隐藏行为的对应关系,有伪装行为,未必存在隐藏行为;但有隐藏行为,则一定存在伪装行为。裁判者进一步探求的前提是存在隐藏行为,若不存在,则适用《民法典》第146条第1款规定即可。在不存在隐藏行为的情形中,如以逃避债务为目的的虚假交易,虚假交易是通过伪装行为而实施的行为,但并不存在隐藏行为。在存在隐藏行为的情形中,例如,名为买卖实为借贷,买卖是通过伪装行为实施的行为,而借贷则是掩盖在伪装行为之下的隐藏行为;又如,避税的“阴阳合同”,阳合同因避税而无效,但阴合同可能为有效。(其效力能否成就取决于其是否符合合同法有关的法律规定:若阴合同符合生效要件的法律规定,则为有效;反之,则无效。)

第二,“隐藏行为”中添加“的效力”与删去“行为人”。二次审议稿的条文完整表述为“行为人与相对人串通,以虚假的意思表示实施的民事法律行为无效,但是双方均不得以此对抗善意第三人。行为人以虚假的意思表示隐藏的民事法律行为的效力,依照有关法律规定处理”。可以看出,两款均以“行为人”为句始总起,在形式上表现为两个行为,在意涵上也应理解为“伪装行为”与“隐藏行为”,在逻辑上可视为并列关系。但最终定稿删去第 2 款起始主语“行为人”,并添加“的效力”,完整表述为“行为人与相对人以虚假的意思表示实施的民事法律行为无效。以虚假的意思表示隐藏的民事法律行为的效力,依照有关法律规定处理”。这就使两款为递进关系,第 2 款着重对第 1 款后项的补充适用。“的效力”的添加更是对第 1 款“民事法律行为无效”的效力判定持不同意见甚至否定第 1 款效力的对接与回应。就终定稿而言,有学者认为第 146 条的两款“是两个问题,不是一个问题,甚至不应该规定在一个条文当中,为什么会规定到一个条文中呢?因为第一款和第二款都有‘虚假’两个字,所以就把它写到一起去了,这部分其实是两个内容”①。又或者,在条文释义中将该条款开头表述为“虚假表示与隐藏行为”,使条文理解者错误地产生一种两个行为的认知。② 实际上,整个第 146 条的条文可解释为“伪装行为与伪装下的隐藏行为”。从历史解释视角来看,逻辑上延续前述对应删除条款“以合法形式掩盖非法目的”,可理解为两种情况。情况一:不存在伪装下的隐藏行为,则适用第 1 款即可。情况二:存在伪装行为,则第 1 款与第 2 款一起适用。在法律适用者的裁判逻辑上,也是如此,先是伪装行为的识别(若经识别为伪装行为,一般作无效处理),如若伪装之下还存在隐藏行为,则进一步判定此法律行为的效力,甚至可否定前述无效的情况。这实际上是原《民法总则》对原《民法通则》“以合法形式掩盖非法目的”的核心

① 参见杨立新主编:《中华人民共和国民法典释义与案例评注》(总则编),中国法制出版社 2020 年版,第 381 页;杨立新主编:《〈中华人民共和国民法典〉条文精释与实案全析》,中国人民大学出版社 2020 年版,第 199 页;杨立新:《民法总则的新理念》,载 360doc 个人图书馆网 2017 年 5 月 18 日,http://www.360doc.com/content/17/0518/17/22551567_655050113.shtml。

② 参见张新宝:《〈中华人民共和国民法典·总则〉释义》,中国人民大学出版社 2020 年版,第 294 页;黄薇主编:《中华人民共和国民法典总则编释义》,法律出版社 2020 年版,第 472 页;法律出版社法规中心编:《中华人民共和国民法典总则编注释本》,法律出版社 2020 年版,第 387 页。

修改,从“一刀切”处理方式到允许个案具体问题具体分析,条款的正向进化值得称赞。

第三,删去“串通”。《民法总则(草案)》一审稿至三审稿中均规定“行为人与相对人串通”,直到四审稿才删去“串通”二字,可见,立法机构在关于虚假的法律行为规定的制定过程中,曾经考虑双方须有“串通”。对于第1款删除“串通”二字,是否意味着虚假意思表示的成立无须“串通”要件,这将成为该条款解释问题的焦点①,亦将成为本文立论基础的关键问题。“串通”与“通谋”同义,均需要双方当事人共同策划、共同决定,彼此非真意的意思表示均为对方所明知而合意,方可称为“通谋”或“串通”。若立法机构明确规定“串通”,则表明虚假的意思表示须双方通谋,直接指明通谋是虚假法律行为的要件,则该条款在解释上与德国法上的“通谋虚伪”学理认知一致。如此,本文的立论基础将失去价值。但很明显,立法机构有意删除“串通”二字,只能反向解释为,虚假的意思表示的成立要件中并不包含“通谋”,“通谋”与否并不影响虚假的意思表示,在整个条文的解释上也与德国法的“通谋虚伪”的学理解释无关。另外,关于解释为“通谋”的条款适用要件,在举证责任上也是一大难题,几乎无可能证明行为人与相对人具有虚假的共通共谋之合意。司法实践中,双方当事人作出的虚假的意思表示,可能出现的真实情形有四:一是双方共谋,达成虚假意思表示的合意。二是一方谋划,另一方明知。三是一方明确,另一方默认或双方心照不宣,互相知悉对方的虚假意思表示。四是一方作出虚假意思表示,另一方实际并不知情或抗辩为不知情(实际上为单方虚伪行为)。若将虚假意思表示解释为“通谋”,这四种情形中,只有第一种能被判定为“通谋虚伪”,并适用该条款,则该条款的适用范围将大打折扣。而且,主张通谋虚伪表示无效的一方,对“通谋”要件须负举证之责,因而相对方相对容易形成“非通谋”的抗辩,该条款在适用上因举证难度过高有被架空之可能。实际上,大陆法系国家或地区对此问题亦有自己闭合逻辑的处理方式。并且,与以“通谋”为要件相对应的是,该条文修改前,我国司法机关适用“以合法形式掩盖非法目的”,并不受此“通谋”与否证明义务之限制,重点放在“虚假意思表示”的审查与识别上,只要能够证明法律行为是“虚假意思表示”或存在“虚假意思表示”,即可适用条款裁决。为此,笔者举例说明:

---

① 参见陈甦主编:《民法总则评注》(下册),法律出版社2017年版,第1044~1045页。

例一,主张虚假意思表示无效的一方负举证责任,但很可能因“虚假意思表示”未能证明而承担于己不利风险。在朱某某等六股东诉南宁市红木棉运输有限责任公司、第三人南宁市东宇运输有限公司等公司决议撤销纠纷案中,在涉及同一公司两份章程如何确定股东表决权时,终审判决认为,南宁市红木棉运输有限责任公司关于股东表决权的章程规定出现两个不相一致的版本,6.5章程未备案,6.8章程于工商部门登记备案,但六原告未能提供充分证据证明6.8章程仅为工商备案不代表股东真实意思表示,且6.8章程签订时间在后,据此认定6.8章程为南宁市红木棉运输有限责任公司的真实意思表示,应属有效。[①] (“虚假意思表示”证明难度已过高,若再以“通谋”为成立要件,恐司法实践难以应对。)

例二,虚假意思表示所约定的权利义务内容,往往有异常之处,此亦为查明、证明的举证线索。在日照港集团有限公司煤炭运销部与山西焦煤集团国际发展股份有限公司借款合同纠纷案中,裁判摘要谓:“在三方或三方以上的企业间进行的封闭式循环买卖中,一方在同一时期先卖后买同一标的物,低价卖出高价买入,明显违背营利法人的经营目的与商业常理,此种异常的买卖实为企业间以买卖形式掩盖的借贷法律关系。企业间为此签订的买卖合同,属于当事人共同实施的虚假意思表示,应当认定为无效。”[②](按照现今《民法典》第146条处理,则双方买卖合同因虚假而无效,隐藏的借贷合同如按照“企业间借贷无效”,则借贷行为无效;如按照最高人民法院发布的《关于审理民间借贷案件适用法律若干问题的规定》[③]第10条规定,则借贷行为有效。)

第四,删去“不得以此对抗善意第三人”。《民法总则(草案)》一次审议稿至四次审议稿中均设有“以虚假的意思表示实施的民事法律行为无效,但是双方均不得以此对抗善意第三人”之但书规定,但第五次审议时将其删除,

---

① 参见朱某某等六股东诉南宁市红木棉运输有限责任公司、第三人南宁市东宇运输有限公司等公司决议撤销纠纷案,载最高人民法院中国应用法学研究所编:《人民法院案例选》2015年第2辑,人民法院出版社2016年版。

② 日照港集团有限公司煤炭运销部与山西焦煤集团国际发展股份有限公司借款合同纠纷案,载《最高人民法院公报》2017年第6期。

③ 《最高人民法院关于修改〈最高人民法院关于在民事审判工作中适用《中华人民共和国工会法》若干问题的解释〉等二十七件民事类司法解释的决定》,2020年12月23日最高人民法院审判委员会第1823次会议通过,自2021年1月1日起施行。

因此,原《民法总则》第146条并未对此作出规定。第三人情况较为复杂,且并不在本文虚假意思表示通谋与否的主题讨论之列,只作简要论述。在虚假意思表示的作出系处分物权的财产行为的情形下,若只考虑交易安全,则可作此不得对抗善意第三人“一刀切”之规定;而若再考虑双方作出虚假意思表示为违法之目的,则善意第三人可能并不因此而取得前述虚假交易之产权。对抗善意第三人与否,大抵如此,删除“无效不得对抗善意第三人”规则,其立法意旨与删除前述草案第155条“民事法律行为因重大误解、欺诈、显失公平被撤销的,不得对抗善意第三人”之规定如出一辙。如若深究,可知该规定与我国目前财产权体系的结构性原则产生深层次冲突。① 以善意取得制度为例,会有两点冲突。其一,如该财产为动产或不动产,按照善意取得制度,第三人须同时满足取得该物时为善意、支付合理对价、动产交付或不动产登记这三个要件方可取得物权,但按照“不得对抗善意第三人”只需第三人善意即可获得物权,此种区别对待,善意取得制度有被架空之嫌。其二,债权、著作权等无权利外观之财产权不适用善意取得制度,而“不得对抗善意第三人”规则不受此类财产权转移之限制,将与善意取得的此项原则相抵触。以比较法观之,大陆法系中,仅有日本将此项规则实体法化,《德国民法典》未在总则中作一般化规定。德国民法出于交易安全保护的强烈需求,交由特别规则予以第三人的信赖保护,如《德国民法典》第883条、第892条规定的登记公信力制度,第409条规定的表见让与债权制度等。我国有关该第三人问题的做法与德国法同理。应当说,大会最终审议时有意删除第三人信赖保护规则,彰显立法者意欲否定“虚假意思表示不得对抗善意第三人”一般规则的立法意旨。实际上,这与先前“以合法形式掩盖非法目的”之表述也未涉及第三人问题考虑情况基本一致②,具有一脉相承的立法承继,符合本文所阐释的历史解释视角。

第五,遵循历史解释视角,虚假意思表示规则可成为避法行为的规制路径。规避法律的行为(又称脱法行为)指的是当事人希望以法律行为的形成方式来规避某一法律规定或法律行为规则的行为。德国民法认为:“就其性质而言,规避法律的行为属于当事人所真正希望的法律行为,或者只有当事

---

① 参见李宇:《民法总则要义:规范释论与判解集注》,法律出版社2017年版,第533页。

② “以合法形式掩盖非法目的”本身即包含虚假意思表示(伪装行为)若为违法行为,则“非法目的”动机之意,对抗第三人的正当性足矣。

人真正希望这一行为,该行为的实施从其规避的目的来看才具有意义,鉴于此,规避法律的行为不同于虚伪行为。”[①]德国法始终将规避法律的行为归入法律解释范畴,认为并不存在涉及避法行为的普适性规定。“规避法律的行为的当事人所希望规避的法律规定或法律行为规则,取决于其所旨在规避规则的内容。人们基于对规则的解释可以看出,该规则是否涵盖规避行为。”[②]但我国原《民法总则》第146条的虚假意思表示规则可吸收涵摄规避法律的行为,这与德国法“通谋虚伪”制度显著不同。依前述历史解释,“以合法形式掩盖非法目的”虽不可解释为“规避法律的行为”(笔者前已述,解释为“伪装的法律行为”更为妥善),但与“规避法律的行为”不无关联。我国学者认为,伪装的法律行为依目的或动机来看,有两种情况:一是被掩盖的行为具有违反法律、规避法律的目的。二是被掩盖的行为并不具有违法的性质。[③] 可以说,“以合法形式掩盖非法目的的行为”兼有规制德国法的通谋虚伪表示与“规避法律的行为”的双重功能。[④] “规避法律的行为”可被“伪装的法律行为”所吸收,则“以合法形式掩盖非法目的”涵摄“规避法律的行为”具有逻辑上的正当性,毕竟“非法目的”之含义自带不法之动机。进而,承继并发展了“以合法形式掩盖非法目的”的第146条“虚假意思表示规则”,可以涵摄规制“规避法律的行为”,这完全符合历史解释的视角,正切本文主题。否则,以德国法的“通谋虚伪”解释,并不能涵摄规避法律的行为,必然形成“规避法律的行为”规制上的漏洞。(实际上,德国法将“规避法律的行为”归为法律解释范畴,因其有单方虚伪行为的立法表达,在制度上是规制完整的,并不存在此漏洞问题,但中国法并不具有此整体立法模式,切不可犯此教条主义错误。)

从已有的裁判经验来看,虚假意思表示所约定的权利义务内容,往往有避法之意图、非法之目的,以虚假意思表示规则规制避法行为,并无障碍,且判例颇多,笔者试举一例。在徐州大舜房地产开发有限公司诉王某某商品房预售合同纠纷案中,原告大舜房地产开发有限公司主张其与被告王某某签订合同是为了获取银行贷款,其借用被告的名义且被告明知,双方签订一份虚

① [德]维尔纳·弗卢梅:《法律行为论》,迟颖译,法律出版社2013年版,第484页。

② [德]维尔纳·弗卢梅:《法律行为论》,迟颖译,法律出版社2013年版,第484页。

③ 参见佟柔主编:《民法原理》,法律出版社1983年版,第90~91页;佟柔:《佟柔中国民法讲稿》,北京大学出版社2008年版,第206页。

④ 冉克平:《“恶意串通”与“合法形式掩盖非法目的”在民法典总则中的构造——兼评〈民法总则〉之规定》,载《现代法学》2017年第4期。

假的《商品房买卖合同》,诉请确认该合同无效、将所涉房屋产权恢复登记至原告名下。被告则主张双方签订合同为其购房的真实意思表示。法院审查的重点并不是双方签订虚假买卖合同时是否通谋,而是对虚假的商品房买卖合同的识别。法院认为,一方面,原告以被告名义缴纳了契税、物业维修基金、所有权登记费;另一方面,被告与银行签订《房地产抵押借款合同》之后,并未实际按约归还贷款,而是原告以被告名义偿还。据此,法院认定房地产开发企业以规避国家对房地产行业调控为目的,借他人名义与自身签订虚假商品房合同,抵押套取银行信贷资金,系借签订商品房买卖合同之名,掩盖违规向银行抵押贷款套取银行信贷资金之目的,应属无效。[①]（按照现今《民法典》第 146 条处理,则双方《商品房买卖合同》因虚假意思表示而无效,隐藏的《房地产抵押借款合同》因违规骗贷而无效。)

第六,“恶意串通行为无效”与“虚假意思表示规则”的关系。原《民法总则》第 154 条规定:“行为人与相对人恶意串通,损害他人合法权益的民事法律行为无效。”(以下简称恶意串通规则)该“恶意串通规则”作为中国法上的特色规范,并非普适性规定,旨在保护国家、集体或者第三人的利益,构成与侵权责任无异。[②] 虽位于“意思表示”章节,但其并非建立在意思自治及其瑕疵类型的基础之上,与意思表示并无太大关联。相较于德国法探求真意的立法政策,其“通谋虚伪”的制度表达,可包含中国法上的“恶意串通规则”,以致该条款在解释上,有恶意串通属于一种以损害第三人为目的通谋虚假行为的学说观点。[③] 实际上,条文制定之初的《民法通则》时期,并行规定“以合法形式掩盖非法目的”与“恶意串通规则”,系为了防范适法上缺位、规制漏洞的出现,考虑的是中国法上基于裁判视角的闭合规制逻辑的立法政策,二者在适用上并未过多关注条文的精准适用以及意思表示瑕疵理论的内在体系逻辑,以致条文在理解上多有重合状态,后续的司法实践也证明了此现象,实务

① 参见《最高人民法院公报》2013 年第 12 期。

② 参见冉克平:《“恶意串通”与“合法形式掩盖非法目的”在民法典总则中的构造——兼评〈民法总则〉之规定》,载《现代法学》2017 年第 4 期。

③ 该观点认为,虚伪行为仅注重意思与表示的故意不一致,无论此不一致是否侵害他人之利益;而恶意串通规则明确要求当事人须具有侵害他人的恶意。参见王利明:《合同法研究》(第 1 卷)(修订版),中国人民大学出版社 2011 年版,第 655 ~657 页。

中业已形成此路径依赖。[①] 不得不承认,承继“以合法形式掩盖非法目的”的“虚假意思表示规则”,以后的司法实践中依然会有此现象出现。但是,适法上的重合是形式主义法学的固有矛盾之一,细分易出现“挂一漏万”现象,不细分易出现适法的粗糙与重合。归根结底,这是立法政策的选择问题,德国法选择复杂精细化的处理模式,但给实务带来了适法和举证上的难题;而中国选择规制闭合的处理模式,但实务中会给法官更大的裁量选择权,以保证具体个案的灵活性。最后,再回到本文论题上,如认为“虚假意思表示规则”是德国法的“通谋虚伪”,那问题就严重了,一半是洋(通谋虚伪),另一半是中(恶意串通规则),会面临适法上的漏洞和举证上的困难此等双重困境。

值得一提的是,“恶意串通规则”在原《民法总则》的制定中,遇到这样的立法窘境:《民法总则(草案)征求意见稿》一审稿时,废除了“恶意串通规则”[②],但《民法总则(草案)征求意见稿》二审稿又重新将其规定回来[③],直到最后通过都未曾更改、变动。这足以说明,即使立法者明知条文规制上有重合,也并不影响“恶意串通规则”在中国法上独到的一席之地。从我国司法审判实践来看,有学者对近年来最高人民法院涉及“恶意串通规则”的典型案例进行梳理,归纳为六种类型:为逃避债务串通;串通欺诈第三人;代理串通;股权或者商标权的双重转让;串通避法;“恶意串通”构成“以合法形式掩盖非法目的”的行为。[④] 可以看出,“恶意串通行为无效”与“虚假意思表示规则”各有其作用空间,其间虽有竞合,但主要规制类型具体而明确。原《民法通则》是“以合法形式掩盖非法目的”与“恶意串通行为无效”并行,而原《民法总

---

① 司法裁判中此现象多次出现,有法院在法律适用上,同时以“恶意串通规则”和“以合法形式掩盖非法目的”作为裁决事由,宣布法律行为无效。例如,在中国工商银行青岛市市北区第一支行诉青岛华悦物资发展公司等借款合同担保纠纷案中,法院认为:被上诉人华悦公司与被上诉人工商支行签订的借款合同是一份虚假合同。双方签订的借款合同,属于原《民法通则》第58条第1款第4项、第6项规定的“恶意串通,损害国家、集体或者第三人利益”和“以合法形式掩盖非法目的”的无效民事行为,不应受到法律保护。参见《最高人民法院公报》1997年第4期。

② 在《民法总则(草案)》审议过程中,多位学者曾发文表示,因适法上的混淆,“恶意串通规则”应予以废除。参见朱广新:《论“以合法形式掩盖非法目的”的法律行为》,载《比较法研究》2016年第4期;冉克平:《“恶意串通”与“合法形式掩盖非法目的”在民法典总则中的构造——兼评〈民法总则〉之规定》,载《现代法学》2017年第4期。

③ 2016年7月全国人大常委会法工委发布的《民法总则(草案)征求意见稿》(第二次审议稿)第132条规定:“行为人与相对人恶意串通,损害他人合法权益的民事法律行为无效。”

④ 参见冉克平:《“恶意串通”与“合法形式掩盖非法目的”在民法典总则中的构造——兼评〈民法总则〉之规定》,载《现代法学》2017年第4期。

则》是“虚假意思表示规则”与“恶意串通行为无效”并行,立法者的态度在此不甚清晰,为保证立法的安定性与司法的适用惯性,遵循历史顺承的脉络,尊重实践中已形成的路径依赖,是中国民法典应当坚守的立法政策。

第七,“单方虚伪表示”与“虚假意思表示规则”的关系。先来看单方虚伪表示在我国的立法史。我国现行法并未规定真意保留与缺乏真意(戏谑行为)。该条款最早的文本表述,为2002年公布的《民法(草案)》第66条,但仅规定了真意保留,而未规定缺乏真意。[①]《学者建议稿》与《专家建议稿(提交稿)》对二者均予以规定。立法机构的《草案室内稿》既未规定真意保留,亦未规定缺乏真意。到了最后,《民法总则(草案)(征求意见稿)》对二者均未作出规定,《民法总则(草案)》一次、二次、三次、四次审议稿直至定稿,亦未作出改变。从以上单方虚伪表示的设定与否的态度来看,学者的态度多是借鉴德、日、韩等大陆法系民法典之规定,真意保留与缺乏真意至少规定其一。而立法机构态度坚决,对二者均不予以规定。有学者认为这是立法漏洞[②],但以立法史观之,此明显为立法者有意为之。笔者认为,真意保留与缺乏真意已有立法表达,可尽被《民法典》第146条所吸收,理由如下:

结合单方虚伪表示来看,通谋虚伪区别于单方虚伪表示的重要一点即是,双方而非单方对虚假意思表示达成一致、共谋联络,只有同时规定“单方虚伪表示”与“通谋虚伪”在规制逻辑上才是闭合状态,德国法上即是此规制进路,但中国法上同时删除“单方虚伪表示”与“串通”,只能说与德国法上的虚伪表示(包括单方和双方)相去甚远。[③] 强行将“虚假意思表示规则”解释为德国法上的“通谋虚伪”,至少在中国法上“单方虚伪表示”缺失的状态下,会形成规制上的行为漏洞。这样一种机械教条的解释方法,实为不可取。先前“以合法形式掩盖非法目的”在规制上并不主动区分单方或双方的虚假意思表示,实际上单方虚伪表示已被虚假意思表示规则所吸收,以强调虚假意

① 该条表述为:“虚假的意思表示,表意人不得主张该意思表示无效,但相对人知道或者应当知道该意思表示与其真实意思不一致的除外。”

② 参见冉克平:《真意保留与戏谑行为的反思与构建》,载《比较法研究》2016年第6期。

③ 杨立新教授在《〈民法总则〉规定的虚假民事法律行为的法律适用》一文中对此问题亦有不同理解,其指出:“从立法本意而言,本款虽然不规定串通要件,但不具备通谋要件,就不能构成虚假民事法律行为。因此,第146条第1款尽管没有规定串通,也没有规定通谋,但是并不能否认通谋非为虚假民事法律行为的要件。”参见杨立新:《〈民法总则〉规定的虚假民事法律行为的法律适用》,载《法律科学(西北政法大学学报)》2018年第1期。

思表示的识别是条款主要适用要件,实践中也形成此条文适用路径,这样一种规制路径符合中国法的立法历史与今日实践。于是乎,遵循历史解释视角,将“单方虚伪表示”纳入《民法典》第146条,在规制上更为周延。

五、构会甄释:中国法上“虚假意思表示规则”与德国法上“通谋虚伪”异质化述评(代结语)

通过以上分析,可以得出中国法上“虚假意思表示规则”与德国法上“通谋虚伪”呈现异质化的论断。具体体现在以下几个方面:

第一,原理阐释上的异质。德国民法上,关于表意瑕疵理论中表意人意思与表示的不一致,依欠缺效果意思的表意非真意的情形,有单方虚伪表示与通谋虚伪表示,其中,前者包括真意保留与缺乏真意表示。表意瑕疵的效力规则由意思表示构成所形成的意思主义与表示主义而确立。德国立法上,在表意人的内心意思与表示行为不一致时,以相对人是否需要信赖保护为区分情形进行条文设计。基于意思主义的立场(相对人无须受到保护),情形上有相对人非善意的真意保留(《德国民法典》第116条第2款)、通谋虚伪表示(《德国民法典》第117条);基于表示主义的立场(相对人须受到保护),情形上有相对人善意的真意保留(《德国民法典》第116条第1款)、缺乏真意表示(《德国民法典》第118条)。而中国民法虽受苏联影响,但其“伪装的民事行为”概念并非继受于苏联(须知,苏联民法学中“虚构的法律行为”和“伪造的法律行为”与德国民法的“通谋虚伪表示”在解释上基本一致)。而我国原《民法通则》“以合法形式掩盖非法目的”迥异于苏联民法与德国民法,是在“伪装的民事行为”上进行学说建构,并把“规避法律的行为”明确纳入“伪装的民事行为”的规制范围。伪装的民事行为自有两种情况:一是伪装行为具有违反法律、规避法律的目的。二是伪装行为并不具有违法的性质。但中国法上“以合法形式掩盖非法目的”依目的论采取了“一刀切”的立法形式,在解释和认知上可以这样表达,凡是伪装行为原则上应属无效。我国原《民法总则》的“虚假意思表示规则”在认知与解释上与“以合法形式掩盖非法目的”是一脉相承的,但是又进一步正向进化,修正了前述的错误认知,条文可解释为,凡是伪装行为原则上应属无效,但伪装下的隐藏行为的效力须进一步审查。

第二,立法政策上的异质。德国法深受萨维尼探求真意的教义学原理影响,以致探求真意已成为《德国民法典》立法政策之一。而中国法上“以合法形式掩盖非法目的”条文制定之初,立法政策考虑的是宏观调控、实事求是、防范适法上的漏洞,而“虚假意思表示规则”优先考量的立法政策则是闭合规制与法之安定性。

第三,适用要件的异质。德国法上“通谋虚伪”以“通谋”为虚伪表示成立核心要件。而中国法上“虚假意思表示规则”并不以“通谋”为必要要件,而是更重视“虚假意思表示”的证明与识别。这直接导致二者在举证难度上的巨大差异,毕竟实务中“通谋”几乎难以直接证明。但德国法上对“通谋”的证明亦采取弱化的处理,间接证明或通过外部事实证明均可予以认定,实际上是通过判例的形式软化立法,逐渐倾向于中国的立法表达。

第四,涵摄范围上的异质。德国法上“通谋虚伪”只可涵摄行为人与相对人“通谋”作出的虚假意思表示的情形。中国法上“虚假意思表示规则”除了双方当事人“通谋”虚伪,单方的虚假意思表示也纳入其中。此外,中国法上该规则亦可涵摄规避法律的行为。

第五,规范视角上的异质。中国法上“虚假意思表示规则”更多基于权益保护的裁判视角,以适法者对条文适用的具体性与可操作性为表达上的倾向,力争使司法机关减少恣意裁量,避免法官任意解释的弊病。德国法上“通谋虚伪”更多关注形式逻辑(演绎推导)的学理视角,以条文的逻辑性与体系的严密性著称。

相较而言,中国法上的“虚假意思表示规则”更符合中国的实践路径。立法者值得赞誉,给予了本文立论勇气,该规则优势在于:其一,符合历史解释,保证法的安定性与司法适用上的延续性。其二,条文上具有相当宽泛的解释空间,具有极强的事实包容性。其三,程序上减轻当事人举证上的负担。其四,减少裁判者思维成本。

虽然萨维尼探求真意的执着被世人所称赞,但法律文本终究还须经得起真实世界的验证。实践中,无名合同、繁复交易安排客观存在,制定法中的有名合同数量有限、理论学说中各类法律关系项下的权利义务内容大都以单一为主,不仅在数量上难以提供全覆盖的类推借鉴之需,极端情况下也无法为精准解读当事人复杂交易目的而进行完美背书。世人应该惊醒,法律秩序的确应以法律行为规则是否为当事人真正希望的意思自治的结果作为主要标准,“但这种情况限于较为理想的状态”[①]。在19世纪的法律行为发展史上,针对意思瑕疵是否应在法律上受到关注或应以何种方式受到法律的关注,人们无法从构成意思表示要素的意思或表示中得出相应的解决方案。针对这一问题,不同的法律秩序作出了不同决策,但并没有一个“正确”的解决方案,相应的,每一不同的法律规定都应当具有实证性质。[②] 很明显,在我国原《民法总则》的制定中,立法者将“单方虚伪表示”条款与“串通”二字同时删去,并不是基于此等德国法“通谋虚伪”学理认知,而是条款解释路径如若照搬德国法教科书,何谈文化自信。

“法律不重诵读,而重理解。”[③]而法律解释需要借助法律解释方法,但法律解释方法却是一个实践层面的问题。笔者围绕《民法典》第146条“虚假意思表示”是否应以“通谋”为条款适用要件,是崇尚德国法的学理解释路径还是遵循中国法的历史解释路径,所作的长篇研讨多是在理论层面进行的辨析与澄清。因《民法典》第146条涉及众多民商事疑难案件的处理办法,尤其金融交易中经常出现的所谓“阴阳合同”、“抽屉协议”或名不副实合同(“名为什么,实为什么”的表达模式),[④]笔者认为,承接我国法上的“以合法形式掩盖非法目的”,遵循历史解释方法还原中国法上的“虚假意思表示规则”,对该条款的适用不以“通谋”为必要要件,引言之难题将迎刃而解。诚如康德所言:“有理论而无实务,近乎空谈;有实务而无理论,殆如盲目。”好的解释方法应在实践与理论、实然与应然中反转跳跃,法之适用应以建构减轻论证负担的法释义学为进路,并借以判例学说的参照整合,“终将对民法研究的开展以及法律形成空间的维护真正有所助益”[⑤]。

---

① [德]维尔纳·弗卢梅:《法律行为论》,迟颖译,法律出版社2013年版,第472页。

② 参见[德]维尔纳·弗卢梅:《法律行为论》,迟颖译,法律出版社2013年版,第474页。

③ [美]弗里德里克·肖尔:《像法律人那样思考:法律推理新论》,雷磊译,中国法制出版社2016年版,第17页。

④ 在以往的司法实践中,法院往往基于鼓励金融创新和尊重金融监管的政策考量,按照意思自治和合同自由原则,对上述交易行为并不轻易认定为“通谋虚伪表示”或“以合法形式掩盖非法目的”。

⑤ 王泽鉴:《中国民法的特色及解释适用》,载《法律适用》2020年第13期。

“Hypocrisy” Does not Need “Collusion”: Historical Interpretation of the Application Requirements of Article 146 of Civil Code

—Also on the Difference between “Collusion Hypocrisy” in German Law and “False Expression of Intention” in Chinese Law

Abstract: Civil Law scholars have formed a consensus that the post-civil code era is the era of interpretation, and the application requirements of the code provisions should be one of the core of the legal hermeneutics debate. Article 146 of Civil Code establishes “false expression of intention rule”, which is currently interpreted as “collusion false expression” in German Civil Law. This interpretation path pays too much attention to the standard expression of formal logic, rather than the practice of the judgment of rights and interests protection, which brings three difficulties: First, the interpretation path does not conform to China’s historical cognition. Second, logical structure, can not contain unilateral false expression and avoid behavior. Third, there will be a lot of pressure on practicality in judicial review. The German Civil Code divides false representation into true intention reservation, joking behavior and collusion hypocrisy, which are stipulated in Article 116, 118 and 117 respectively, forming a logical closure in behavior regulation. In the formulation of the General Principles of Civil Law, the legislator intentionally deleted the clause of “unilateral false expression” and the word of “collusion” at the same time. Following the “covering illegal purpose with legal form” in Chinese Law, and following the historical interpretation method, the “rule of false expression of meaning” is interpreted as the positive evolution of “covering illegal purpose with legal form”, and the application of this clause does not take “collusion” as the necessary element, so the above problems will be solved. A good method of interpretation should take the construction of legal hermeneutics to lighten the burden of argumentation as its approach.

Key words: collusion hypocrisy; false expression of meaning; historical interpretation method; unilateral false representation; malicious collusion

清华法律评论(第十一卷第二辑)
第 40 ~71 页

论违约获益剥夺的中国法路径

李　昊[*]　翟旭峰[**]

目　次

摘　要　在违约行为并未给守约方造成损失,而违约方却因此获益的情形下,包括损害赔偿在内的传统违约救济无法充分维护守约方合同权利。以英国布雷克案为标志,英美法确立了违约获益剥夺制度,并经过学界的讨论趋于完善,美国《返还与不当得利法第三次重述》第 39 条已将此制度体系化。违约获益剥夺并非一种补偿性救济,其意在剥夺违约方获益而非补偿守约方损失,体现了威慑

* 李昊,中南财经政法大学教授,法学博士,博士生导师,主要研究方向:民法学。

** 翟旭峰,泰和泰(北京)律师事务所律师,北京航空航天大学民商法学硕士,主要研究方向:民法学。

性和惩罚性。我国司法实践同样面临在特定情形下无法为守约方提供充足救济的难题,有必要借鉴英美法的经验在我国合同法中引入违约获益剥夺制度。违约获益剥夺在性质上属于一种独立的违约救济,在《民法典》生效施行的背景下,需在解释论上确定违约获益剥夺的规范基础,对此较为稳妥的方案是将违约方获益作为认定守约方损失的标准,进而借助违约损害赔偿规则(《民法典》第584条)实现违约获益剥夺的法律效果。《最高人民法院关于适用〈中华人民共和国民法典〉合同编通则若干问题的解释》第62条即采取了此种规制思路。违约获益剥夺的证明责任由守约方承担。违约获益剥夺与继续履行、损害赔偿无法同时适用;在违约获益剥夺情形中,即使违约方举证证明守约方不存在损失,亦无法排除赔偿性违约金的适用,因为守约方可以主张以违约方获益计算守约方损失,并且在违约金的司法酌增/酌减时,违约金数额的对比对象也不再是守约方损失,而是违约方获益;减价可适用于部分违约获益剥夺情形,但是面临价额无法精确计算的难题。违约获益剥夺可适用部分违约损害赔偿限制规则,如减损规则和损益相抵规则。满足违约获益剥夺的情形往往符合法定解除权的行使要件,合同解除并不影响违约获益剥夺的责任承担。

关键词 违约获益剥夺 损害赔偿 继续履行 违约金 合同解除

一、引言

在特定的违约情形下,守约方的损失可能难以认定或者损失的数额难以计算,传统的违约救济如损害赔偿、继续履行无法为守约方的合同权利提供充足的保护,违约方则可以保留通过违约取得的收益,进而有继续实施违约行为的经济激励。例如,甲公司与乙公司签订了限制性协议,约定乙公司不得质押其代甲公司持有的股权。后乙公司为与丁公司开展交易,向丁公司质押了其代甲公司持有的股权,并于交易完成后解除了股权的质押。该种情形下,乙公司显然通过违反约定质押股权获得了收益,但是因股权已经解除了质押,并且在违约行为发生时甲公司也没有质押股权的交易计划,因此难以认定甲公司存在实际损失或者失去了可得利益,进而无法向乙公司主张损害赔偿。即使甲公司请求乙公司继续履行限制性协议,也无法改变乙公司曾经通过违约获益的事实。

基于上述情形,英美法在合同法领域引入了违约获益剥夺救济(disgorgement for breach of contract)用以填补前述漏洞,如果说损害赔偿的目的是将守约方置于合同被完满履行时其所处的地位,那么违约获益剥夺的目的则是将违约方置于合同被完满履行时其所处的地位。通过剥夺违约方的违约获益,违约方的地位就与其如约履行合同一样,从而消除了违约方通过违约来获益的激励。笔者将在归纳梳理英美法违约获益剥夺规则的基础上,分析论证我国引入违约获益剥夺的必要性、正当性,并在《民法典》语境下建构违约获益剥夺的具体规则。

二、英美法中的违约获益剥夺规则

在英美法中,无论是违约损害赔偿还是侵权损害赔偿,在性质上均属补偿性(compensatory)救济,布莱克本勋爵(Lord Blackburn)的一句话在此得到广泛的引用:损害赔偿的金额应当尽可能地使受害方恢复到其没有遭受此种不法行为侵害时所处的地位。① 这句话背后的蕴意即为,损害赔偿额取决于原告的损失,而非被告的获益。但是,如果在所有的不法侵害情形中都恪守补偿性的损害赔偿救济,必然会产生不合理的法律后果。

在财产权侵权、知识产权侵权、违反信托或信义义务以及滥用机密信息等情形下,基于原告的实际损失难以确定甚至不存在损失,而被告却因实施不法行为获益这一不公平事实,或者基于强化信托、信义义务中受托人对本人的忠实义务等考量,法院会通过各种规则,如利润清算(account of profits)、推定信托(constructive trust)、放弃侵权之诉(waiver of tort)等,剥夺被告因其不法行为所获得的收益给原告,以实现公平合理的处理结果。但是在合同法领域,对是否引入获益剥夺救济这一问题,无论是司法实务界还是学界均存在激烈的争议,经由一系列司法判决以及学术讨论的推动,英美法目前已经承认违约获益剥夺作为一种独立于损害赔偿的合同法救济可以适用于特定情形。

(一)违约获益剥夺规则的发展历程

在英、美司法实践中,法院在若干判例中作出了具有剥夺违约方获益效

---

① See Livingstone v. Rawyards Coal Co. ,(1880) 5 App. Cas. 25:40.

果的裁判，这些判例也成为之后学界讨论分析的对象。例如，在吉尔伯特案[①]中，法院认为被告的违约行为没有给原告造成损失，补偿性的损害赔偿无法给予当事人严守合同的激励，法院最终授予了原告一种特殊的“损害赔偿”，该种损害赔偿的数额计算并不基于原告的实际损失，而是基于被告的违约获益。又如，在罗瑟姆公园案[②]中，被告违反了禁止在土地上建造房屋的限制性协议，法院认为原告并未因协议被违反而遭受损失，若以实际损失为基础计算损害赔偿，原告则无法获得损害赔偿或者仅会获得名义损害赔偿[③]（nominal damages）。法官认为损害赔偿的目的是使原告处于如果限制性协议没有被违反其所处的地位，被告本有两种不违反限制性协议的选择：要么其不在土地上开发房屋；要么其在土地上开发房屋前，与原告磋商请求其解除此种限制性协议。在本案案情下，显然只有第二种方法具有可行性。于是法官假设，如果被告向原告提出了此种请求，并且原告同意解除案涉限制性协议，被告需要支付多少价款，该种论证路径被学界称为磋商机会丧失理论[④]（lost opportunity to bargain）。此外，在斯内普案[⑤]、阿德拉斯案[⑥]中，法院亦在一方违约时将违约方的获益剥夺给守约方。2001 年，尼科尔森勋爵（Lord Nicholls）在布雷克案[⑦]中明确对合同法领域是否应当引入获益剥夺救济这一问题进行了探讨并作出了肯定的答复，此外也对违约获益剥夺的适用条件进行了有说服力的分析。尼科尔森勋爵认为，根据实际损失确定损害赔偿额并不总是能够充分地救济守约方。守约方可能会对合同约定的履行行为享有一种利益，该种利益无法用金钱来衡量，一旦相对方违约，守约方受到的损失

---

① See British Motor Trade Association v. Gilbert, [1951] 7 WLUK 73.

② See Wrotham Park Estate Co. Ltd. v. Parkside Homes Ltd., [1974] 1 W. L. R. 798.

③ 名义损害赔偿，又称象征性损害赔偿金，是在民事诉讼中法院判给原告的一笔数额很小的损害赔偿金，例如一美元，前提是法院认定原告权利受到侵害或者被告未履行对原告的义务，在法理上应获赔偿，但原告并未遭受任何实质性损失，或未能证明损失的数额。参见薛波主编：《元照英美法词典》，北京大学出版社 2014 年版，第 968 页。

④ See Katy Barnett, *Accounting for Profit for Breach of Contract*, Hart Publishing, 2012, p. 16. 国内有学者将该种路径下的损害赔偿责任称为“协商性损害赔偿”。参见洪国盛：《论作为违约救济的获利交出》，载《中外法学》2022 年第 5 期。

⑤ See Snepp v. U. S., 444 U. S. 507 (1980).

⑥ 该判决由以色列最高法院于 1988 年 2 月 11 日作出，后由期刊返还法评论于 1995 年翻译为英文并发表。See Note, *Adras Building Material Ltd. v. Harlow & Jones GmbH*, 3 Restitution Law Review 235 (1995).

⑦ See Attorney General v. Blake, [2001] 1 A. C. 268.

可能与经济上可衡量的损失同等严重甚至更为严重,法律对于此类案件的首要回应是确保合同根据约定被完满地履行,这也是法院会在特定合同中授予守约方禁令和特定履行救济的理由。在前述情形下,守约方对于合同履行享有一种“被法律所认可的利益”①(legitimate interest)。基于损害赔偿对于守约方救济的不充分性以及特定救济的不可适用性,尼科尔森勋爵认为在一方违约情形下,若可认定守约方对于合同履行享有被法律所认可的利益,损害赔偿不足以充分地救济守约方,且禁令、特定履行无法适用,那么法院就可以在此种例外情形下授予守约方违约获益剥夺救济。

布雷克案标志着获益剥夺在英美合同法的引入,然而学界对于违约获益剥夺的讨论并没有停息,争论的焦点在于合同法引入此种救济的正当性。具体而言,违约获益剥夺是否契合私法中的矫正正义?若否,那么该种救济的基础原理究竟为何?英美合同法是否可以纳入此种基础原理?

弗里德曼(Friedmann)撰文指出,在违约情形下将原告的救济限定为以实际损失为基础的违约损害赔偿会削弱合同义务的价值。② 他认为当允诺人承诺“履行”(performance)时,受诺人对于该履行享有权利,以至于如果该履行被扣留、私占或者“取走”(taken),就可以认为受诺人被剥夺了原本“属于”他的利益。③ 法恩斯沃斯(Farnsworth)作为美国《合同法第二次重述》的报告人④,在《合同法第二次重述》出版后不久,其对违约获益剥夺这一问题进行了探讨⑤,法恩斯沃斯认可违约获益剥夺在有限的场景下可以被适用。⑥ 首先,在一方违约同时构成信义义务与合同义务违反的情形下,考虑到获益剥夺已经成为违反信义义务的一般救济手段,此种情形当然可以适用违约获益

① Attorney General v. Blake, [2001] 1 A. C. 268, 282.

② See Daniel Friedmann, *Restitution of Benefits Obtained through the Appropriation of Property or the Commission of a Wrong*, 80 Columbia Law Review 504(1980).

③ See Daniel Friedmann, *Restitution of Benefits Obtained through the Appropriation of Property or the Commission of a Wrong*, 80 Columbia Law Review 515(1980).

④ 美国法律重述的报告人负责撰写法律重述的草案审议稿,也负责出版法律重述的正式文本,法律重述的报告人均为相关领域的顶尖学者、律师或法官,他们对于普通法规则有着深入透彻的理解。有关美国法律重述制度的详细分析,参见李昊、徐海雷:《美国法律重述鸟瞰》,载《苏州大学学报(法学版)》2020 年第 2 期。

⑤ See E. Allan Farnsworth, *Your Loss or My Gain? The Dilemma of the Disgorgement Principle in Breach of Contract*, 94 Yale Law Journal 1339(1985).

⑥ See E. Allan Farnsworth, *Your Loss or My Gain? The Dilemma of the Disgorgement Principle in Breach of Contract*, 94 Yale Law Journal 1341(1985).

剥夺。其次，在买卖合同的标的物属于独一无二的商品的情形下，若出卖人违约转卖标的物亦可适用违约获益剥夺，因为此种情形下损害赔偿往往无法妥当地救济买受人。总而言之，受害方所处的补偿不足的不公平地位构成了适用获益剥夺救济的正当性基础①；反之，如果守约方具有获得履行的替代品的机会，就没有适用违约获益剥夺的必要性。

温里布（Weinrib）则从矫正正义的视角对作为一种合同救济的获益剥夺的妥当性进行了批判。② 在矫正正义下，法律救济不公正的方法为，要求被告恢复本应归属于原告却被被告剥夺的东西。③ 违约获益剥夺这种救济虽然具有强烈的道德直觉正当性：允诺应当被遵守，并且违约之人不应从其错误中获利，然而基于道德直觉的正当性并不能得出将此获益（救济之前并非属于守约方）移交给守约方这一结论。④ 无法诉诸矫正正义的违约获益剥夺，其正当性基础只能为惩罚性原理。惩罚性原理是一种单边的考量，法律不再追问被告剥夺了原告什么、被告应当恢复什么给予原告，而是仅关注被告的行为应得到什么惩罚（penalty），惩罚性原理应存在于刑法中而非私法中。⑤

部分英、美法律学者亦意识到了在矫正正义下论证违约获益剥夺的正当性并不可取，试图将违约获益剥夺的正当性建立在其他理念之上。例如，芭奈特（Barnett）认为，违约获益剥夺与矫正正义所体现的补偿性原理不符，该种救济实际上体现了威慑性原理（deterrent rationale）和惩罚性原理（retributive rationale）⑥，埃德尔曼（Edelman）亦持相同见解⑦。违约获益剥夺的威慑性分为特定威慑和一般威慑。特定威慑，是指在某一违约行为发生后，通过适用违约获益剥夺，威慑该特定违约方在未来放弃实施违约行为；一

---

① See E. Allan Farnsworth, *Your Loss or My Gain? The Dilemma of the Disgorgement Principle in Breach of Contract*, 94 Yale Law Journal 1385(1985).

② See Ernest J. Weinrib, *Punishment and Disgorgement as Contract Remedies*, 78 Chicago-Kent Law Review 55(2003).

③ See Ernest J. Weinrib, *Punishment and Disgorgement as Contract Remedies*, 78 Chicago-Kent Law Review 60(2003).

④ See Ernest J. Weinrib, *Punishment and Disgorgement as Contract Remedies*, 78 Chicago-Kent Law Review 74(2003).

⑤ See Ernest J. Weinrib, *Punishment and Disgorgement as Contract Remedies*, 78 Chicago-Kent Law Review 86(2003).

⑥ See Katy Barnett, *Accounting for Profit for Breach of Contract*, Hart Publishing, 2012, p. 12.

⑦ See James Edelman, *Gain-Based Damages: Contract, Tort, Equity and Intellectual Property*, Hart Publishing, 2002, p. 83 – 86.

般威慑,是指通过适用违约获益剥夺,威慑潜在的不特定的合同当事人放弃实施违约行为。[①] 如果说威慑性原理具有前瞻性,那么惩罚性原理则体现了回溯性,其着眼点并非授予违约获益剥夺后,违约方未来会如何规划其行为,而是关注违约方是否因其已经施行的行为受到惩罚。换言之,惩罚性原理强调违约方的应受惩罚性[②],在违约获益剥夺情形下,违约方的应受惩罚性体现在其对守约方造成了道德损害(moral injury),即违约方的违约行为暗含了其享有的权利比守约方享有的权利更有价值的意思,此种行为无疑违背了双方主体的平等性,贬低了守约方的道德地位。[③]

温里布排斥在私法领域引入非补偿性救济的原因之一,在于其认为非补偿性救济体现了惩罚性,而惩罚应当由刑法而非私法执行。然而,私法中的惩罚与刑法中的惩罚含义并不相同,私法中的惩罚考虑的是对个人权利在私法方面的强制力,刑法中的惩罚考虑的则是对违反国家整体利益行为的归责,这二者的区别并不能得出私法救济只应具有补偿性,而惩罚只存在于刑法中的结论。[④] 早在蒂森案[⑤]中,弗兰德利(Friendly)法官就对反对在违约情形下授予惩罚性损害赔偿的观点进行了反驳。[⑥] 此外,违约获益剥夺并不与效率违约理论冲突。因为效率违约理论的出发点是损害赔偿可以完全填补守约方的损失,所以违约方可以选择违约并承担损害赔偿责任;而违约获益剥夺适用的前提是损害赔偿不足以给守约方提供适当的救济。换句话说,在可以适用效率违约的情形下,不存在是否可以授予获益剥夺救济的问题。[⑦] 总而言之,英美合同法并不排斥惩罚性损害赔偿,因此在合同法领域可以引入同样带有惩罚性的违约获益剥夺。

---

① See James Edelman, *Gain-Based Damages: Contract, Tort, Equity and Intellectual Property*, Hart Publishing, 2002, p. 83; Katy Barnett, *Accounting for Profit for Breach of Contract*, Hart Publishing, 2012, p. 26.

② See Katy Barnett, *Accounting for Profit for Breach of Contract*, Hart Publishing, 2012, p. 32.

③ See Katy Barnett, *Accounting for Profit for Breach of Contract*, Hart Publishing, 2012, p. 35.

④ See Ralph Cunnington, *Should Punitive Damages be Part of the Judicial Arsenal in Contract Cases?*, Legal Studies, Vol. 26:3, p. 381(2006).

⑤ See Thyssen, Inc. v. S. S. Fortune Star, 777 F. 2d 57(1985).

⑥ See Thyssen, Inc. v. S. S. Fortune Star, 777 F. 2d 57, 63(1985).

⑦ See Katy Barnett, *Accounting for Profit for Breach of Contract*, Hart Publishing, 2012, p. 39 – 40.

(二)英美法中违约获益剥夺的规则构造

1. 布雷克案规则

在布雷克案中,尼科尔森勋爵建立了判断是否授予违约获益剥夺的一般规则(以下简称布雷克案规则)。首先,违约获益剥夺属于一种在例外情形下尚可被授予的救济。例外情形的抽象判断规则为:守约方对于防止违约方实施违约获益行为,以及对于剥夺违约方的获益,是否享有被法律所认可的利益。① 其次,在第一步判断得出肯定的结论后,需要判断损害赔偿、禁令以及特定履行是否足以给守约方提供充足的救济。若对此得出否定结论,则原则上满足了授予守约方违约获益剥夺救济的条件。之所以说"原则上",是因为对于何时可以授予此种救济,无法设定一个固定的规则,即使经过了以上两步判断,尚需综合考虑各种情况,包括合同标的、被违反的合同条款的目的、违约的后果等因素决定是否授予违约获益剥夺救济。②

英美法学界对布雷克案规则进行了完善。首先,违约获益剥夺需要满足因果关系③的要求,即被剥夺的获益是因违约行为所产生的。英美学界主流观点认为,此种因果关系的判断标准应当类推故意侵权,适用条件说(but-for)。④ 其次,即使违约获益可被归因于违约行为,其中与违约行为因果关系过于遥远(remote)的部分也应当被排除在应被剥夺的范围之外,遥远性判断在性质上并非一种纯粹的事实判断,其包含了价值判断,裁判者需要考量将同违约行为因果关系过于遥远的收益剥夺给守约方是否公平。⑤ 最后,即使

---

① See Attorney General v. Blake, [2001] 1 A. C. 268, 282.

② See Attorney General v. Blake, [2001] 1 A. C. 268, 285.

③ 有学者在因果关系要件之外,还提出分摊(apportionment)这一要件,该要件主旨为:对于违约方通过违约获得的收益,应当区分直接由违约行为导致的收益和可归责于其他事由的收益,只有前者才属于被剥夺的客体。该要件所要解决的问题似乎仍属于因果关系的范畴,美国《返还与不当得利法第三次重述》[Restatement (Third) of Restitution and Unjust Enrichment] 第 51 条的评论 h 亦提到了分摊,其所解决的问题即为违约获益与违约行为之间的因果关系。See Katy Barnett, *Accounting for Profit for Breach of Contract*, Hart Publishing, 2012, p. 191.

④ See James Edelman, *Gain-Based Damages: Contract, Tort, Equity and Intellectual Property*, Hart Publishing, 2002, p. 160; Katy Barnett, *Accounting for Profit for Breach of Contract*, Hart Publishing, 2012, p. 189; E. Allan Farnsworth, *Your Loss or My Gain? The Dilemma of the Disgorgement Principle in Breach of Contract*, Yale Law Journal, Vol. 94:6, p. 1339 – 1343 (1985); Lionel D. Smith, *Disgorgement of the Profits of Breach of Contract: Property, Contract and "Efficient Breach"*, Canadian Business Law Journal, Vol. 24:1, p. 133 – 136 (1994).

⑤ See Katy Barnett, *Accounting for Profit for Breach of Contract*, Hart Publishing, 2012, p. 190.

满足了因果关系和遥远性的要求,也应当允许违约方保有基于其技艺及勤勉产生的收益作为允给额,从而将此部分收益排除在应被剥夺的范围之外。①

2.《返还与不当得利法第三次重述》第 39 条

美国《返还与不当得利法第三次重述》第 39 条规定了基于机会主义违约带来的获益(profit from opportunistic breach),该条的报告人注释明确第 39 条确立了合同法领域的获益剥夺救济。

第 39 条分为三款,第 1 款规定了违约获益剥夺的构成要件以及违约获益剥夺在违约救济体系中的地位,第 2 款规定了如何认定损害赔偿无法为守约方的合同权利提供充足的保护,第 3 款规定了如何认定违约方的违约行为是有利可图的以及如何确定应被剥夺的违约获益。② 根据第 39 条第 1 款的规定,如果一个故意(deliberate)的违约导致了违约方的获益并且守约方可获得的损害赔偿救济对其享有的合同权利保护不足,那么守约方有权要求违约方归还其因违约所实现的获益。该款明确规定,该条规定的救济是损害赔偿的替代选择。据此,违约获益剥夺的构成要件为,违约是故意的、违约是有利可图(profitable)的以及可获得的损害赔偿无法为守约方享有的合同权利提供充足的救济,以下分别对后两个要件展开论述。

(1)违约是有利可图的

根据《返还与不当得利法第三次重述》第 39 条第 3 款的规定,如果违约方通过违约获得的收益减去其可能承担的损害赔偿额,仍然高于其按约履行合同可以获得的收益,那么该种违约就是有利可图的。具体而言,违约获益

---

① See James Edelman, *Gain-Based Damages: Contract, Tort, Equity and Intellectual Property*, Hart Publishing, 2002, p. 172; Katy Barnett, *Accounting for Profit for Breach of Contract*, Hart Publishing, 2012, p. 197.

② Restatement(Third) of Restitution and Unjust Enrichment § 39(2011):

(1) If a deliberate breach of contract results in profit to the defaulting promisor and the available damage remedy affords inadequate protection to the promisee's contractual entitlement, the promisee has a claim to restitution of the profit realized by the promisor as a result of the breach. Restitution by the rule of this section is an alternative to a remedy in damages. (2) A case in which damages afford inadequate protection to the promisee's contractual entitlement is ordinarily one in which damages will not permit the promisee to acquire a full equivalent to the promised performance in a substitute transaction. (3) Breach of contract is profitable when it results in gains to the defendant(net of potential liability in damages) greater than the defendant would have realized from performance of the contract. Profits from breach include saved expenditure and consequential gains that the defendant would not have realized but for the breach, as measured by the rules that apply in other cases of disgorgement[§ 51(5)].

包括违约方节省的开支①以及如果没有违约，违约方就不会获得的间接收益。但是，违约方应被剥夺的获益并不必然等同于违约方通过违约获得的收益的全部，第 39 条第 3 款规定，在确定违约方应被剥夺的获益时要满足《返还与不当得利法第三次重述》第 51 条第 5 款②规定的条件。第 51 条第 5 款在违约情形中的适用规则如下：

第一，在确定应被剥夺的获益前，应当先对违约方通过违约行为获得的所有收益进行分摊。在违约所获得的收益中，非由违约行为产生的获益不应当被剥夺。第 51 条的评论 h 指出，对获益进行精确的分摊往往是不现实的，所以法院只需达到一种最大限度的近似即可。

第二，应被剥夺的违约获益应当具有可识别性、可衡量性，并且与违约行为之间的关系不过分遥远。第 51 条的评论 f 指出，所谓遥远，是指获益与不法行为的因果关系过于微弱。

第三，应被剥夺的违约获益应当排除违约方应得的扣减额以及应扣除额（deductions and credits）。此处的扣减额以及应扣除额相当于上文提到的允给额。扣减额、应扣除额反映了违约方对违约获益产生所做出的贡献，一般来说包括违约方的技艺、勤勉以及资产的投入。个案中违约方应否获得扣减

---

① 节省开支的典型案例：违约方通过提供不符合约定的服务或者标的物节省了开支，但是并没有给守约方造成实际损失。在布雷克案中，尼科尔森勋爵认为守约方在该种案例中可以通过违约损害赔偿予以救济，没有必要适用违约获益剥夺。然而《合同法第二次重述》第 348 条并没有将违约方节省的开支作为一种守约方的价值损失（loss in value），所以无法以违约方节省的开支确定损害赔偿额。换言之，损害赔偿在该种情形中无法适用，可见对此问题英美学界的观点并不一致。

② Restatement (Third) of Restitution and Unjust Enrichment § 51(5)(2011)：

In determining net profit the court may apply such tests of causation and remoteness, may make such apportionments, may recognize such credits or deductions, and may assign such evidentiary burdens, as reason and fairness dictate, consistent with the object of restitution as specified in subsection (4). The following rules apply unless modified to meet the circumstances of a particular case: (a) Profit includes any form of use value, proceeds, or consequential gains (§ 53) that is identifiable and measurable and not unduly remote. (b) A conscious wrongdoer or a defaulting fiduciary who makes unauthorized investments of the claimant's assets is accountable for profits and liable for losses. (c) A conscious wrongdoer or a defaulting fiduciary may be allowed a credit for money expended in acquiring or preserving the property or in carrying on the business that is the source of the profit subject to disgorgement. By contrast, such a defendant will ordinarily be denied any credit for contributions in the form of services, or for expenditures incurred directly in the commission of a wrong to the claimant. (d) A claimant who seeks disgorgement of profit has the burden of producing evidence permitting at least a reasonable approximation of the amount of the wrongful gain. Residual risk of uncertainty in calculating net profit is assigned to the defendant.

额取决于法官的自由裁量。

第四,确定应被剥夺的违约获益时,应当确保在剥夺由违约产生的收益的同时,尽可能少地对违约方施以惩罚。由此可见,美国《返还与不当得利法第三次重述》第39条确立的违约获益剥夺救济是一种惩罚性而非补偿性的私法救济。

(2)可获得的损害赔偿无法为守约方享有的合同权利提供充足的救济

根据美国《返还与不当得利法第三次重述》第39条第2款的规定,所谓损害赔偿无法为守约方享有的合同权利提供充足的救济,一般而言是指损害赔偿不足以确保守约方在替代交易中获得相当于合同约定的履行。

美国《返还与不当得利法第三次重述》第51条第5款明确了违约获益剥夺的证明责任分担。根据该款规定,寻求违约获益剥夺的守约方,至少应负有证明应被剥夺的违约获益的合理的近似数额(reasonable approximation)的责任,之后违约方可以举证证明应被剥夺的获益小于守约方主张的数额,否则其应承担不确定风险。① 显然,此种举证规则有利于守约方。此外,虽然美国《返还与不当得利法第三次重述》第51条第5款没有言明,但守约方仍负有证明违约方的违约行为与违约方获得的收益之间存在因果关系的责任。②

三、我国合同法引入违约获益剥夺的必要性和正当性

法律制度的正当性在于其生成过程的必然性。③ 英美法中,违约获益剥夺作为一种独立于损害赔偿、特定履行救济之外的例外违约救济方式,主要适用于违反买卖或者租赁特定物④之合同、提供的履行不符合合同约定进而节省费用以及违反限制性协议的情形。在前述违约情形下,守约方的损失往往难以认定,因此意在填补守约方实际损失的损害赔偿并不能充分救济守

① See Restatement(Third) of Restitution and Unjust Enrichment § 51(5)(2011), Comment i.

② See Restatement(Third) of Restitution and Unjust Enrichment § 51(5)(2011), Comment i.

③ 参见李友根:《惩罚性赔偿制度的中国模式研究》,载《法制与社会发展》2015年第6期。

④ 本处所言“特定物”是指依当事人的意思具体指定的、不具有相互替代性的物。换言之,特定物是指同时具备不代替物性质与狭义的特定物性质之物,若无特别说明,下文所称“特定物”兼采此概念。特定物相关概念的区分及厘清,参见张晓都:《论特定物与不特定物、代替物与不代替物及相关法律问题》,载《现代法学》2000年第4期。

约方的合同权利,而禁令或者特定履行救济则无法弥补违约行为对守约方合同权利造成的损害,若不引入一种基于违约方获益的救济手段,势必会导致合同一方基于获利的目的肆意违反合同,当事人的合同权利乃至整个社会对于合同机制的信赖将会遭到严重的侵害。我国法院同样面临在现有违约救济体系下不足以给守约方提供充足救济的难题,结合学界关于在合同法引入获益剥夺救济的呼声,有必要在我国合同法中引入违约获益剥夺救济。

(一)司法实践中剥夺违约方获益的判例

经过检索判例发现,在违约方违反房屋买卖合同(违约方向第三人转让房屋)或者租赁合同(违约方向第三人交付房屋)、建设用地使用权出让合同(违约方向第三人出让建设用地使用权)、股权转让合同(违约方向第三人转让股权)以及违反限制性协议(违约方违反不作为义务)情形下,尽管守约方的损失难以认定,我国法院仍然作出了损害赔偿判决或者对合同约定的违约金进行酌增/拒绝进行酌减。有疑问的是,无论是损害赔偿还是违约金的司法酌增/酌减,均以守约方存在损失为适用前提,法院如何能在不满足此前提条件的情况下作出损害赔偿或者司法酌增/拒绝进行酌减违约金的判决?

整理上述判例中"本院认为"部分的论证说理后发现,法院均将违约方获益与守约方损失的认定"挂钩",并且至少存在5种将违约方获益和守约方损失认定相关联的判决方案(见表1)。

表1　违约方获益和守约方损失认定相关联的判决方案汇总

序号	将违约方获益和守约方损失认定相关联的判决方案	代表性判例
1	将违约方获益作为认定守约方因违约所遭受的可得利益损失的标准	1. 巴桑潘多、旦木增、平措加布与拉萨市八一农场租赁合同上诉(再审)案,最高人民法院(2014)民申字第321号再审民事裁定书 2. 陈某某与涿州瑞和房地产开发有限公司商品房预售合同上诉(再审)案,河北省保定市中级人民法院(2020)冀06民再21号再审民事判决书

续表

序号	将违约方获益和守约方损失认定相关联的判决方案	代表性判例
2	将违约方获益作为认定守约方因违约所遭受的可得利益损失的考量因素	1. 北京中科拜克生物技术有限公司、绥中中科拜克生物工程有限公司与辽宁东戴河新区管理委员会、绥中县国土资源局建设用地使用权出让合同上诉(再审)案,最高人民法院(2018)最高法民申2462号再审民事裁定书 2. 淮安建华汤始房地产开发有限公司与江苏幸福蓝海影院发展有限公司房屋租赁合同上诉(再审)案,江苏省高级人民法院(2019)苏民申1013号民事裁定书 3. 深圳市金长金投资有限公司与广州市万绿达集团有限公司合同上诉案,广东省高级人民法院(2017)粤民终2299号二审民事判决书 4. 陈某某与高某某房屋买卖合同上诉案,安徽省合肥市中级人民法院(2018)皖01民终2577号二审民事判决书 5. 薛某某、徐某某诉江苏汇川房地产开发有限公司商品房销售合同案,江苏省徐州市中级人民法院(2020)苏03民终4000号二审民事判决书
3	将违约方获益作为认定守约方因缔约过失所遭受的机会损失的考量因素	1. 深圳市标榜投资发展有限公司与鞍山市财政局股权转让上诉案,载《最高人民法院公报》2017年第12期 2. 四川金江房地产开发有限公司与敬鑫商品房预售合同上诉(再审)案,四川省高级人民法院(2019)川民申6247号再审民事裁定书
4	将违约方获益作为司法酌增违约金的考量因素(将违约方获益作为认定违约金数额是否低于造成的损失的考量因素)	1. 林某某与杨某房屋买卖合同上诉(再审)案,北京市高级人民法院(2019)京民申2404号再审民事裁定书 2. 狄某某与曹某某房屋买卖合同上诉案,江苏省南京市中级人民法院(2016)苏01民终10024号二审民事判决书
5	将违约方获益作为司法酌减违约金的考量因素(将违约方获益作为认定违约金数额是否过分高于造成的损失的考量因素)	1. 朱某某与浙江九天国际服装城有限公司房屋租赁合同上诉(再审)案,浙江省高级人民法院(2018)浙民再384号再审民事判决书 2. 无锡五洲商业投资有限公司与无锡八佰伴商贸中心有限公司租赁合同上诉(再审)案,江苏省高级人民法院(2015)苏审三民申字第00103号再审民事裁定书 3. 上海明太投资发展有限公司、黄某与叶某某股权转让上诉案,上海市高级人民法院(2012)沪高民二(商)终字第5号二审民事判决书

表1中的判例虽然实现了对守约方的救济，但是法院的裁判逻辑并不能经得住推敲。首先，违约获益并不等同于守约方的可得利益损失。从性质上来看，可得利益损失通常指合同按约履行后守约方应当得到的经济利益，而违约获益是违约方同第三人订立合同获得的经济利益，二者显然不同。即使从获益数额上来看，守约方在违约方按约履行合同后获得的收益也不必然同违约方获益一致。即使较为宽松地认定损害、较为宽松地认定可预见性①，也无法将违约方获益与守约方损失等同。其次，违约方获益并不等同于守约方的机会损失。所谓机会损失，是指信赖利益损失中的间接损失，即因丧失与第三人另订合同的机会所产生的损失。② 从性质上来说，违约方通过违约行为已经获得的经济利益不同于守约方若同第三人订立合同可能获得的经济利益。最后，将违约获益作为司法酌增/酌减违约金的考虑因素，实质上亦属将违约获益等同于或者部分等同于守约方损失，理论上的不周延同上。

在前述判例中，法院将违约方获益作为认定守约方损失的标准或者参考因素，其最终目的并不在于填补守约方损失，而在于剥夺违约方获益，法院的裁判方案不过是借损害赔偿之名，行获益剥夺之实。例如，在无锡五洲商业投资有限公司与无锡八佰伴商贸中心有限公司租赁合同上诉（再审）案③中，再审法院直言“违约金具有赔偿损失、惩罚违约的双重性质，严禁违约者因违约获利”。

（二）合同法违约救济体系的不足

法院现行的裁判路径从解决问题角度来看具有合理性，不过其理论上的弊端在上文中也已经指出，就此制度供给与司法实践需求之间脱节的问题，无法在现有违约救济体系下解决。

首先，继续履行不足以救济守约方。继续履行的目的在于使一方在违约后继续履行原合同义务，对于守约方来说，对方如约履行合同是最能实现其合同利益的途径，即使因对方迟延履行或者瑕疵履行遭受损失，也可以通过合并主张继续履行（维修、更换、重作）及损害赔偿等救济，使其处于合同被完满履行时其所处的地位。然而问题在于，对于非金钱债务，违约方可以依据《民法典》第580条第1款的规定提出拒绝继续履行的抗辩。在适用违约获益剥夺之情形中，违约方所负债务均为非金钱债务，并且往往满足提出拒绝

① 参见洪国盛：《论作为违约救济的获利交出》，载《中外法学》2022年第5期。

② 参见崔建远：《合同法总论》（上卷），中国人民大学出版社2008年版，第447页。

③ 参见江苏省高级人民法院再审民事裁定书，(2015)苏审三民申字第00103号。

继续履行抗辩的条件。例如,在房屋买卖合同中,负有交房义务的违约方已将房屋过户登记在他人名下,属于第580条第1款规定的"事实上不能履行",已办理登记的股权买卖合同、土地使用权出让合同以及已向他人交付房屋的房屋租赁合同①同理。退一步而言,即使不存在得以提出抗辩的事由,守约方的权利亦得不到充分救济。以深圳市金长金投资有限公司与广州市万绿达集团有限公司合同上诉案为例,即使守约方取得了继续履行限制性协议(未经其同意不得将代持的股权质押)的判决,违约方在继续履行判决作出前违反此协议给守约方造成的损害如何救济?这显然已经超出了继续履行救济所能规制的范围。

其次,损害赔偿不足以救济守约方。我国合同法对于损失的界定并未着眼于其性质,而是从损失的分类出发,将损失划分为实际损失与可得利益损失。违约方获益无法等同于实际损失,因此将违约方获益同守约方损失相关联的可行途径,即为对可得利益损失作扩大解释,以期囊括违约方的获益。一般认为,可得利益损失存在两种并列的计算规则,分别为市场价格规则与替代交易规则,前者又被称为抽象计算规则,后者又被称为具体计算规则。②市场价格规则,是指将合同约定价格与市场价格的差额作为债权人可得利益损失的计算方法③;替代交易规则,是指将债权人为了获得与原合同相同的标的而与他人缔约的合同价格与原合同价格的差额作为认定债权人可得利益损失的计算方法④。可以发现,这两种规则均要求合同标的具有可替代性:市场价格的形成以能够在特定时间、特定地点市场上买到一定数量的合同标的为前提⑤,而替代交易规则更要求以守约方已经同他人订立了与原合同标的相同的合同为前提。然而,在适用违约获益剥夺之情形中,无论是房屋买卖合同、股权买卖合同还是房屋租赁合同,合同标的均非具有可替代性的物品,

---

① 根据《最高人民法院关于审理城镇房屋租赁合同纠纷案件具体应用法律若干问题的解释》(法释〔2020〕17号)第5条第1款第1项,出租人就同一房屋订立数份租赁合同,在合同均有效的情况下,已经合法占有租赁房屋的承租人享有最优先被法院确定为履行合同的承租人的地位。

② 参见郝丽燕:《违约可得利益损失赔偿的确定标准》,载《环球法律评论》2016年第2期;张金海:《违约损害赔偿中的抽象计算方法研究》,载《法律科学(西北政法大学学报)》2016年第3期;张金海:《论作为违约损害赔偿计算方法的替代交易规则》,载《法学》2017年第9期。

③ 参见张金海:《违约损害赔偿中的抽象计算方法研究》,载《法律科学(西北政法大学学报)》2016年第3期。

④ 参见张金海:《论作为违约损害赔偿计算方法的替代交易规则》,载《法学》2017年第9期。

⑤ 参见郝丽燕:《违约可得利益损失赔偿的确定标准》,载《环球法律评论》2016年第2期。

限制性协议指向的对象更非物,而是违约方的行为,当然不具有可替代性。换言之,这两种计算可得利益损失的规则并不能在适用违约获益剥夺之情形中发挥作用,违约损害赔偿无法为守约方提供充足救济。事实上,我国学者已经注意到了损害赔偿在特定情形下所具有的局限性,如韩世远教授坦言,在合同标的不存在市场之场合,"损失的计算须通过其他的(有时是推测性的)方式进行……如运输人或出卖人没有交付无法从市场上作替代购买的物品,法官应尽可能地根据其占有的证据计算损失……在货物实际被转卖场合,转卖的价格则是其价值的重要证据"①;刘承韪教授同样将违约方的获益作为一种确定可得利益损失的标准②;许德风教授更是明确在不动产"一物二卖"的情形下,违约出卖人对买受人负有"获益交出"义务③。

违约方的获益与守约方的损失,无论是在性质上还是在数额上均无法等同。损害赔偿作为一种奉行完全赔偿原则的救济,目的在于将守约方置于合同完满履行时其所处的地位,而将违约方获益剥夺给守约方后,守约方往往处于相比合同完满履行还要优越的地位。强行将违约方获益解释为守约方损失,不仅扭曲了损失在私法中的特定含义,也与损害赔偿的救济目的相悖。就此而言,损害赔偿也非救济守约方权利的最优选择。

再次,违约金不足以救济守约方。作为一种损害赔偿额的预定④,违约方给付赔偿性违约金的前提是守约方存在损失,只不过证明此种损失的责任在于违约方。换言之,违约方可以通过举证证明自己的行为并没有给守约方造成损失来抗辩违约金的适用。有学者主张,为消除违约方的违约激励,可以考虑违约方的过错程度拒绝调整违约金数额。⑤ 然而,即使法院未调整违约金,在约定的违约金数额小于违约方获益的情形下,依然不足以消除违约激励。若想通过违约金规则实现剥夺违约方获益之效果,理论上可行的方案是双方约定惩罚性违约金,该种违约金责任的成立不需要损失的存在。界定某一违约金条款性质上是否具有惩罚性,存在结果论和目的论的方案,前者需要与守约方所受损失进行对比,在本文讨论情形下不具有可行性,只能适用

① 韩世远:《合同法总论》(第4版),法律出版社2018年版,第821页。

② 参见刘承韪:《违约可得利益损失的确定规则》,载《法学研究》2013年第2期。

③ 参见许德风:《不动产一物二卖问题研究》,载《法学研究》2012年第3期。

④ 参见姚明斌:《〈民法典〉违约金规范的体系性发展》,载《比较法研究》2021年第1期。

⑤ 参见洪国盛:《论作为违约救济的获利交出》,载《中外法学》2022年第5期。

后者。而双方当事人是否具有约定惩罚性违约金的目的,除非合同有明确约定,否则需要通过合同解释确定,而违约金的数额显然是重要考量因素。由此而言,双方约定的高额违约金有可能被法院定性为惩罚性违约金。然而,具体到司法实践中,在表1所列涉及违约金的案例中,尚无一例约定的违约金被法院定性为惩罚性违约金。即使如上海明太投资发展有限公司、黄某与叶某某股权转让上诉案,双方约定了4500万元违约金,高于守约方已给付的价款(1000万元)4倍有余,亦未被法院界定为惩罚性违约金。另外,就交易磋商角度而言,若推定双方签订合同时谈判能力平等并且怀有互利互惠、长期合作之心,即不能合理期待在每份合同中双方均会约定惩罚性违约金,因为惩罚性违约金所具有的压迫、威慑功能显然会抑制双方信任关系的建立。退一步而言,即使双方约定了惩罚性违约金,也不代表违约方需支付全部数额的违约金,韩世远教授即建议惩罚性违约金应类推适用定金限制规则,即惩罚性违约金的数额不得超过主合同标的额的20%。[①] 若认可此种主张,则惩罚性违约金剥夺违约方获益的功能会受到进一步抑制。可见,适用上具有不确定性且未必能完美发挥剥夺违约方获益功能的惩罚性违约金制度,亦非救济守约方权利的上策。

最后,减价不足以在适用违约获益剥夺之情形下救济守约方。作为一种调整给付与对待给付关系均衡的违约救济,减价的适用前提是违约方作出了给付,只不过此种给付不符合合同约定。在房屋、股权、土地使用权违约出卖于他人的情形中,因违约方根本没有作出给付,减价并无适用余地。此外,需讨论减价在违反限制性协议中的适用可能,原《合同法》第111条使用了"质量不符合约定"的表述,从文义上来看,似乎将减价限定为一种针对标的为物之合同的救济。不过《民法典》第582条将此表述修改为"履行不符合约定",足以将各种类型的合同纳入减价的适用范围。然而问题在于,一方违反限制性协议,另一方主张减价,减价的数额如何认定?《民法典》规定可以根据"标的的性质"以及"损失的大小"确定,后者显然不具有可行性,只能根据标的的性质确定。限制性协议约定了违约方负有某一不作为义务,此种义务往往无法准确地与守约方作出的给付相对应。换言之,减价后守约方的给付数额如何认定将是一个难题。

---

① 参见韩世远:《合同法总论》(第4版),法律出版社2018年版,第835页。

正因我国现有违约救济体系在适用违约获益剥夺之情形中存在种种不足，近年来众多学者主张在合同法领域引入违约获益剥夺救济。①

（三）合同法引入违约获益剥夺的正当性

违约获益剥夺并非意在填补守约方受到的损失，而是将违约方获益分配给守约方，体现了分配正义，是一种非补偿性救济。若在中国法语境下将违约获益剥夺的正当性建立在威慑性和惩罚性原理之上，就有必要探讨我国合同法是否排斥具有威慑性和惩罚性的违约救济。

学界主流观点认为，合同法并不排斥具有威慑性和惩罚性的违约救济。例如，王利明教授认为，尽管违约责任主要目的在于填补守约方的实际损失，从而体现补偿性，但是我国合同法并不排斥具有惩罚性的违约责任。② 又如，崔建远教授认为，违约责任的惩罚性客观地存在于过错违约的场合，违约责任的惩罚性使违约方感受到道德和法律对其过错违约的否定性评价，当事人在此种违约责任的威慑性下趋向于严格遵守合同和适当履行合同债务。③ 具体而言，合同法领域存在体现威慑性和惩罚性原理的惩罚性违约金和惩罚性损害赔偿。对于前者，我国学界主流观点认可当事人可以约定惩罚性违约金，并且将此种违约金定性为一种私的制裁④；对于后者，在合同法中适用惩罚性损害赔偿亦成为有力观点，如张红教授主张应建立合同责任与侵权责任分野的二元惩罚性赔偿法律体系，并以《消费者权益保护法》第55条第1款作为合同领域的惩罚性赔偿的一般性条款，建立合同责任之惩罚性赔偿体系。⑤

---

① 参见王利明：《合同法研究》（第2卷）（第3版），中国人民大学出版社2015年版，第692页；陈凌云：《英美合同法之违约获益赔偿责任研究》，法律出版社2017年版，第148页；孙良国：《违约责任中的所获利益赔偿研究》，载《法制与社会发展》2008年第1期；朱岩：《“利润剥夺”的请求权基础——兼评〈中华人民共和国侵权责任法〉第20条》，载《法商研究》2011年第3期；刘承韪：《获益损害赔偿制度的中国问题与体系建构》，载《陕西师范大学学报（哲学社会科学版）》2016年第6期；缪宇：《获利返还论——以〈侵权责任法〉第20条为中心》，载《法商研究》2017年第4期；陈凌云：《论“违约方获益”之归属》，载《法律科学（西北政法大学学报）》2018年第4期；和育东：《非法获利赔偿制度的正当性及适用范围》，载《法学》2018年第8期；吴国喆、长文昕娉：《违约获益交出责任的正当性与独立性》，载《法学研究》2021年第4期。

② 参见王利明：《合同法研究》（第2卷）（第3版），中国人民大学出版社2015年版，第398页。

③ 参见崔建远：《合同法学》，法律出版社2015年版，第241页。

④ 参见崔建远：《合同法学》，法律出版社2015年版，第291页；王利明：《合同法研究》（第2卷）（第3版），中国人民大学出版社2015年版，第705页；韩世远：《合同法总论》（第4版），法律出版社2018年版，第824页。不过姚明斌在其著作中认为违约金并不属于私罚，不具有惩罚性。参见姚明斌：《违约金论》，中国法制出版社2018年版，第90～91页。

⑤ 参见张红：《论〈民法典〉内外合同责任之惩罚性赔偿》，载《法学评论》2020年第5期。

从逻辑上来说,违约获益剥夺的威慑性和惩罚性可以正当化剥夺违约方获益,却不足以正当化将此获益剥夺给守约方,毕竟威慑性和惩罚性体现在对违约方获益的“剥夺”,至于剥夺后的获益应当归属于谁则需要作进一步的论证。从获益的可能归属主体来看,或者为守约方,或者为国家。原《民法通则》第61条第2款以及原《最高人民法院关于贯彻执行〈中华人民共和国民法通则〉若干问题的意见(试行)》(以下简称原《民通意见》)第131条均体现了不法行为人获得的收益应由国家收缴的规范意旨。不过原《民法通则》第61条第2款与原《民通意见》第131条的内在机理并不相同。前者规范的情形为:合同双方恶意串通,通过损害国家利益获得收益;后者规范的情形为:不法行为人取得了不当利益并造成他人损失,又进一步利用不当得利获得了原物及孳息之外的收益。尽管原《民法通则》第61条第2款与原《民通意见》第131条的适用均会产生国家收缴不法获益之效果,但是前者具有相当程度的正当性,而后者之正当性存疑,因为在前者情形下,国家本身即为受害人,而在后者情形中不法行为人并不必然对国家利益造成损害。笔者认为,剥夺后的获益归属于守约方较为妥当。首先,若国家机构以民事主体之身份与他人签订合同,适用违约获益剥夺后仍然可以产生剥夺违约方获益给国家的效果,国家机构的合同权利受损可以正当化此种获益归属认定,此种路径与原《民法通则》第61条第2款之规范意旨相符。其次,允许守约方追究违约方的违约获益,有助于激励守约方实施该种虽自利但符合法律预期的行为。[①]换言之,将不法行为获益归属于受害人可以体现法律救济的激励作用。[②]再次,如果需要剥夺违约获益,相较于收归利益无涉的国家,将其归属于因合同权利受到侵害的守约方显然更具有正当性。复次,私法中剥夺不法获益给受害人而非国家的制度并不鲜见,例如,《民法典》第980条从解释论角度来看,赋予了本人对不法管理人的管理利益移交请求权。[③]最后,原《民法总则》及《民法典》均未沿袭原《民通意见》第131条之规定,从立法目的解释的角度看,有理由认为立法有意对此种规定进行了否定。

---

① 参见张家勇:《基于得利的侵权损害赔偿之规范再造》,载《法学》2019年第2期。

② 参见肖爽:《论惩罚性赔偿在合同纠纷处理中的适用》,载《华东政法大学学报》2018年第4期;洪国盛:《论作为违约救济的获利交出》,载《中外法学》2022年第5期。

③ 参见金可可:《〈民法典〉无因管理规定的解释论方案》,载《法学》2020年第8期。

四、违约获益剥夺在《民法典》中的建构

在明确我国合同法引入获益剥夺救济的必要性和正当性后，笔者将尝试在解释论层面为违约获益剥夺探寻《民法典》的规范基础，并借鉴英美法经验对违约获益剥夺之规则设计提出建议，之后将分别分析违约获益剥夺引入后同合同解除规则以及现有其他违约救济规则之间的规范互动关系。

（一）引入违约获益剥夺的实现路径

1. 违约获益剥夺的定性理论

目前，学界通说认为宜将违约获益剥夺确立为一种独立的违约救济。例如，王利明教授认为有必要借鉴比较法的经验，在合同法中规定违约获益剥夺制度，以更好地制裁故意违约行为，发挥违约责任预防违约行为的功能。[①]又如，朱岩教授认为应当将获益剥夺请求权作为一种独立的请求权类型，其在性质上区别于损害赔偿请求权以及不当得利请求权，该种请求权当然可以适用于合同法领域。[②] 再如，孙良国教授主张将“所获利益赔偿作为一种独立的赔偿客体”，似乎有将违约获益剥夺纳入违约损害赔偿之意，然而根据其阐述，“所获利益赔偿”的构成要件迥异于违约损害赔偿的构成要件，并且没有将违约方获益与守约方损失相关联[③]，所以该种救济宜被定性为一种独立的违约救济。缪宇虽主张获益剥夺原则上应由不法无因管理调整，不应成为独立的债的类型，但是亦认可获益剥夺在合同法中应为独立的救济类型。[④] 陈凌云教授与吴国喆教授、长文昕娉博士同样认为违约获益剥夺应当被定性为与违约损害赔偿相并列的违约救济。[⑤]

---

① 参见王利明：《合同法研究》（第2卷）（第3版），中国人民大学出版社2015年版，第692页。

② 参见朱岩：《“利润剥夺”的请求权基础——兼评〈中华人民共和国侵权责任法〉第20条》，载《法商研究》2011年第3期。

③ 参见孙良国：《违约责任中的所获利益赔偿研究》，载《法制与社会发展》2008年第1期。

④ 参见缪宇：《获利返还论——以〈侵权责任法〉第20条为中心》，载《法商研究》2017年第4期。

⑤ 参见陈凌云：《论“违约方获益”之归属》，载《法律科学（西北政法大学学报）》2018年第4期；吴国喆、长文昕娉：《违约获益交出责任的正当性与独立性》，载《法学研究》2021年第4期。

笔者赞同前述学者观点。首先,违约获益剥夺适用的前提是守约方的损失难以认定,进而违约获益剥夺的效果并不在于填补守约方的损失,而在于剥夺违约方因实施违约行为获得的收益。该种救济的目的在于使违约方处于其没有施行违约行为所处的地位,而非使守约方处于合同被完满履行时其所处的地位,因此违约获益剥夺与违约损害赔偿虽都具有救济守约方合同权利的功能,但是二者在性质上存在根本不同,相互独立乃逻辑上必然。其次,违约获益剥夺在构成要件、违约方主张的抗辩等方面亦有别于违约损害赔偿,唯有将其定性为一种独立的违约救济才能形成完整的违约获益剥夺救济体系。

2. 违约获益剥夺与不当得利、不法管理的区别

(1)违约获益剥夺无法被定性为不当得利。第一,违约获益剥夺具有惩罚性,由此惩罚性出发,违约获益剥夺必然要求违约方主观上具有较高程度的过错,而不当得利则否。第二,一般认为,不当得利中价额返还适用客观说,即依据客观交易价值确定。[①] 然而,在违约获益剥夺中,违约方需交出其通过违约行为获得的所有或者部分收益,此种计算方法属于主观说。第三,违约获益剥夺的适用前提是守约方的损失难以认定,而无论是给付型不当得利[②]还是非给付型不当得利,均要求受害人受有损失。[③] 究其原因,在于不当得利返还的客体本就归属于受害人,此种规范评价逻辑上先于不当得利的适用;而在违约获益剥夺中,违约方的获益来自其与第三人的交易,此获益在被剥夺前本应归属于违约方。换言之,违约获益归属于守约方是违约获益剥夺适用的法律效果而非适用前提。

(2)违约获益剥夺无法被定性为不法无因管理。第一,不法无因管理适

---

① 参见王泽鉴:《不当得利》(第2版),北京大学出版社2015年版,第249页。

② 一般认为,给付型不当得利中以给付关系取代"致他人受损害"要件。参见王泽鉴:《不当得利》(第2版),北京大学出版社2015年版,第65页。

③ 需要注意的是,因不当得利制度的功能并不在于填补损害,而在于使得利人返还其无法律上原因而受有的利益,因此不当得利中的"损失"区别于损害赔偿法意义上的"损害"。不当得利法上的损失系从得利人角度考察,若他人取得内容应归属于权利人的利益,对于权利人来说即属于受有损失。参见王泽鉴:《不当得利》(第2版),北京大学出版社2015年版,第59页;[德]汉斯·约瑟夫·威灵:《德国不当得利法》,薛启明译,中国法制出版社2021年版,第1~2页。

用要求管理他人事务，然而一方违背合同约定无法被定性为管理另一方的事务。① 第二，不法无因管理的适用效果为交出管理人获得的一切管理利益，而且无因管理制度下管理人并不享有报酬请求权，管理人只得主张本人偿还其支出的必要费用②，管理人不得对需返还之管理利益作任何扣减。而在违约获益剥夺规则下，法院可以考虑违约方的技艺、投资，将违约获益的一部分作为允给额由违约方保留。③ 第三，无因管理规则源于近代自然法紧急情况下的互助行为，而在违约获益剥夺规则中，剥夺获益则在于惩罚、威慑违约行为，两者规则的功能存在根本不同。④

3. 借助违约损害赔偿规则引入违约获益剥夺

在《民法典》已生效实施的背景下，以创设为目标的立法论，应转向以文本为依据的解释论。⑤ 仅在立法论层面探讨引入违约获益剥夺的正当性和必要性尚不足以为法院授予违约获益剥夺救济提供明确的裁判依据，因此有必要在解释论上为违约获益剥夺的引入确定规范基础。

可能的解释路径是，将违约方获益作为守约方所受损失的认定标准，进而借助违约损害赔偿规则(《民法典》第 584 条)引入违约获益剥夺救济。首先，如表 1 所示，在作出具有剥夺违约方获益效果的判例中，法院均将违约方获益同守约方损失相关联，并且明确其判决依据为原《合同法》第 113 条(《民法典》第 584 条)，可见该种解释路径为我国司法实践所广泛采纳。其次，学界亦有观点认为在守约方的损失难以认定，但不对守约方进行救济又十分不公的情形下，允许以违约方的获益来计算损害赔偿的数额。⑥ 最后，将实施不法行为一方的获益作为损害赔偿数额计算标准的法律规范在我国私法中并

---

① See Tobias Helms, *Disgorgement of Profits in German Law*, in Ewound Hondius & Andre' Janssen eds., Disgorgement of Profits: Gain-Based Remedies throughout the World, Springer International Publishing, 2015, p. 220.

② 参见史尚宽:《债法总论》，中国政法大学出版社 2000 年版，第 67 ~ 68 页；孙森焱:《民法债编总论》(上册)，法律出版社 2006 年版，第 110 ~ 111 页；郑玉波:《民法债编总论》(修订二版)，中国政法大学出版社 2004 年版，第 83 ~ 84 页。

③ See James Edelman, *Gain-Based Damages: Contract, Tort, Equity and Intellectual Property*, Hart Publishing, 2002, p. 172; Katy Barnett, *Accounting for Profit for Breach of Contract*, Hart Publishing, 2012, p. 197.

④ 参见洪国盛:《论作为违约救济的获利交出》，载《中外法学》2022 年第 5 期。

⑤ 参见陈金钊:《民法典意义的法理诠释》，载《中国法学》2021 年第 1 期。

⑥ 参见刘承韪:《获益损害赔偿制度的中国问题与体系构建》，载《陕西师范大学学报(哲学社会科学版)》2016 年第 6 期。

不鲜见,如《民法典》第 1182 条、《著作权法》第 54 条第 1 款、《专利法》第 71 条第 1 款等。在此背景下,于合同法领域认可以违约方获益作为损害赔偿数额的计算标准并不突兀。实际上,早在 1996 年最高人民法院就在司法解释中明确,守约方实际损失无法确定的,可以参照违约方所获利润确定赔偿金额。[①] 此外,在本文所采解释路径下,违约获益剥夺可与侵权法中的获益剥夺,知识产权法中的获益剥夺以及公司法、证券法、信托法中的归入权相关联,形成中国法上统一的获益剥夺救济体系。刘承韪曾提出"中国获益赔偿制度"建构论,即依照不同类型的获益赔偿制度的公法色彩从强到弱将获益赔偿制度区分为三个层次:第一层次为公法色彩最强的公司(投资人)归入权制度;第二层次为公法色彩较强的知识产权侵权获益赔偿制度和人身权侵权获益赔偿制度;第三层次为公法色彩最弱的违约获益赔偿制度。[②]

2023 年 12 月 5 日起施行的《最高人民法院关于适用〈中华人民共和国民法典〉合同编通则若干问题的解释》(以下简称《合同编通则司法解释》),在第八章"违约责任"部分,于第 62 条纳入了违约获益剥夺救济。该条规定,在非违约方履行利益无法确定的情况下,法院可以考虑违约方因违约获得的利益、违约方的过错程度和其他违约情节等因素,遵循公平原则和诚信原则确定。可以看出最高法院是将违约方的获益作为确定守约方可得利益损失的参考因素,通过违约损害赔偿的方式实现剥夺违约方获益的效果,与本案的思路一致。

不过本文所采解释路径所固有的缺陷不可不察。首先,违约获益剥夺本为独立于违约损害赔偿的救济手段,却与后者共用同一规范基础,容易使人误认为违约获益剥夺从属于违约损害赔偿或者误认为违约获益剥夺为损害赔偿的法律效果。其次,将违约方获益同守约方损失关联,扭曲了私法中"损失"的概念。但是在《民法典》已生效实施、短期内并不会对违约救济体系进行修正的背景下,借助违约损害赔偿规则引入违约获益剥夺已然属于规则构造成本较低、推行阻力较小的解释路径。

---

① 参见原《最高人民法院关于审理房地产管理法施行前房地产开发经营案件若干问题的解答》"关于违反合同的责任"下第 41 条规定:合同一方违约致使合同无法履行的,应赔偿对方的损失。实际损失无法确定的,可参照违约方所获利润确定赔偿金额。

② 参见刘承韪:《获益损害赔偿制度的中国问题与体系构建》,载《陕西师范大学学报(哲学社会科学版)》2016 年第 6 期。

(二)违约获益剥夺的规则设计

1. 违约获益剥夺的构成要件

就我国司法实践而言,得以适用违约获益剥夺的情形主要为:违反房屋买卖或者租赁合同、违反建设用地使用权出让合同、违反股权转让合同以及违反限制性协议。房屋买卖或者租赁合同、建设用地使用权出让合同、股权转让合同的特点是合同标的物具有不可替代性,限制性协议的特点是违约方负有不作为义务,二者之共性则体现为合同被违反后守约方的损失难以认定,因此损害赔偿无法充分地救济守约方。在前述判例中,违约方主观上均可被认为存在故意。由此可知,我国违约获益剥夺的构成要件应包括如下三点:

(1)违约方故意违反合同约定;

(2)违约方通过实施违约行为获得了收益;

(3)违约损害赔偿不足以救济守约方(损失难以认定)。

该三项构成要件也与《合同编通则司法解释》第 62 条关于根据违约方获益确定守约方可得利益的考虑因素基本一致。第 62 条规定"综合考虑违约方因违约获得的利益、违约方的过错程度",即为要求违约方的获益系通过违约行为取得,并且对违约方的主观过错有要求。违约损害赔偿不足以救济守约方亦可纳入第 62 条中"遵循公平原则和诚信原则确定"的解释范围。

需说明的是,违约方通过实施违约行为获得了收益这一要件表明,违约行为与违约获益之间需具有因果关系。对于因果关系的判断标准,英美学界主张采用条件说①,其内涵为若违约方不实施违约行为就无法获得某一收益,那么该收益与违约行为之间就存在因果关系。考虑到在确定应被剥夺的获益时,会进一步判断违约获益同违约行为的遥远性以及违约方的允给额,因此在构成要件方面对因果关系作较为宽泛的认定并不会产生过度惩罚违约方的后果,本文从之。

鉴于违约损害赔偿不足以救济守约方这一要件较为抽象,司法实践对于这一要件的理解可能并不一致,就此而言不仅容易出现同案不同判的现象,

---

① See James Edelman, *Gain-Based Damages: Contract, Tort, Equity and Intellectual Property*, Hart Publishing, 2002, p. 160; Katy Barnett, *Accounting for Profit for Breach of Contract*, Hart Publishing, 2012, p. 189; E. Allan Farnsworth, *Your Loss or My Gain? The Dilemma of the Disgorgement Principle in Breach of Contract*, Yale Law Journal, Vol. 94:6, p. 1339 – 1343(1985); Lionel D. Smith, *Disgorgement of the Profits of Breach of Contract: Property, Contract and "Efficient Breach"*, Canadian Business Law Journal, Vol. 24:1, p. 133 – 136(1994).

甚至会不当扩大违约获益剥夺的适用范围。未来可通过司法解释的形式,根据上述三项构成要件,将司法实践中可以授予违约获益剥夺的情形(如违反房屋买卖或者房屋租赁合同、违反建设用地使用权出让合同、违反股权转让合同以及违反限制性协议等情形)类型。

2. 违约获益剥夺的法律效果

满足违约获益剥夺的构成要件,会产生剥夺违约方获益的法律效果。需要注意的是,最终确定的应被剥夺的获益与违约方全部的获益并不必然等同。结合美国《返还与不当得利法第三次重述》第39条与第51条第5款可知,确定应被剥夺的获益时,不仅需要对违约方的获益进行分摊,考察获益与违约行为之间的遥远性,还需排除违约方应得的允给额。美国《返还与不当得利法第三次重述》所称分摊,是指考察在违约获益中哪一部分收益属于即使没有行使违约行为也可以获得的,该部分获益即不应当被剥夺,性质上相当于考察违约获益同违约行为之间的因果关系。如前文所述,因果关系的考量在本文中已被划入违约获益剥夺的构成要件层面,所以在违约获益剥夺的法律效果确定层面,无须再行考察。由此,应被剥夺的获益的确定公式可概括表达为:违约方获益-(虽与违约行为具有因果关系但是过于遥远的获益+违约方应得的允给额)。

在明确应被剥夺的获益如何确定之后,下一步需要讨论的则是违约方的获益如何确定。从我国司法判例来看,法院存在两种认定违约方获益的方法。第一种,以违约方通过与第三人签订合同获得的给付减去守约方应作出的给付作为违约方获益,该种方法又称为溢价说。此种计算方法往往适用于房屋买卖合同①、租赁合同②、建设用地使用权出让合同③、股权转让合同。④第二种,以违约方违反合同约定获得的全部收益作为违约方获益,该种方法

---

① 参见陈某某与涿州瑞和房地产开发有限公司商品房预售合同上诉(再审)案,河北省保定市中级人民法院(2020)冀06民再21号民事判决书。

② 参见淮安建华汤始房地产开发有限公司与江苏幸福蓝海影院发展有限公司房屋租赁合同上诉(再审)案,江苏省高级人民法院(2019)苏民申1013号民事裁定书。

③ 参见北京中科拜克生物技术有限公司、绥中中科拜克生物工程有限公司与辽宁东戴河新区管理委员会、绥中县国土资源局建设用地使用权出让合同上诉(再审)案,最高人民法院(2018)最高法民申2462号民事裁定书。

④ 参见深圳市标榜投资发展有限公司与鞍山市财政局股权转让上诉案,载《最高人民法院公报》2017年第12期。

又称为所得说。此种计算方法仅见于违反限制性协议情形。[①] 初看两种获益计算方法迥异，同一违约情形根据所得说计算出的数额远高于溢价说，因为后者尚需扣除守约方应作出的给付。但是这两种计算方法在内在机理以及实现违约获益剥夺制度目的方面并不冲突，可以分别适用于不同类型的合同。溢价计算方法适用于守约方负有对待给付义务的合同，在该类型合同中，违约方若未违反合同，本来即可获得守约方给付的价款，所以计算违约方获益时扣除守约方本应作出的给付并不违背违约获益剥夺的目的。所得计算方法仅适用于限制性协议情形。换言之，违约方负有不作为义务，而此类合同中往往并不存在对应违约方不作为义务的对待给付义务。

对于溢价说和所得说的统合，尚有疑问，原本就负有对待给付义务的守约方在溢价说下只能获得违约方的部分获益，而不负有对待给付义务的守约方在所得说下竟可获得违约方的全部获益，此种处理方式是否妥当？此疑问应不足为虑，因为在确定应被剥夺的获益时，不仅需要扣除同违约行为具有因果关系但是过于遥远的获益，还需扣除违约方应得的允给额。在适用所得说的场合，法院往往宽松地认定获益与违约行为的遥远性以及宽松地判给违约方允给额，最终确定的数额往往只占违约方获益的极小部分；而在适用溢价说场合，法院则倾向于严格地认定遥远性和允给额，最终的结果可能是剥夺违约方的全部获益。因此，尽管溢价说和所得说在获益计算"入口处"的门槛高低不同，但法院可利用遥远性规则和允给额规则进行调节，在"出口处"保证相对妥当的获益计算结果。

3. 违约获益剥夺的证明责任

违约获益剥夺作为一种违约救济，其证明责任规则可以参照《民法典》中其他违约救济的证明责任规则确定。袁中华教授以罗森贝克的规范说为基础，构建了《民法典》下违约责任纠纷的证明责任分配规则。[②] 概括而言，主张违约责任的一方应当就"合同成立""存在违约行为""存在损害""违约行为与损害之间具有因果关系"承担证明责任；相对人则应当就反对性规范（如《民法典》第 590 条规定的不可抗力规则、第 591 条规定的减损规则）承担证

① 参见深圳市金长金投资有限公司与广州市万绿达集团有限公司合同上诉案，广东省高级人民法院(2017)粤民终 2299 号民事判决书。

② 参见袁中华：《违约责任纠纷之证明责任分配——以〈民法典〉第 577 条为中心》，载《法学》2021 年第5 期。

明责任。[①] 需要注意的是,就损害要件应当减轻主张方的证明责任,其主要原因在于损害本身难以证明。[②]

参照上述证明责任规则,违约获益剥夺的证明责任规则可以确定为:主张违约责任的一方应当就"合同成立""存在故意违约的行为""违约方存在获益""违约行为与获益之间具有因果关系"承担证明责任。就获益而言,考虑到获益情况由违约方实际掌握、证明难度较大,证明标准应当采用初步证明说[③],守约方仅证明获利的合理近似数额即可,若违约方不认可守约方主张的数额,可以举证证明更为精确的获益数额。就因果关系的判断标准而言,如前文所述,应当采取较为宽松的条件说,相对方应当就获益与违约行为之间的遥远性,以及可以自违约获益中扣除的允给额这两项有利于自己的抗辩承担证明责任。

(三)违约获益剥夺与其他违约救济的适用关系

1. 违约获益剥夺与继续履行

违反房屋买卖或者租赁合同、建设用地使用权出让合同、股权转让合同情形中,违约方往往已经将房屋过户、交付或者将股权、建设用地使用权转移登记于第三人,其不再有权处分合同标的,原合同义务在事实上已不能履行,就此而言满足《民法典》第 580 条第 1 款第 1 项,违约方可以之抗辩守约方的继续履行请求权。在违反限制性协议情形中,因违约方的不忠诚行为已经破坏了其与守约方之间曾经建立起来的信赖关系,一般认为此种情形构成的债务的标的不适用强制履行[④],违约方可根据《民法典》第 580 条第 1 款第 2 项抗辩守约方的继续履行请求权。由此,在满足违约获益剥夺适用条件的情形下,守约方往往无法诉诸继续履行。

2. 违约获益剥夺与损害赔偿

违约获益剥夺的构成要件之一为损害赔偿不足以救济守约方,此种不充

---

① 参见袁中华:《违约责任纠纷之证明责任分配——以〈民法典〉第 577 条为中心》,载《法学》2021 年第 5 期。

② 参见袁中华:《违约责任纠纷之证明责任分配——以〈民法典〉第 577 条为中心》,载《法学》2021 年第 5 期。

③ 参见江伟、肖建国主编:《民事诉讼法》(第 8 版),中国人民大学出版社 2018 年版,第 222 页。

④ 参见黄薇主编:《中华人民共和国民法典合同编解读》(上册),中国法制出版社 2020 年版,第 415 页;韩世远:《合同法总论》(第 4 版),法律出版社 2018 年版,第 769 页。

分性体现为守约方的损失难以认定。换言之,损害赔偿具有不可适用性。鉴于此,笔者并不认为违约获益剥夺与损害赔偿处于责任竞合,得由守约方择一主张[①];亦不认同在"违约方获益小于损失"情形下,守约方可在主张违约获益剥夺救济后再要求赔偿损失的观点[②]。

此外,违约获益剥夺责任与违约损害赔偿责任同为以给付金钱为内容之违约责任,现行法律体系为避免使违约方承担过重的负担,对后者设有诸多限制规则,如可预见性规则(《民法典》第584条)、减损规则(《民法典》第591条)、与有过失规则(《民法典》第592条)和损益相抵规则。[③] 因此,在合同法中引入违约获益剥夺责任后,需要考察违约获益剥夺与违约损害赔偿限制规则的适用关系。概括而言,在违约获益剥夺情形下,因违约方主观上具有故意,所以其是否违约、通过违约获得了多少收益并没有超出其预见范围,违约获益本就是其行为目的,因此法律剥夺其获益并没有使其负担无法预见的风险,在违约获益剥夺中没有适用可预见性规则的必要;减损规则在违约获益剥夺中有适用的必要,若守约方明知违约方正在通过违约行为获益,但是其怠于寻求救济,法院可在认定完毕应被剥夺的获益后,再酌情扣除部分应被剥夺的获益;违约方获益这一事实的发生并不受守约方行为的影响,违约方作出违约的决定完全基于其自由意志,因此守约方不可能对于违约获益的发生具有过错,所以违约获益剥夺情形并不适用于有过失规则;损益相抵体现的禁止守约方因违约行为不当获利的思想在违约获益剥夺中有适用的必要,如在房屋买卖合同中,双方约定房屋所有权过户产生的费用由买受人负担,之后出卖人违反约定将房屋出售于第三人,买受人虽无法获得约定的房屋所有权,但同时亦免去了本应支付的过户费用,在此意义上守约方因违约行为受有利益[④],在计算完毕应被剥夺的违约获益后,应再扣除该部分利益。

3. 违约获益剥夺与违约金

在违约获益剥夺情形下,根据守约方的选择亦可适用赔偿性违约金。虽

① 参见陈凌云:《英美合同法之违约获益赔偿责任研究》,法律出版社2017年版,第174页。

② 参见吴国喆、长文昕娉:《违约获益交出责任的正当性与独立性》,载《法学研究》2021年第4期。

③ 参见最高人民法院《关于审理买卖合同纠纷案件适用法律问题的解释》第23条规定:"买卖合同当事人一方因对方违约而获有利益,违约方主张从损失赔偿额中扣除该部分利益的,人民法院应予支持。"

④ 参见韩世远:《合同法总论》(第4版),法律出版社2018年版,第814页。

然此时守约方往往不存在损失,但是由于我国的违约获益剥夺是通过损害赔偿规则实现的,具体来说是将违约方获益作为确定守约方损失之标准,那么守约方当然可以主张在违约金责任中,通过违约获益计算守约方损失,法院亦可以违约获益数额为基准酌增/酌减违约金的数额。此种解释路径实际上也是我国司法实践中常见的处理方式。①

4. 违约获益剥夺与减价

在违反房屋买卖或者租赁合同、建设用地使用权出让合同、股权转让合同情形下,违约方根本没有作出履行,并且其负有的义务构成事实上的履行不能,没有减价的适用余地。而在违反限制性协议情形下,违约方的行为或可以被界定为《民法典》第582条规定的"履行不符合约定",进而有减价的适用可能。然而在前述情形下适用减价存在两个难点。首先,若违约方负有的不作为义务不存在对待给付义务,则并无减价之适用余地。其次,即使守约方需支付对价,减少的数额也难以确定,以买卖合同为例,一般认为减少的数额应为:合同约定的标的物价款-(瑕疵物于实际交付时的价值÷适当履行时标的物的应有价值×合同约定的标的物价款)。② 参照适用于违反限制性协议情形,守约方支付的对价是确定的,即违约方负有的不作为义务所对应的合同价款是确定的,但是违约方违反不作为义务后其义务的价值,以及适当履行时其义务的价值,均因缺乏客观的计算标准而难以确定。

(四)违约获益剥夺与合同解除的适用关系

在适用违约获益剥夺之情形中,往往满足法定解除权的行使条件。例如,在违反房屋买卖或者租赁合同、建设用地使用权出让合同情形下,因房屋

① 司法酌增判例可见林某某与杨某房屋买卖合同上诉(再审)案,北京市高级人民法院(2019)京民申2404号民事裁定书;狄某某与曹某某房屋买卖合同上诉案,江苏省南京市中级人民法院(2016)苏01民终10024号民事判决书。司法酌减判例可见,朱某某与浙江九天国际服装城有限公司房屋租赁合同上诉(再审)案,浙江省高级人民法院(2018)浙民再384号民事判决书;无锡五洲商业投资有限公司与无锡八佰伴商贸中心有限公司租赁合同上诉(再审)案,江苏省高级人民法院(2015)苏审三民申字第00103号民事裁定书;上海明太投资发展有限公司、黄某与叶某某股权转让上诉案,上海市高级人民法院(2012)沪高民二(商)终字第5号民事判决书。

② 关于减价数额的计算标准,现行法律规范并未规定。学界主流观点认为,考虑到减价的正当性在于维持双方原定的利益安排,因此在计算减价数额时应当维持双方在缔约时就给付与对待给付形成的均衡关系。因此减价数额应当采取比例计算法,而非差额计算法。参见韩世远:《合同法总论》(第4版),法律出版社2018年版,第861页;朱广新:《合同法总则研究》(下册),中国人民大学出版社2018年版,第749页。

所有权、建设用地使用权已向第三人变更登记或者房屋之占有已向第三人移转，合同约定的向守约方移转标的物所有权或者占有的行为已经构成事实上不能①，守约方的合同目的②无法实现，满足《民法典》第 563 条第 1 款第 4 项后段之规定，守约方有权解除合同。此外，《民法典》第 566 条第 2 款明确了合同解除并不影响解除权人请求对方承担违约责任的权利③，违约获益剥夺作为违约责任之一种，当然适用该款之规定。

五、结论

经过众多学者数十年的讨论以及一系列司法判例的推动，英美法建立了违约获益剥夺制度。构造独立的违约获益剥夺救济的必要性在于，在特定违约情形中，守约方的损失难以认定，而违约方却因此获益，损害赔偿无法为守约方提供充足的救济，并且禁令、特定履行没有适用的余地。对我国司法实践进行考察后发现，在违反房屋买卖或者租赁合同、建设用地使用权出让合同、股权转让合同以及违反限制性协议情形中，前述问题在我国法律体系下同样存在，并且无法借助现有违约救济予以解决。对此可以借鉴英美法的制度经验，在我国合同法中引入违约获益剥夺救济。违约获益剥夺的基础原理为威慑性和惩罚性理论，我国合同法并不排斥具有威慑性和惩罚性的违约救济，引入违约获益剥夺具有正当性，并且考虑到违约救济的激励作用、对守约方合同权利的救济等因素，剥夺违约方获益给守约方而非国家亦具有正当性。在《民法典》已经施行的背景下，需在解释论上确定违约获益剥夺的规范基础，笔者所采取的解释方案是将违约方获益作为认定守约方损失的标准，进而借助违约损害赔偿规则（《民法典》第 584 条）实现违约获益剥夺的法律

① 参见韩世远：《合同法总论》（第 4 版），法律出版社 2018 年版，第 663 页。

② 合同目的能否实现，是判断是否发生法定解除权的实质性标准。学界一般将合同目的区分为典型交易目的和特殊情形下的动机。参见崔建远：《论合同目的及其不能实现》，载《吉林大学社会科学学报》2015 年第 3 期。新近有力观点认为应当考察我国合同法的形成过程和借鉴比较法经验确定合同目的内涵，合同目的不能实现是指债权人的履行利益被剥夺，本文持此观点。参见赵文杰：《〈合同法〉第 94 条（法定解除）评注》，载《法学家》2019 年第 4 期。

③ 参见朱晓喆：《〈民法典〉合同法定解除权规则的体系重构》，载《财经法学》2020 年第 5 期。

效果。虽然“寄居”于损害赔偿规则之下,但是违约获益剥夺实为独立于违约损害赔偿的违约救济,而非违约损害赔偿。当然,此种处理方式仅是权宜之计,存在扭曲“损失”的概念这一弊端,若未来修改《民法典》“合同编”,在时机成熟的前提下可构造独立的违约获益剥夺条款,与违约损害赔偿、继续履行、违约金等条款并行规定。引入违约获益剥夺后,尚需探讨该种救济的规则设计以及证明责任问题。此外,具体的规范并非孤立的,而是法秩序的一部分①,因此尚需思考违约获益剥夺与合同解除以及现有违约救济的规则互动问题。

在《民法典》语境下引入并构建一种全新的违约救济并非易事,笔者仅立足于英美法视角对违约获益剥夺制度及相关理论进行了一定考察和梳理,并对是否应当以及如何在我国合同法中引入该种救济提供了些许浅显见解,期冀抛砖引玉。对于违约获益剥夺在其他大陆法系国家发展现状之明确以及如何进一步在我国法律体系下完善违约获益剥夺的规则设置、如何处理其与现有合同法规则的衔接等问题,仍然有待学界进一步研讨。

On the Chinese Law Path of Disgorgement for Breach of Contract

Abstract: In the situation where the breach of contract does not cause loss to the promisee, but the promisor benefits from it, the traditional remedies for breach of contract, including damages, cannot adequately safeguard the contractual rights of the promisee. With the Attorney General v. Blake as a symbol, the common law established the rule of disgorgement for breach of contract, and it tends to be improved after academic discussion. The United States Restatement (Third) of Restitution and Unjust Enrichment § 39 (2011) sets forth this rule more systematically. Disgorgement for breach of contract is not a kind of compensatory remedy, which is intended to disgorge the benefit of promisor rather than compensate the loss of the promisee, reflecting the deterrent and retributive nature. China's civil judicial practice also faces the problem of not being able to

① 参见[德]罗尔夫·旺克:《法律解释》,蒋毅、季红明译,北京大学出版社2020年版,第95页。

provide sufficient remedies for the promisee under certain circumstances, so it is necessary to draw on the experience of the common law to introduce the rule of disgorgement for breach of contract in China's contract law. In the context of the entry into force of the Chinese Civil Code, it is necessary to determine the normative basis of the disgorgement for breach of contract in terms of interpretation, a safer solution is to use the benefit of the promisor as a criterion for determining the loss of the promisee, and then to achieve the goal of disgorgement for breach of contract through the rule of damages(Article 584 of the Chinese Civil Code). Article 62 of the Interpretation of the General Principles of Contract Compilation of the Chinese Civil Code adopts such a regulatory approach. The burden of proof for disgorgement for breach of contract is on the promisor. Disgorgement for breach of contract cannot be applied simultaneously with specific performance and damages. In the case of disgorgement for breach of contract, even if the promisor proves that there is no loss to the promisee, the application of agreed payment for breach of contract cannot be excluded, because the promisee can claim to calculate the loss with the benefit of the promisor, and in the case of judicial increase /reduction of agreed payment, the comparison of the amount of agreed payment is no longer the loss of the promisee, but the benefit of the promisor. The reduction of price can be applied to some cases of disgorgement for breach of contract, but faces the difficulty of not being able to calculate the exact amount of the price. Disgorgement for breach of contract can be applied to some of the damage limitation rules, such as the rule of mitigation and the rule of set-off. The circumstances that satisfy disgorgement for breach of contract often meet the requirements for the exercise of the statutory right of rescission, and the rescission of the contract does not affect the liability for the disgorgement for breach of contract.

Key words: disgorgement for breach of contract; damages; specific performance; agreed payment; rescission

清华法律评论(第十一卷第二辑)
第72～89页

“网络互助”法律性质的争议与回应

——基于混合合同理论的思考

王俐智*

目　　次

摘　要　网络互助是互联网经济背景下的新兴事物,对于其法律性质界定存在较大争议。网络互助与保险、相互保险在风险转移、偿付能力以及监管方面均存在本质区别,网络互助也不符合赠与合同的单务性和无偿性。既有

* 王俐智,吉林大学法学院讲师,法学博士,主要研究方向:合同法。

观点已陷入典型合同泥沼，唯有运用混合合同理论方能拨开迷雾。根据混合合同理论，网络互助存在平台与会员的委托关系和会员之间的射幸关系这两层法律关系。委托与射幸相互依存，不可能脱离对方而独立存在，因而构成混合合同。基于网络互助的性质界定，实践中的互助金支付主体难题以及互助条件认定难题均可纾解。

关键词 网络互助　混合合同　委托关系　射幸关系

一、问题的提出：国内首例抗癌互助计划拒赔案引发的思考

近年来，随着互联网的快速发展，我国提出全面推进“互联网＋”的创新模式①，以互联网为平台，各种新兴事物如雨后春笋蓬勃而出、方兴未艾。同时，“我国已经进入高风险社会”②的现实使人民群众获得更好的健康保障的需求不断增强。在这样的背景下，网络互助在我国产生并迅速发展。自2018年以来，网络互助行业发展迅速，互联网巨头纷纷进入网络互助市场，各大平台累计会员超过2亿人，网络互助逐步成为社会保障体系中一支不可忽视的新生力量。同时，有关网络互助的纠纷也开始在法院出现。

2020年6月，北大法宝案例数据库国内首案板块更新一则案例——周某诉点烧公司网络服务合同纠纷案，该案被称为“国内首例抗癌互助计划拒赔案”。该案基本案情是：2016年8月31日，周某加入e互助“抗癌互助计划（中青年版）”；2018年10月22日，周某被确诊为甲状腺乳头状微小癌并实施了手术。周某向e互助提出互助申请，但e互助作出不予发起互助的决定，原因是病例显示周某在加入前已经存在甲状腺结节症状。因e互助拒绝赔付互助金，周某将其诉至法院。2019年6月24日，广州互联网法院宣判，驳回周某全部诉讼请求。广州互联网法院首次认定，网络互助不是保险，是在吸纳了民间互助共济行为、原始保险形态、网络服务技术等诸多理念和运行模

① 2015年3月5日上午第十二届全国人大第三次会议上，时任国务院总理李克强在《政府工作报告》中首次提出“互联网＋”行动计划。2015年7月1日，国务院印发《关于积极推进“互联网＋”行动的指导意见》。2020年5月22日，时任国务院总理李克强在发布的《2020年国务院政府工作报告》中指出，全面推进“互联网＋”，打造数字经济新优势。

② 张海波、童星：《高风险社会中的公共政策》，载《南京师大学报（社会科学版）》2009年第6期。

式后产生的新类型互助性经济组织,会员与平台之间以及会员与会员之间构成新型的网络互助合同关系。①

该案二审法院广州市中级人民法院却推翻了一审关于网络互助的定性:网络互助是会员与平台之间双务合同关系而非多边法律关系,会员之间不存在合同关系;网络互助是类似保险的产品。② 笔者以“网络互助”为关键词在案例数据库中检索到的十几份判决书对网络互助的定性的观点也如该案一审、二审般分裂,未能形成裁判共识。③ 为解决实践困惑,本文拟对网络互助的法律性质进行深入研究。

二、网络互助不是什么:对既有观点的反驳

网络互助的法律性质界定在理论和实践中均存在一定的争议:有观点认为网络互助合同属于保险(或者相互保险)④;也有观点认为网络互助合同不属于保险(或者相互保险)⑤;还有观点认为网络互助是赠与⑥。通过对网络互助与保险、相互保险、赠与的对比可知,网络互助合同既不属于商业保险、相互保险,亦不属于赠与。

(一)网络互助合同不属于商业保险

网络互助合同虽然与保险具有一定的相似性,均以化解特定的风险为目

---

① 参见广州互联网法院民事判决书,(2019)粤0192民初13191号。

② 参见广东省广州市中级人民法院民事判决书,(2020)粤01民终6607号。

③ 笔者在“阿尔法案例数据库”中以“网络互助”为关键词总计检索到实质说理的判决书11篇:认为网络互助属于保险或者类保险关系的裁判文书有3篇;认为网络互助不属于保险的裁判文书有5篇;未对网络互助进行定性的裁判文书有3篇。

④ 参见张宗良、庞楷:《类保险网络互助的性质厘定、风险识别与监管对策》,载《金融与经济》2019年第12期;刘天宇、朱文浩:《网络互助计划在中国:发展概观与性质厘定》,载洪艳蓉主编:《金融法苑》2018年总第96辑,中国金融出版社2018年版,第129页。

⑤ 参见赵文聘:《社会目的优先型金融的理论逻辑和创新方向——以网络大病互助为例》,载《上海大学学报(社会科学版)》2020年第4期;魏丽、王莹:《网络互助不宜走向相互保险》,载《中国金融》2017年第4期;粟芳、熊婧、汤薇:《网络互助的理论属性探讨》,载《保险研究》2020年第7期。

⑥ 《中国保监会关于开展以网络互助计划形式非法从事保险业务专项整治工作的通知》(保监发改〔2016〕241号)三、工作步骤之(二)限期整改之2.明确平台性质规定:“……加入互助计划是单向的捐赠或捐助行为……”

的，具有一定的保障功能，但二者存在根本的区别。

第一，网络互助的风险分散和转移规则异于商业保险。商业保险是被保险人将预期的风险转移给保险人的风险转移机制[①]，被保险人出现约定保险事故时，保险人负责赔偿或者给付保险金。网络互助合同中，会员和平台之间没有发生风险的转移：在会员发生特定风险申请平台互助时，互助费用系全体会员共同分摊，其实质是会员之间相互分担风险；平台承担的仅是审核互助申请、划拨资金的责任，平台不是互助事件风险的承担者。

第二，网络互助没有偿付能力的保障。商业保险有偿付能力的监管要求。[②] 商业保险通过精算作出风险定价和费率厘定，财务稳定性具有充分保障，在发生保险事故时，保险公司按照约定的保险金额进行赔付。[③] 网络互助兑付具有较大的不确定性，会员实际可获得的互助金受到平台人数和每个会员账户余额限制，平台不承诺确定的风险保障。如 e 互助平台的《抗癌互助计划（中青年版）规则》第 10.2 条规定：“e 互助平台不对每次互助的互助金总额做出承诺。”

第三，网络互助在会员与会员之间、会员与平台之间形成了不同于保险的多边法律关系。保险合同表现为双边关系，合同主体只有投保人和保险人两方，同一险种的不同投保人之间不存在法律关系。网络互助则表现为会员与平台之间、会员与会员之间多边法律关系。会员负担分摊互助金的义务，平台则负担审核互助事件、发起互助及划拨资金的义务，平台本身并不是支付互助金的义务主体。

第四，监管主体并未将网络互助计划纳入保险监管。原中国保险监督管理委员会（以下简称原保监会）发布的《关于开展以网络互助计划形式非法从事保险业务专项整治工作的通知》（保监发改〔2016〕241 号）明确规定，互助计划不是保险，不得使用任何保险术语，加入互助计划是单向的捐赠或捐助行为，不能预期获得确定的风险保障，不得以保险费名义向社会公众收取资金或非法建立资金池。依照原保监会的观点，网络互助不属于保险。

---

① See Olajide Solomon Fadun, *Insurance, a Risk Transfer Mechanism: An Examination of The Nigerian Banking Industry*, 7 Journal of Business and Management 93(2013).

② See Kenneth S. Abraham, *Four Conceptions of Insurance*, 161 University of Pennsylvania Law Review 653(2013).

③ 参见广东省深圳前海合作区人民法院民事判决书，(2019)粤 0391 民初 3739 号。

(二)网络互助合同不同于相互保险

有一种观点认为,网络互助合同符合相互保险的性质,因而会员与平台之间形成保险法律关系。[①] 因此,欲澄清网络互助合同的法律性质,必须将网络互助与相互保险进行对照研究。笔者认为,网络互助合同不同于相互保险。

相互保险作为一个概念始于17世纪末的英国。1752年,本杰明·富兰克林在费城建立了房屋火灾保险基金,成为世界上第一家相互保险公司。[②] 原保监会颁布的《相互保险组织监管试行办法》(保监发〔2015〕11号)第2条首次提出了相互保险的概念[③],并对相互保险组织的设立、会员权利义务、组织机构等进行了规范。根据该办法的相关规定,网络互助与相互保险也存在根本的区别:

第一,相互保险组织有严格的设立条件,需要经过原保监会的批准和工商部门的注册方能设立;网络互助平台则没有明确的设立条件和监管机构。第二,相互保险组织中的会员需要预缴保费形成互助基金,具有确定的偿付能力;网络互助平台则存在"预先缴纳"和"事后缴纳"两种模式,且缴纳的费用仍然在会员的账户中,待互助事件发生后方被扣除,会员数量以及单个会员的账户余额均无保障,存在互助金支付不能的可能性。第三,相互保险针对的是风险同质化需求的投保人,对会员规模有基本的要求,因此在风险定价方面与其他商业保险一致;网络互助采取的则是简单分摊的方式,是均一费额制,未对客户风险程度进行区分。[④] 第四,会员参与管理的权利不同。网络互助中会员虽然享有获得互助的权利,但因为网络互助计划的会员数量达到百万级以上,单个会员难以行使对互助组织的管理参与权,甚至部分互助组织中不存在相互保险组织所特有的会员(代表)大会;相互保险组织则有会

---

① 参见河北省石家庄市井陉矿区人民法院民事判决书,(2019)冀0107民初141号。

② See Julia Kagan, *Mutual Insurance Company*, Investopedia(Apr. 10, 2020), https://www.investopedia.com/terms/m/mutual-insurance-company.asp.

③ 《相互保险组织监管试行办法》第2条规定:"本办法所称相互保险是指,具有同质风险保障需求的单位或个人,通过订立合同成为会员,并缴纳保费形成互助基金,由该基金对合同约定的事故发生所造成的损失承担赔偿责任,或者当被保险人死亡、伤残、疾病或者达到合同约定的年龄、期限等条件时承担给付保险金责任的保险活动。本办法所称相互保险组织是指,在平等自愿、民主管理的基础上,由全体会员持有并以互助合作方式为会员提供保险服务的组织,包括一般相互保险组织,专业性、区域性相互保险组织等组织形式。"

④ 参见粟芳、熊婧、汤薇:《网络互助的理论属性探讨》,载《保险研究》2020年第7期。

员(代表)大会、董(理)事会以及监事会等明确的组织机构。

总之,虽然网络互助在形式上与相互保险具有一定的相似之处,但是网络互助在设立监管、运营模式、组织架构等多个方面均不具备相互保险的相关要求,不属于原保监会所界定的相互保险。有关网络互助应属于广义的相互保险的观点只能借助于比较法的路径。①

(三)网络互助不是赠与

原保监会对于网络互助的界定是“加入互助计划是单向的捐赠或捐助行为”,各大网络互助网站也相应采纳了这一规则,规定成员分摊互助金属于赠与或者捐赠行为。然而,网络互助真的可以被界定为会员之间的赠与合同吗?

第一,赠与合同具有无偿性与单务性,而网络互助合同却不具有无偿性和单务性。赠与合同的无偿性,是指一方履行给付义务,但并未从另一方获得对价或经济利益;所谓单务性,是指赠与人单方负担义务,并不享有对应的权利。② 网络互助中,会员虽然负担分摊互助金的义务,但也获得了相应的对价,即在符合互助条件时获得互助金给付的权利。会员之间互负义务、互享权利,给付义务有对价。网络互助合同既不符合赠与合同的无偿性,也不符合赠与合同的单务性。会员帮助其他会员并不是基于单纯的爱心,而是基于自己遭受意外时也能获得其他会员帮助的合理期待。

第二,会员一旦加入网络互助计划,就不再享有是否分摊互助金的自由。如果把会员之间的互助行为看作一系列的赠与合同,那么作为会员应当享有是否与特定的成员订立赠与合同的自由。但现实是,会员对于互助计划内的任何其他符合互助条件的会员均有分摊互助金的义务,会员并不享有是否赠与的自由。根据网络互助计划的规则,如果会员拒绝分摊互助金,那么会员就自动退出了该网络互助计划。

第三,网络互助与网络众筹不同,后者构成一种捐助或者赠与。网络众筹与网络互助一样,均是互联网经济背景下的新生事物,二者虽然存在一些功能上的相似之处,但是也有迥异之处。网络众筹所得款项均源于不特定人

① 参见刘天宇、朱文浩:《网络互助计划在中国:发展概观与性质厘定》,载《金融法苑》2018年总第96辑。

② 参见王利明:《合同法研究》(第3卷)(第2版),中国人民大学出版社2015年版,第199~200页。

的捐赠,受助人也不需要回报捐赠人,不特定的捐赠人与受助人之间存在赠与合同。将网络互助界定为赠与合同,实际上是混淆了网络互助与网络众筹两种不同的行为。

三、网络互助的法律性质如何判断:混合合同理论的运用

每一种新型合同的出现,往往伴随新型合同的法律性质争议。在判断新型合同的法律性质时,如果我们囿于既有的典型合同类型强行对号入座,无异于削足适履。混合合同理论为新型合同的法律性质的判断提供了新的视角。

(一)混合合同理论

所谓混合合同,是指由数个有名合同或者有名合同与无名合同结合而构成的合同。[①] 混合合同是非典型合同的一种,王泽鉴将非典型合同区分为纯粹的非典型合同、合同联立和混合合同,其中混合合同最为常见、最为重要。[②] 对于混合合同规范,各国鲜有正式法律条款,目前《爱沙尼亚商法典》第1条、《荷兰民法典》第6编第216条以及《欧洲示范民法典草案》第Ⅱ-1:107条有混合合同的明确规定。

一方面,混合合同理论是解决合同定性争议的一个重要方法。《欧洲示范民法典草案》针对混合合同规则的评论指出:"有观点认为混合合同是包含了两个或者多个合同的情况,那么问题就消失了。其引起的争议将是以不同概念或模糊和灵活的概念为体系的关于合同是什么的讨论。然而当一个合同被定义为是一种契约——一个法律行为时,这些规则就不能奏效了,如果有一个协议——通常由要约和承诺组成——就有一个合同。在此种合同规范中产生一些互惠性义务是非常正常的。所以混合合同问题不是总能通过将其视为两个或多个合同的方式来回避。"[③]

---

① See Christian von Bar & Eric Clive, *Principles, Definitions and Model Rules of European Private Law*, European Law Publishers, 2009, p. 184-185.

② 参见王泽鉴:《债法原理》(第2版),北京大学出版社2013年版,第139~140页。

③ [德]克里斯蒂安·冯·巴尔、[英]埃里克·克莱夫主编:《欧洲私法的原则、定义与示范规则:欧洲示范民法典草案》,高圣平等译,法律出版社2014年版,第159页。

另一方面,承认混合合同制度是合同立法的发展趋势。[①] 我国于1999年颁布的《合同法》将融资租赁合同纳入典型合同之中,而融资租赁合同是由买卖合同与租赁合同结合而成的混合合同。2020年颁布的《民法典》进一步增加了保理合同、物业服务合同两类混合合同。有学者指出,保理合同实质上是债权让与、委托代理、担保等合同类型结合而成的混合合同。[②] 物业服务合同的性质在理论上有争议,物业服务合同是委托、代理、承揽以及服务等结合而成的混合合同的观点具有相当的解释力。[③] 司法解释方面,旅游合同作为集运输合同、餐饮合同、观光合同以及住宿合同于一身的混合合同得到了最高人民法院司法解释的专门规范。[④]

(二)混合合同理论在判断合同法律性质中的应用

一方面,混合合同理论解决了多种类型合同的法律性质界定的理论争议。理论中有不少合同类型存在法律性质界定的难题。夹在民法与行政法之间的行政协议的法律性质历来存在争议,存在“行政行为说”[⑤]以及“公法契约说”[⑥]等不同的观点。最新观点则通过私法契约与公法契约的成分相结合的“混合契约”观点,找到了行政协议的合理性。[⑦] 随着外卖、代驾、网约车等新型经济的发展,互联网平台用工的定性难题随之出现,存在“劳动关系”[⑧]、“雇佣关系”[⑨]、“承揽关系”[⑩]以及“居间关系”[⑪]的争议。单一合同观点无法解释互联网用工的各种情形,存在解释的局限性,只有诉诸混合合同

① 参见王利明:《典型合同立法的发展趋势》,载《法制与社会发展》2014年第2期。

② 参见黄和新:《保理合同:混合合同的首个立法样本》,载《清华法学》2020年第3期;李宇:《保理合同立法论》,载《法学》2019年第12期。

③ 参见关淑芳:《物业管理合同的性质及其法律适用》,载《当代法学》2007年第4期。

④ 参见《最高人民法院关于审理旅游纠纷案件适用法律若干问题的规定》(2020年已修正)。

⑤ 参见王学辉:《行政何以协议:一个概念的检讨与澄清》,载《求索》2018年第2期。

⑥ 参见何渊:《论行政协议》,载《行政法学研究》2006年第4期。

⑦ 参见余凌云:《论行政协议的司法审查》,载《中国法学》2020年第5期。

⑧ 参见谢增毅:《互联网平台用工劳动关系认定》,载《中外法学》2018年第6期;叶嘉敏、李少军:《共享经济视域下网约车平台用工劳动关系从属性认定标准研究——以“权重位序法”为核心进路》,载《河北法学》2020年第11期。

⑨ 参见王甫希、刁怡衡:《新就业形态劳动者的法律保障》,载《中国人民大学学报》2020年第5期。

⑩ 参见涂永前:《类Uber平台型企业与个体承揽人之间的法律关系界定研究》,载《社会科学家》2017年第1期。

⑪ 参见徐可:《互联网平台的责任结构与规制路径——以审查义务和经营者责任为基础》,载《北方法学》2019年第3期。

的解释路径才是最佳的方案。[①] 投资型保险作为新型保险产品,兼具保障与投资的双重属性,再单纯以保险合同权利义务规范并不合适,应借助混合契约的解释对保险人义务予以扩张。[②]

另一方面,运用混合合同理论判断合同的性质在司法实践中亦得到广泛应用。以"混合合同"或者"混合契约"为关键词,检索各大案例数据库,均可以检索到5000篇以上裁判文书[③],考虑到法院在裁判中可能仅强调若干类合同的结合未必明确使用混合合同的概念的情形,混合合同在实践中的应用远多于上述检索到的案件数。[④] 具体到个案的争议,演艺经纪合同的解除权问题在司法实践中存在两种不同的观点:一种观点认为演艺经纪合同属于委托合同,艺人享有任意解除权[⑤];另一种观点认为演艺经纪合同属于混合合同,艺人不享有任意解除权[⑥]。根据混合合同理论,演艺经纪合同是一种以经纪公司提供代理签约经纪服务为核心内容的服务类合同,在性质上与委托合同最为接近[⑦],但实践中的演艺经纪合同往往包含艺人培养、包装宣传、内部管理等多方面的内容,存在较强的特殊性和行业特征,其不仅具备委托的主要特征,同时也具有劳动、行纪和居间等其他合同特征。[⑧] 因此,演艺经纪合同属于混合合同。演艺经纪合同解除权的有无应当以演艺合同的混合合同属性进行判断,演艺经纪合同的各组成合同并无任意解除权的共同规则,因此,演艺经纪合同的当事人不享有任意解除权。

---

① 参见王天玉:《互联网平台用工的合同定性及法律适用》,载《法学》2019年第10期。

② 参见张晓萌:《论投资型保险在契约法上的定位》,载《保险研究》2017年第9期。

③ 笔者检索阿尔法案例数据库得到5853篇裁判文书,检索聚法案例数据库得到5634篇裁判文书,检索无讼案例数据库得到5273篇裁判文书,检索截止时间为2020年11月5日。

④ 有的法院将混合合同表述为"综合性合同"或者"具有××的综合属性"等,这导致客观上检索无法以"混合合同"或者"混合契约"这样的关键词穷尽全部案例。参见最高人民法院民事判决书,(2009)民申字第1203号;北京市高级人民法院民事判决书,(2013)高民终字第1164号。

⑤ 参见北京仲裁委员会裁决书,(2014)京仲裁字第0830号;上海市闵行区人民法院民事判决书,(2013)闵民一(民)初字第3749号。

⑥ 参见上海市第一中级人民法院民事判决书,(2016)沪01民终13315号;北京市高级人民法院民事判决书,(2013)高民终字第1164号。

⑦ 参见刘承韪:《论演艺经纪合同的解除》,载《清华法学》2019年第4期。

⑧ 参见上海市第一中级人民法院民事判决书,(2016)沪01民终13315号;北京市高级人民法院民事判决书,(2013)高民终字第1164号。

四、网络互助应定性为混合合同:委托关系与射幸关系的结合

根据混合合同理论可知,关于网络互助法律性质存在种种争议的原因在于,网络互助并非单一的法律关系。网络互助虽然仅有会员与平台两种主体身份,但是存在“平台与会员”以及“会员与会员”之间的双层法律关系。网络互助是会员和平台之间没有发生风险转移、兑付具有较大的不确定性、成员之间有清晰互助共济的一种新型多边合同法律关系。① 唯有以混合合同的理论视角方能对网络互助的法律性质进行准确的界定。根据混合合同理论,网络互助合同实际上是由平台与会员之间的委托合同关系与会员之间的射幸合同关系混合而成的。

(一)平台与会员之间的委托关系

平台与会员之间存在的法律关系是委托关系,会员是委托人,平台是受托人。将平台与会员之间的关系界定为委托关系有以下几点理由:

第一,网络互助计划的有效运行建立在所有会员对平台的委托(授权)的基础之上。网络互助的核心功能是会员之间相互分担风险:每一位会员对其他发生互助事件的会员均有互助的义务;每一位发生互助事件的会员也都有权利请求所有其他会员分摊互助金。但在实际操作层面,申请互助的会员不可能一一向其他会员主张互助金分摊费用,负有互助义务的会员直接履行义务也存在困难。此时,平台发挥了关键的作用,平台根据会员的授权直接从会员账户划扣相应的分摊额度,支付给需要互助的会员。也就是说,网络互助之所以能够有效运行,是因为平台取得了所有会员(委托人)的扣款授权。

第二,平台的主要职能是完成委托事务。平台的主要职能是对互助申请予以审核并对符合互助条件的会员发起互助。但分摊互助金的义务主体是所有会员,分散的会员没有相应的审核互助申请的能力。因此,所有会员将审核互助申请并决定是否发起互助的事务委托给平台。平台审核互助申请并发起互助或者拒绝发起互助的行为是完成会员委托事务的行为。例如,水滴互助的《会员公约》规定平台审核互助申请、指定第三方评估机构对互助事

① 参见广东省深圳前海合作区人民法院民事判决书,(2019)粤0391民初1638号。

件进行核查以及向全体会员公示互助相关的材料的行为均来自会员的授权。①

第三,网络互助具有一定的人身信赖性,符合委托合同的特征。委托合同中,委托人之所以选择受托人,是基于对受托人的能力、资格、品行等方面的信任。② 根据相关机构的不完全统计,截至2019年年底,会员规模位居前四的网络互助平台分别是相互宝、水滴互助、美团互助和轻松互助,以蚂蚁金服为依托的相互宝会员达到1亿人以上的规模,腾讯投资的水滴互助与轻松互助的会员数量也都达到1千万人以上,另一家超2千万人会员的美团互助的股东背景是美团财富。③ 以上数据表明,会员选择网络互助平台时更加关注平台的资本实力、公司规模,会员加入相关互助计划表明会员对该平台的信任。

第四,会员享有委托人的任意解除权,可以随时退出互助计划;平台也享有单方终止互助计划的权利。根据《民法典》第933条的规定,委托合同的委托人和受托人均享有任意解除权,可以随时解除委托合同。笔者检索到的网络互助的相关规则中也体现了会员与平台的任意解除(终止)权:一方面,各大网络互助平台的相关规则都允许会员随时退出网络互助计划,并承诺向会员返还账户余额。另一方面,平台也可以出于各种原因或者无理由单方停止平台服务。④

---

① 水滴互助的《会员公约》第4条(权利和义务)第2款第5项规定:“您同意并授权水滴互助平台接受互助申请,审核互助申请材料,并确定互助事件是否符合互助条件。”第10项规定:“向全体会员公示其身份信息、诊疗信息、互助事件发生的过程和详细情况及申请互助所提供的材料。”第11项规定:“互助会员和互助申请人同意并授权水滴互助平台向全体会员公示其身份信息、诊疗信息、互助事件发生的过程和详细情况及申请互助所提供的材料,同时同意并授权第三方评估机构、平台员工或平台组织的其他会员对其进行核查和探访。”参见《水滴公约》,载水滴互助网2020年11月4日,https://www.shuidihuzhu.com/rules/memberPact。

② 参见王利明:《合同法研究》(第3卷)(第2版),中国人民大学出版社2015年版,第686页。

③ 相关数据来源参见开甲财经:《11家互助平台共2.2亿会员,三巨头合计占比约九成》,载百度网2020年11月4日,http://baijiahao.baidu.com/s?id=1653432628695375827&wfr=spider&for=pc。

④ 《相互宝成员规则》第4条(成员退出及机制终止)第2款规定:“发生以下任一情形时,我们有权终止相互宝:1.出现不可抗力或政策因素导致相互宝无法存续;2.我们停止相互宝服务。”参见《相互宝成员规则》,载相互宝网站2022年1月1日,https://render.alipay.com/p/c/jz29d2ai。《e互助平台会员公约》第5条(公约终止和退出公约)第1款规定:“以下任一情形出现,本公约即终止:(1)点烧科技因各种原因而终止e互助平台运作的;(2)不可抗力、政策因素致本公约终止的。”参见《e互助平台会员公约》,载e互助官网2020年11月4日,http://www.ehuzhu.com/ehuzhu2/choujianghongbao/common.do?vm=plan/plan-web-view-convention。

(二)会员之间的射幸关系

前文已述,网络互助中的会员与会员之间不是赠与关系。从“网络互助”用语上,会员与会员之间似乎是互助关系,但是互助关系并非法律关系,虽然网络互助客观上实现了会员之间互助的效果,但是将其定义为互助关系却缺乏法律意义。笔者认为,网络互助的会员与会员之间存在射幸关系。所谓射幸合同,是指合同订立时一方当事人或双方当事人的义务的存在和限度是未知的,其效力取决于未来的不确定事件的合同。[①] 保险合同、彩票买卖合同、赌博等是典型的射幸合同。会员之间之所以构成射幸关系的理由有以下几点:

1. 网络互助具备射幸合同的基本特征:射幸性。射幸合同作为一种合同类型古已有之[②],但是我国民法学界对射幸合同的研究付之阙如。有限的观点对于射幸合同的性质概括各不相同,但均承认射幸性是射幸合同的基本特征。[③] 学者将射幸性概括为三个方面:射幸意图、合同基础不确定以及法律后果不确定。[④] 依照上述三个标准,会员之间的射幸性在于:(1)会员具有以微小的代价(每年百元级的分摊费用)获得数十万元互助金的射幸意图;(2)会员获得数十万元互助金的前提事件,即会员是否会患所约定疾病或者发生约定意外事故是不确定的;(3)会员能否最终获得数十万元互助金取决于其他会员的数量以及其他会员账户余额是否高于分摊额。因此,网络互助具备射幸性的特征。

2. 会员申请互助的结果符合射幸合同法律效果的不确定性。通说观点认为,射幸合同与实定合同的区分标准在于合同的法律效果在缔约时能否确定。[⑤] 有裁判观点认为:“在网络互助合同中,会员因有偿支付的一定的代价而可能获得平台经营者给予的远远大于所支付费用的效益,但也可能没有利

---

① See Patrick Rares Lazar, *The Aleatory Contracts under New Civil Code Provisions*, 6 Contemporary Readings in Law and Social Justice 295(2014).

② See Udo Milkau, *Risk Culture during the Last 2000 Years—From an Aleatory Society to the Illusion of Risk Control*, 5 International Journal of Financial Study 31(2017).

③ 参见陈传法、冯晓光:《射幸合同立法研究》,载《时代法学》2010年第3期;黎明:《射幸合同探析》,载《广西政法管理干部学院学报》2002年第S1期;付春明:《射幸合同总论》,载中国民商法律网2004年10月24日,http://old.civillaw.com.cn/article/default.asp? id=18702。

④ 参见陈传法、冯晓光:《射幸合同立法研究》,载《时代法学》2010年第3期。

⑤ 参见崔建远主编:《合同法》(第6版),法律出版社2016年版,第24页。

益可获,故双方形成与保险类似的射幸合同关系。"[①]该裁判观点准确地认识到了网络互助合同的射幸性,但是其对于射幸关系的主体认定存在问题:大额的互助金本质上是其他会员共同承担的,并非平台所给予的;虽然平台是实际支付的一方,但平台是以受托人身份代其他会员向被互助的会员支付互助金。

3. 会员之间给付不适用等价有偿原则。区分射幸合同与实定合同的法律意义在于是否适用等价有偿原则。对价不充分的实定合同可能存在因显失公平而被撤销的问题,一般不能从实际支付的对价是否充分来衡量射幸合同是否显失公平。[②] 网络互助中,会员分摊的互助金额度每年可能不到200元,但其获得的互助金可达到数十万元,如果适用等价有偿原则,则网络互助合同可能就无法有效存在。

总之,基于会员之间以分摊有限的互助金为代价换取获得高额互助金的关系特点,会员之间应属于射幸关系。会员加入网络互助计划的目的是以人数众多的会员的互助金分摊义务为自己的风险提供保障。

(三)网络互助是委托与射幸两类合同的结合

前文已经强调了网络互助合同的双层法律关系,但是这两种法律关系究竟构成合同联立还是混合合同仍然需要分辨。笔者认为网络互助合同属于混合合同而非合同联立的理由有两点:

第一,委托合同与射幸合同具有依存关系,委托合同与射幸合同均不可能脱离对方而独立存在。委托合同与射幸合同的依存关系表现为两方面:一是会员委托平台的目的在于实现其与其他会员的射幸目的,委托关系依存于射幸关系。二是若无平台作为受托人的介入,互为陌生关系的会员之间的射幸行为不具有现实可行性。

第二,混合合同的认定符合平台与会员的意思表示。虽然混合合同与合同联立属于两种不同的现象,但是二者的界限较为模糊。史尚宽认为,二者的区分标准是数个契约之结合是否失其个性,不失其个性者为合同联立,失其个性者为混合合同。[③] 其他学者多未能提出明确的区分标准。此时,遵循意思自治原则,当事人的真实意思是判断其是否失其个性的主要标准。更为

---

① 参见福建省莆田市秀屿区人民法院民事判决书,(2019)闽0305民初1246号。

② 参见隋彭生:《合同法要义》(第4版),中国人民大学出版社2015年版,第24页。

③ 参见史尚宽:《债法总论》,中国政法大学出版社2000年版,第11页。

重要的是，依当事人的意思表示加以认定。若当事人缔约的目的并不重视合同的个别性，就可将其视为一个整体而以混合合同来对待。[①] 会员与平台之间的合同不仅在形式上表现为一个整体，而且在缔约目的上难以分离，应将委托与射幸视为一个整体加以对待。

五、网络互助法律性质的应用：对司法实践争议的回应

理论的生命力在于实践[②]，法律的生命力在于实施[③]。将网络互助定性为委托合同与射幸合同的混合合同相比于保险合同或者赠与合同的界定应有更强的解释力，能够有效回应司法实践中的争议问题，这一法律性质界定的作业方能完成。根据笔者检索到的网络互助的相关案例，网络互助在司法实践中的争议主要表现为两个问题：一是平台是否承担支付互助金的义务。二是会员是否符合申请互助的条件。

（一）互助金给付义务

网络互助合同纠纷的一个核心争议是网络互助平台是否负有互助金的给付义务。实践中，互助申请遭到拒绝的会员均起诉平台请求支付互助金，平台的主要抗辩理由是其提供的是技术服务，不负担互助金的给付义务，互助金给付义务主体是其他会员。有裁判观点认为平台负有支付互助金的义务[④]，也有裁判观点认为平台无支付互助金的义务。[⑤] 笔者认为，关于平台是否负有支付互助金的义务讨论应当以网络互助合同法律性质的界定为逻辑前提和基点。

第一，网络互助不属于保险合同，平台也不是保险人，这决定了平台不承担互助金的支付义务。如果将网络互助定义为保险合同，那么平台作为保险

---

① 参见崔建远主编：《合同法》（第6版），法律出版社2016年版，第16页。

② 参见郝东明：《理论的生命力在于和实践的结合——“〈共产党宣言〉与中国特色社会主义”研讨会综述》，载《探索与争鸣》2008年第6期。

③ 杜运泉：《法律的生命和权威在于实施》，载《探索与争鸣》2013年第10期。

④ 参见广东省广州市中级人民法院民事判决书，(2020)粤01民终6607号；北京市东城区人民法院民事判决书，(2019)京0101民初22606号；四川省宜宾市高县人民法院民事判决书，(2020)川1525民初918号。

⑤ 参见广东省深圳前海合作区人民法院民事判决书，(2019)粤0391民初3739号。

人自然要承担支付互助金的责任。但无论从保险合同特征、监管意见还是从当事人意思角度来看，网络互助都不是保险合同。平台不是保险人，也就不承担支付互助金的义务。

第二，基于会员之间的射幸关系，会员是互助金分摊义务的主体。如果会员之间成立的是赠与合同，会员当然可以选择向特定会员互助或者不互助。与赠与合同不同，射幸合同必须存在对价关系，会员享有获得互助的权利的同时必须承担互助他人的义务，即分摊每次互助的互助金。

第三，基于平台与会员之间的委托关系，平台承担审核互助申请、划拨资金的义务。虽然会员是分摊互助金的义务主体，但在实际操作层面，申请互助的会员不可能一一向其他会员主张互助金分摊费用。此时平台与会员之间的委托关系成了解决网络互助合同履行的关键。基于会员的委托，平台获得审核互助申请以及划拨资金的权限。平台通过直接划扣其他所有会员账户余额的方式直接实现了会员履行分摊互助金义务的效果。

总之，基于网络互助的法律性质，互助金由全体会员共同分摊，平台承担审核互助申请、划拨资金的责任，并非承担互助金的义务主体。互助申请失败的会员可以通过起诉平台要求其履行发起互助申请的方式主张自己的权利，法院可以通过裁判平台发起互助、计算分摊额，进而划拨资金支付给原告的方式保护会员的合法利益。①

（二）会员是否符合互助条件的争议解决

网络互助合同纠纷的另一个核心争议是，会员是否符合互助条件。平台驳回会员互助申请的主要理由是，会员在申请时或者等待期已经患有了相关疾病，不符合互助计划所约定的互助条件。一种裁判观点认为，会员在加入互助计划时刻即患有相关疾病，平台驳回互助申请合法②；另一种裁判观点认为，会员并不知道自己患有相关疾病或者平台格式条款无效，会员有权获得互助。③

一方面，基于会员之间的射幸关系，网络互助应坚持最大诚信原则，会员

---

① 参见广东省深圳前海合作区人民法院民事判决书，(2019)粤0391民初3739号。

② 参见广东省广州市中级人民法院民事判决书，(2020)粤01民终6607号；广州互联网法院民事判决书，(2019)粤0192民初22767号；广州互联网法院民事判决书，(2019)粤0192民初23372号。

③ 参见广东省深圳前海合作区人民法院民事判决书，(2019)粤0391民初3739号；北京市东城区人民法院民事判决书，(2019)京0101民初22606号。

负有告知自身健康状况的义务。最大诚信原则是射幸合同订立必须遵循的基本原则。[①] 最大诚信原则要求会员之间必须负如实告知自身健康状况的义务。囿于网络互助会员人数众多,该种告知义务通过会员加入互助计划时的阅读相关规则点选同意或者根据平台提示点选符合要求实现。相比于平台或者其他会员,当事人对自身健康情况更为了解。[②] 从风险分配的角度看,会员也应承担告知自身健康状况的义务。

另一方面,基于网络互助计划相关条款的冗长、复杂以及专业性问题,会员全部阅读并理解相关条款的可能性较低,因此,会员只要不是刻意隐瞒病情,应属于尽到告知义务。消费者的不阅读难题对格式条款能否订入合同产生重要影响。[③] 如果网络互助是保险合同,保险合同下投保人的不阅读难题由保险人的说明义务予以解决。[④] 但网络互助从形式上看仅仅表现为“点击合同”[⑤],会员可以在不阅读任何互助条款的情况下点击加入网络互助。国外学者的相关实证研究指出,网络用户阅读软件协议的比例只有约万分之五,[⑥] 会员可能不知道自身健康状况不符合加入互助的条件。前述裁判驳回互助申请的案例中,会员刻意隐瞒相关病情构成了主要的情形。[⑦] 因此,会员只要不是刻意隐瞒病情,应属于尽到告知义务。

六、结语

网络互助是在吸纳了民间互助共济行为、原始保险形态、网络服务技术

---

① 参见陈传法、冯晓光:《射幸合同立法研究》,载《时代法学》2010 年第 3 期。

② 参见广东省深圳前海合作区人民法院民事判决书,(2019)粤 0391 民初 1638 号。

③ See Ian Ayres & Alan Schwartz, *The No-Reading Problem in Consumer Contract Law*, 66 Stanford Law Review 545(2014).

④ 对于所有条款,保险人有向投保人提醒注意阅读并提醒询问的义务;对于保险范围、责任除外、效力等重要条款,保险人有向投保人主动解释、提醒注意并且如实回答投保人询问的义务。参见曹兴权:《反差与调适:保险人说明义务的履行——兼论〈保险法〉第 17、18 条的修改》,载《求索》2005 年第 2 期。

⑤ 参见刘颖、骆文怡:《论点击合同》,载《武汉大学学报(社会科学版)》2003 年第 3 期。

⑥ See Yannis Bakos, Florencia Marotta-Wurgler & David R. Trossen, *Does Anyone Read the Fine Print? Consumer Attention to Standard Form Contracts*, 43 Journal of Legal Studies 1(2014).

⑦ 参见广州互联网法院民事判决书,(2019)粤 0192 民初 22767 号;广州互联网法院民事判决书,(2019)粤 0192 民初 23372 号。

等诸多理念和运行模式后产生的新合同类型。近年来,网络互助发展迅速,但同时也产生了法律性质界定的难题并引发了各种争议。

理论界和实务界关于网络互助的性质界定有“商业保险说”“相互保险说”“赠与说”等,各学说均有不足。网络互助法律性质界定应避免陷入典型合同的陷阱。典型合同作为法典化的产物落后于时代的发展,而混合合同理论能更好地解决新型合同法律性质界定的难题。一方面,混合合同理论是解决合同定性争议的一个重要方法;另一方面,承认混合合同制度是合同立法的发展趋势。混合合同理论在解决“行政协议”“互联网用工合同”“投资型保险”“演艺经纪合同”等类型合同的法律性质界定的争议方面发挥了重要的作用。运用混合合同理论界定网络互助法律性质不失为一项良策。

根据混合合同理论,网络互助合同存在两层法律关系:第一,平台与会员之间的委托关系,会员授权平台审核互助申请、发起互助、划拨资金、公布互助事件以及其他管理行为;第二,会员之间的射幸关系,会员以小额分摊费用为代价获得将来发生互助事件时获得大额互助金保障的机会。网络互助是委托与射幸两类合同的结合:第一,委托合同与射幸合同具有依存关系,委托合同与射幸合同均不可能脱离对方而独立存在;第二,平台与会员的意思均是将网络互助作为一个整体对待,两种合同关系不可分割。

将网络互助合同的法律性质界定为委托与射幸的混合合同能够回应实践,解决争议问题:第一,会员是分摊互助金的义务主体,平台则是发起互助、划拨资金的义务主体。第二,会员负有如实告知自身健康状况的义务,但是在会员善意不知自身患病的情形下,不应认定会员未尽告知义务。

The Dispute and Response of the Legal Nature of “Mutual Assistance on the Internet”

—Based on the Mixed Contract Theory

Abstract: Mutual assistance on the Internet is a new thing under the background of Internet economy, and its legal nature is controversial. There are essential differences between mutual assistance on the Internet, insurance and mutual insurance in risk transfer, solvency and supervision. The mutual assistance on the Internet also does not have the unilateral and gratuitous nature of the gift contract. The existing viewpoints have fallen into the mire of typical contract, and only by using the mixed contract theory can the fog be cleared up. According to the mixed contract theory, there are two legal relations of the mutual assistance on the Internet, namely, the entrustment relationship between the platform and members and the aleatory relationship between members. Entrustment relationship and aleatory relationship are interdependent and cannot exist independently from each other, therefore, it constitutes a mixed contract. Based on the nature of the mutual assistance on the Internet, the problems of payment subject and mutual assistance condition identification in practice can be alleviated.

Key words: mutual assistance on the Internet; mixed contract; entrustment relationship; aleatory relationship

【评　论】

清华法律评论(第十一卷第二辑)
第93~109页

贿赂类犯罪中“谋取不正当利益”构成要件之再界定

周啸天* 程 明**

目 次

摘 要 我国学界和实务界对贿赂类犯罪中“谋取不正当利益”构成要件的内涵界定一直存在争论,目前的各类观点无法有效解决司法实践中遇到的问题。解决该问题的前提是界定清楚贿赂类犯罪所保护的法益,即国家工作人员职务行为的公正性。站在这一立场之上,“谋取不正当利益”构成要件不应该被删除,而应进一步界定其

---

* 周啸天,山东大学法学院教授,法学博士,博士生导师,主要研究方向:刑法教义学。

** 程明,山东大学法学院博士研究生,山东省青岛市人民检察院一级检察官助理。

具体内涵,将利用"程序不正当"谋取利益的情况也纳入其中。这样理解能够合理解决司法实践中的疑难案例,但要避免陷入无限扩张解释的错误,而应同时对该构成要件内涵作出合理限定。

关键词 谋取不正当利益 法益 程序不正当 贿赂类犯罪

一、问题的提出

对于贿赂类犯罪中"谋取不正当利益"构成要件内涵的界定,学界和实务界一直存在争议。因为"不正当利益"这一词汇的含义过于宽泛含糊,导致对该构成要件的精准界定存在一定难度。基于不同角度的考虑,学界曾出现"非法利益说""不确定利益说""手段不正当说""无限制说"[①]等多种观点。理论和实践中的争议不仅集中于"谋取不正当利益"的具体内涵,也有对这一构成要件是否应当删除的探讨。从比较法的层面看,部分学者和司法实务者以域外刑法中的相关规定为例,进一步提出应删除"谋取不正当利益"这一构成要件,甚至提出没有必要将"为他人谋取利益"加入贿赂类犯罪罪状之中。

学界和实务界的争论促使司法机关对这一问题高度重视,一系列司法解释和判例都在不断校正和改变"谋取不正当利益"的边界和含义。[②] 早在1999年,最高人民法院、最高人民检察院就发布了《关于在办理受贿犯罪大要案的同时要严肃查处严重行贿犯罪分子的通知》,其中规定,"'谋取不正当利益'是指谋取违反法律、法规、国家政策和国务院各部门规章规定的利益,以及要求国家工作人员或者有关单位提供违反法律、法规、国家政策和国务院各部门规章规定的帮助或者方便条件",细化了"谋取不正当利益"的内涵范围。2008年,最高人民法院、最高人民检察院发布的《关于办理商业贿赂刑事案件适用法律若干问题的意见》再次对该构成要件的内涵进行细化,将之前规定中的违反内容调整为"法律、法规、规章、政策、行业规范",并增加"在招

① 非法利益说认为,违反法律、法规和政策所取得的利益为不正当利益;不确定利益说认为,行贿人谋取的利益虽然合法,但是在能否取得、取得多少等方面处于不确定状态,继而通过行贿手段谋取的利益,亦属于不正当利益;手段不正当说认为,以不正当手段获得的利益均为不正当利益;无限制说认为,不宜对"谋取不正当利益"作限制解释,谋取任何性质、任何形式的不正当利益均应纳入惩罚范围。

② 参见车浩:《行贿罪之"谋取不正当利益"的法理内涵》,载《法学研究》2017年第2期。

标投标、政府采购等商业活动中，违背公平原则，给予相关人员财物以谋取竞争优势”的情况，一并纳入“谋取不正当利益”的内涵范围。2012 年，最高人民法院、最高人民检察院在发布的《关于办理行贿刑事案件具体应用法律若干问题的解释》中，又进一步把“谋取竞争优势”的适用范围从“招标投标、政府采购等商业活动”扩展为“经济、组织人事管理等活动”。[①] 从以上司法解释内容的变化可以看出，司法机关不仅没有删除“谋取不正当利益”这一构成要件的倾向，反而不断明晰“谋取不正当利益”的界定，一直在努力为“谋取不正当利益”提供解释标准。[②]

理论上的争论与发展，加之相关法律法规的不断明晰，为贿赂类犯罪中“谋取不正当利益”的内涵界定提供了方向。基于我国贿赂类犯罪的发展历程，同时考虑到我国的具体国情，目前大多数意见还是认为有必要对这一构成要件予以保留，但问题在于当前对其内涵的界定依旧难以统一。尤其司法实践中各类新型复杂的贿赂形式，仍存在认定标准难以把握的问题，最终导致出现相似案情却判决不一的情况。例如，在一起案件中，工程承包方在完成项目施工后，为早日获得结算的施工款，请托当地公安局局长帮忙催要，并送予其 20 万元人民币，后公安局局长向工程所属单位局长打招呼，最终施工款顺利得到结算。对于该案，有观点认为承包方在完成工程后，获取施工款理所应当，属于谋取正当利益，因此不符合“谋取不正当利益”构成要件，也就不能以行贿罪、受贿罪分别对承包方和公安局局长论处。也有观点认为，承包方谋取的利益虽然从实体上来说属于正当利益，但其获取该利益的方式违反了正常程序，属于一种程序上的不正当，依据相关司法解释规定的精神，仍属于“谋取不正当利益”的情形，因此承包方构成行贿罪，公安局局长也符合“斡旋受贿”的情形。贿赂类犯罪涉及罪名较多，且随着社会经济的发展，新型贿赂手段层出不穷，仅在上述案例中，就还存在多种不同的情况。例如，承包方是在通过验收之后，符合结算条件的情况下又通过送予国家工作人员财物以获得施工款，还是尚不符合结算条件却通过送予财物获得施工款？是得到了加速结算或者多结算施工款的优待，还是在被拖欠施工款后通过送予财物才最终得以结算？这些问题情况不同、角度不同，笔者认为不宜全定性为

---

① 参见车浩：《行贿罪之“谋取不正当利益”的法理内涵》，载《法学研究》2017 年第 2 期。
② 参见车浩：《行贿罪之“谋取不正当利益”的法理内涵》，载《法学研究》2017 年第 2 期。

同一结论。最高人民法院、最高人民检察院虽然三次颁布司法解释对“不正当利益”进行界定,且基于“利益本身的非法性”和“帮助或方便条件的违法性”角度阐释了其司法认定标准,但实践中也存在因为不正当利益界定不清导致案件办理标准不统一的情况,①甚至因为难以界定内涵而不得不选择避开或模糊对该构成要件的判断。以至于司法实践中已出现一种倾向,只要行为人采用行贿手段来获取利益均应认定为“谋取不正当利益”,基本将“谋取正当利益”的存在空间压缩全无。

贿赂类犯罪中“谋取不正当利益”构成要件的内涵界定,涉及对贿赂类犯罪所保护法益的理解,影响着相关司法案件罪与非罪的认定,可谓意义重大。当前,我国对贿赂类犯罪的刑事司法政策不断从严,2021 年中央纪委国家监委联合多部门印发《关于进一步推进受贿行贿一起查的意见》,要求坚决查处行贿行为,进一步加大对行贿犯罪的打击力度。受目前刑事司法政策的影响,司法实践中对贿赂类犯罪的认定标准相较于以前有所放宽,以加强对行贿受贿犯罪的打击。而在贿赂类犯罪中涉及“谋取不正当利益”构成要件的罪名较多,刑事政策从严将导致司法实践中对“谋取不正当利益”的解释进一步放宽,使构成要件内涵愈加宽泛,扩大了刑事打击面,因此确有必要进一步从理论上加以界定,从而为司法实践提供更为精确的判断标准。如何准确界定贿赂类犯罪中“谋取不正当利益”的内涵范围,是本文的核心问题。笔者将在下文从贿赂类犯罪保护的法益开始分析,在厘定保护法益的基础上,对“谋取不正当利益”这一构成要件是否应当删除进行探讨,着重分析当前司法实务中运用较多的“程序不正当”观点,最终对“谋取不正当利益”构成要件的内涵作出合理解释和限定,试以明晰判断路径,为实践中涉及此问题的案件办理提供有效思路。

二、贿赂犯罪保护的法益是国家工作人员职务行为的公正性

对于“谋取不正当利益”这一构成要件内涵的界定,学界与实务界一直存

① 参见唐子艳、程思绮:《贪污贿赂犯罪疑难问题探究》,载《中南民族大学学报(人文社会科学版)》2020 年第 5 期。

在不同观点的根本原因,笔者认为在于各方在讨论此构成要件内涵时持有的贿赂犯罪所保护法益的立场不同。刑法的目的是保护法益,每一个具体的构成要件类型必然是保护某种特定的法益。所以要想将一个罪名构成要件的内涵界定清楚,首先必须回归到最根本的问题上,即准确厘定该罪名所保护的法益,否则肯定难以将构成要件的内涵界定统一起来。

对于贿赂犯罪所保护的法益,历来存在不同的观点,不仅在不同国家法律规定和学者观点之间存在不同,而且在我国的不同时期,通说观点也在变化。但当前哪种观点能够适应我国对贿赂犯罪的研究和实践需要,笔者认为仍值得商榷。从20世纪90年代开始,“廉洁性说”逐渐得到学者的支持;到90年代中期,“廉洁性说”基本成为刑法理论的通说。① 该学说认为受贿罪所保护的法益是国家工作人员职务行为的廉洁性。该学说早就受到一些学者的质疑,公务人员的廉洁制度约束的是其身份之下的一切不廉洁行为,包括那些与其职务行为无关的不廉洁行为,因此将廉洁性义务作为受贿罪的保护法益无法发挥法益罪与非罪的界分功能。② 而在我国司法实务中,目前运用较多的是“不可收买性说”,该学说认为受贿罪保护的法益是国家工作人员职务行为与财物的不可交换性。③ 无论是实定法,还是刑事政策,现阶段都是从“权钱交易”的角度界定贿赂犯罪本质。④ 但在该观点下,斡旋受贿、利用影响力受贿等犯罪类型存在一定的论证困难,在上述罪名中,只能说行为人所利用的是国家工作人员职务所形成的便利条件或者影响力,与普通行受贿犯罪一样论证为“权钱交易”的本质较为牵强,可以说这已经突破了受贿罪是国家工作人员“以权换利”的传统理解。⑤ 基于当前理论观点和司法实践仍然脱节的现状,对贿赂类犯罪所保护的法益仍需进一步厘定,且因贿赂犯罪与社会经济发展状况关联性极强,因此在界定其法益时除要着力解决目前理论观点存在的问题外,还必须紧密结合贿赂犯罪发展现状、未来趋势和当前刑事司法政策。

笔者认为,对贿赂类犯罪保护法益的界定需要着重考虑以下三点:一是

---

① 参见张明楷:《受贿犯罪的保护法益》,载《法学研究》2018年第1期。

② 参见孙国祥:《贪污贿赂犯罪研究》(上册),中国人民大学出版社2018年版,第474页。

③ 参见黎宏:《受贿犯罪保护法益与刑法第388条的解释》,载《法学研究》2017年第1期。

④ 参见孙国祥:《“加速费”、“通融费”与行贿罪的认定——以对“为谋取不正当利益”的实质解释为切入》,载《政治与法律》2017年第3期。

⑤ 参见黎宏:《受贿犯罪保护法益与刑法第388条的解释》,载《法学研究》2017年第1期。

可以体现贿赂类犯罪同其他类似犯罪的不同之处,从而能够准确区分不同犯罪行为,这也是对法益界定最基本的要求。二是对贿赂类犯罪保护法益的界定需要充分考虑我国刑法目前已经设置的有别于普通受贿犯罪的其他罪名特殊之处。例如,除普通受贿外,行贿罪、利用影响力受贿罪等罪名构成要件中均包含"(为)谋取不正当利益",法益必须能够合理解释这些罪名的构成要件内涵。三是随着经济社会的快速发展,贿赂犯罪的手段层出不穷,且可预见在未来会出现更多新型贿赂犯罪,因此我们对法益的厘定必须考虑未来贿赂犯罪的发展趋势,确保可以解释纳入更多值得处罚的行为。如果一种学说所持观点在解释当前贿赂犯罪形式时已经捉襟见肘,那无论如何其不应再作为通说观点继续使用。基于以上三点考虑,笔者认为贿赂犯罪保护的法益是国家工作人员职务行为的公正性,原因如下:

首先,将贿赂类犯罪保护法益界定为"国家工作人员职务行为的公正性",可以有效与其他犯罪相区别。例如,当我们区分贪污罪与受贿罪时,如果按照"廉洁性说"的观点,将贿赂犯罪所保护的法益界定为"职务行为的廉洁性",贪污罪所保护的法益是"职务行为的廉洁性和公共财产权",就难以有效区分此两类犯罪;而如果以"职务行为的公正性"来界定贿赂犯罪保护的法益,就可以进行有效区分。有学者质疑"职务行为公正性说",并以"滥用职权罪"为例进行比较,指出:"就对职务行为公正性的侵犯而言,滥用职权罪的不法程度明显高于普通受贿。可是,无论是在日本还是在我国,滥用职权罪的法定刑均明显轻于普通受贿。公正性说无法说明的是,为什么对公正性造成严重实害的滥用职权罪处罚较轻,而对公正性仅造成轻微抽象危险的普通受贿反而处罚更重?"[①]笔者认为,虽然该两种犯罪都对国家工作人员职务行为的公正性造成侵害,但是相较于滥用职权罪,贿赂类犯罪对职务行为公正性的侵害是与收受贿赂款相结合的。也就是说,在贿赂类犯罪中,行贿人通过给予国家工作人员财物或财产性利益,促使国家工作人员为其谋取利益,谋利的行为对职务行为的公正性造成侵害,这种行为将国家工作人员职务行为与金钱相挂钩,为获取私利而破坏公权力的公正性,会产生更加严重的负面社会影响,其相较于滥用职权罪实质上危害性应该更大。

其次,将贿赂类犯罪所保护的法益界定为"职务行为的公正性",也能妥

① 张明楷:《受贿犯罪的保护法益》,载《法学研究》2018 年第 1 期。

当说明为何将为他人“谋取(不正当)利益”作为受贿罪的成立要件①,从而对“斡旋受贿”“利用影响力受贿”等类型犯罪进行充分解释。在我国刑法最初设立贿赂类犯罪时,并无如此多的罪名,多数属于为打击新的犯罪类型而设立的罪名,在这些罪名的构成要件中添加“谋取不正当利益”这一独有要件,是为了适应我国当前治理腐败犯罪以及刑事政策的需要。② 如果一直以传统的通说观点来界定贿赂犯罪保护的法益,难以与后设立的部分罪名相适应。但如果采用“职务行为的公正性”观点,则可以解释这些问题,当我们在判断一行为是否侵害了法益的时候,最集中要解决的问题就是判断行为人的相关行为是否侵害了国家工作人员职务行为的公正性,笔者认为该观点可以解决当前我们面对的问题。以“斡旋受贿”为例,我国《刑法》第388条对其罪状规定为:“国家工作人员利用本人职权或者地位形成的便利条件,通过其他国家工作人员职务上的行为,为请托人谋取不正当利益,索取请托人财物或者收受请托人财物的,以受贿论处。”这里实施斡旋行为的国家工作人员虽然只是利用其职权或者地位形成的便利条件,但当其运用这种便利条件换取私利之时,应当说也对其职务行为的公正性造成了侵害。同时,实施斡旋行为的国家工作人员能够获得贿赂款,最终是基于被利用的国家工作人员的职务行为,其是利用与其他国家工作人员的特殊关系,将影响力作用于其他国家工作人员,从而取得了其他国家工作人员的职务行为。③ 笔者认为,以“职务行为公正性”学说来解释,实施斡旋行为者不仅侵害了其自身职务行为的公正性,也间接损害被影响或者被斡旋的国家工作人员职务行为的公正性,符合贿赂犯罪的本质。④ 至此,对该行为认定为受贿罪不再存在障碍。同时,因为该行为对最终谋利所借助的职务行为造成的是一种间接性的侵害,程度要小于普通受贿犯罪中对自身职务行为公正性所造成的直接侵害,所以为了区分其与普通受贿罪的社会危害性,立法者通过设置“谋取不正当利益”要件缩小斡旋受贿的犯罪圈⑤,也就更具有合理性。不仅对于“斡旋受贿”如此,如果

---

① 参见黎宏:《受贿犯罪保护法益与刑法第388条的解释》,载《法学研究》2017年第1期。

② 参见蔡士林:《为“维持竞争优势”而给予财物的行为定性——行贿罪保护法益的视角》,载《江西社会科学》2018年第7期。

③ 参见孙国祥:《贪污贿赂犯罪研究》(上册),中国人民大学出版社2018年版,第483页。

④ 参见黎宏:《受贿犯罪保护法益与刑法第388条的解释》,载《法学研究》2017年第1期。

⑤ 参见唐子艳、程思绮:《贪污贿赂犯罪疑难问题探究》,载《中南民族大学学报(人文社会科学版)》2020年第5期。

将保护法益界定为“职务行为的公正性”,也可以对利用影响力受贿、行贿罪等罪名的构成要件设置作出更为合理的解释,此处不再赘述。

最后,笔者认为当我们在厘定一类罪名所保护的法益时,还要注重法益对各类犯罪行为的解释张力。法益体现的是刑法对该类犯罪的立法目的,内含于构成要件之中①,如果一类犯罪所保护的法益并不能通过构成要件合理解释应当规制的行为,或者无法满足在这类犯罪的发展趋势下其应具有的解释张力,那么也就无法有效规制相关犯罪行为,此时我们应该重新审视该法益。随着社会经济、金融手段的快速发展,贿赂犯罪形势已经发生了巨大的变化。持续多年的高压反腐使不法官员的意识增强②,各类新型贿赂犯罪形式层出不穷;同时,当前我国对贿赂犯罪的打击力度不断加大,相关刑事政策不断从严,因此对贿赂类犯罪保护法益的界定应当重新进行审视,选择能够解释纳入更多需要打击犯罪类型的学说,从而为司法实践中解决所出现的新的疑难复杂情况提供指导。笔者认为,如果将“职务行为的公正性”界定为贿赂犯罪的保护法益,则有利于解决当前认定相关犯罪的多数复杂问题。对于受贿类犯罪,无论是行为人利用自身职务上的便利为请托人谋取利益,还是凭借自身职权地位形成的便利条件、与国家工作人员的关系而利用其他国家工作人员的职务便利,为请托人谋取不正当利益,当我们在对行为是否符合构成要件难以作出判断时都可以回归到所界定的法益,即分析行为人的行为最终是否对国家工作人员的职务行为公正性造成侵害。同样,在行贿犯罪中,讨论最多的就是对“为谋取不正当利益”构成要件内涵的界定,如果我们回归到法益本质上去探讨这一构成要件的内涵,那么只要请托人要实现利益最终需要依靠国家工作人员实施侵害其职务行为公正性的行为,那么请托人的主观目的就是利用国家工作人员不公正的职务行为谋取利益,并给予其财物,这时候就可以把其行为划入“为谋取不正当利益”的范围,此时就迈出了认定构成行贿犯罪的第一步,而不至于出现无认定路径可走的情况。

---

① 参见孙国祥:《贪污贿赂犯罪研究》(上册),中国人民大学出版社2018年版,第484页。

② 参见黎宏:《论中国受贿罪中的“为他人谋取利益”》,载《清华法律评论》编委会编:《清华法律评论》第10卷第1辑,法律出版社2021年版,第92页。

三、"谋取不正当利益"构成要件不应取消

结合前文所述,当前对于"谋取不正当利益"这一构成要件的探讨不仅是对其具体内涵的争论,还有对是否应当删除的探讨。持应当删除观点的学者主要是受国外刑法的影响,如《日本刑法》规定,公务员只要在职务上收受、要求或者约定贿赂,就构成受贿罪。[①] 因此,该观点认为应当取消《刑法》第385条第1款中"为他人谋取利益"作为受贿罪成立条件的规定,当国家工作人员收受他人财物之后,其行为本身就对法益造成侵害,此时应以受贿罪论处,而收受财物又为他人谋取不正当利益的情况应作为加重受贿罪处理。[②] 如果是采用"不可收买性说"的法益观点,这一看法尚存解释空间,但是如果采用"职务行为公正性说"则无法解释,因为我们不能仅因行为人收受财物就直接断定其行为将对职务行为公正性造成侵害。而且,目前我国贿赂类犯罪的罪名体系已经构建,大费周折地改变大量罪名的构成要件,必须相当谨慎。还有观点虽并不提倡删除"为他人谋取利益"这一构成要件,但认为应当删除"不正当利益"这一区分因素。例如,有观点建议将斡旋受贿中的"谋取不正当利益"改为"为他人谋取利益",与普通受贿罪统一,加大贿赂犯罪打击力度。[③] 笔者不能认同以上两种观点,站在"职务行为公正性说"的法益立场上,结合我国贿赂犯罪现状和未来趋势,在我国设置"谋取不正当利益"这一构成要件具有必要性。

首先,设置"谋取不正当利益"这一构成要件,是与我国贿赂类犯罪的发展过程相关的,该构成要件的设置是随着不同时代贿赂犯罪类型的变化而产生的,如前文所述,把此构成要件直接删除,属于对我国贿赂犯罪构成要件的极大变更,存在很大的障碍。因为仅以基于职务便利收取贿赂这一点,无法确定贿赂的职务关联性(进而也就无法充分说明行为的法益侵害性),还需进

---

① 参见黎宏:《论中国受贿罪中的"为他人谋取利益"》,载《清华法律评论》编委会编:《清华法律评论》第10卷第1辑,法律出版社2021年版,第92页。

② 参见李洁:《为他人谋取利益不应成为受贿罪的成立条件》,载《当代法学》2010年第1期。

③ 参见唐子艳、程思绮:《贪污贿赂犯罪疑难问题探究》,载《中南民族大学学报(人文社会科学版)》2020年第5期。

一步规定其他要件来说明贿赂和具体职务行为之间的对价关系,我国刑法正是基于此种考虑,将"为他人谋取利益"作为收受型贿赂罪的构成要件。[①] 况且,在当前我国民众最朴素的法治理念中,行贿就是"花钱请人办事",受贿就是"收钱替人消灾",如果国家工作人员只是收受了别人钱款,与送钱款之人根本无任何请托谋取利益的约定,则很难接受此种行为以受贿罪、行贿罪处罚。在很多情况下,当事人是在不得已的情况下送礼[②],全以犯罪论处可能使民众难以接受。

其次,对这一构成要件是否应删除的分析,也应该考虑当前司法实践中的实际情况。在之前的学界争论中,更多集中于对"不正当利益"内涵的探讨,其中部分观点认为,该词意义模糊,没有必要继续保留,但这种观点并未注意到司法实践中的具体情况。在我国司法实践中,贿赂类犯罪的调查机关为监察委,对于可以认定为犯罪的移送司法机关处理;而对于证实构成犯罪的相关证据不足或只属于违纪行为的,则最终会以违纪行为进行处理,并不移送司法机关。如果删除"为他人谋取利益"的构成要件,则监察机关只要查找到行贿受贿双方财物交易的客观证据,再以言词证据予以印证,哪怕双方之间不存在请托谋利事项,也可认定为犯罪,恐会造成司法实践混乱的情况。同时,对司法裁判者来说,贿赂类犯罪按照当前法律规定是以收受钱款数额划定量刑档次的,但是其谋利行为具体情形也可作为一项判断量刑情节的依据。如果删除"为他人谋取利益"的构成要件,则今后我们只可依据受贿数额来考量犯罪情节轻重。笔者认为,随着社会经济的高速发展,今后贿赂犯罪的手段会更加繁多、情形会更加复杂,只依据受贿数额进行量刑划分,而全无其他可考虑的量刑情节将不利于该类罪名今后的发展。

最后,笔者认为不仅应保留"为他人谋取利益"这一构成要件,而且也不宜删除"不正当利益"这一要素,全由"谋取利益"吸收。前文已经分析采用"职务行为公正性说"来界定贿赂类犯罪保护法益的合理性,我们从此学说观点出发,来比较以"谋取不正当利益"为构成要件的罪名与普通受贿罪。仍以"斡旋受贿"的情形为例,实施斡旋行为者虽然最终侵害了国家工作人员职务

---

① 参见李邦友、黄悦:《受贿罪法益新论——以"为他人谋取利益"为切入点》,载《武汉理工大学学报(社会科学版)》2013 年第 2 期。

② 参见孙国祥:《"加速费"、"通融费"与行贿罪的认定——以对"为谋取不正当利益"的实质解释为切入》,载《政治与法律》2017 年第 3 期。

行为的公正性，但是其犯罪行为的实施方式有别于普通受贿，且其所造成的侵害是一种间接性的侵害。再如"利用影响力受贿"中，离职的国家工作人员是凭借自己之前职务的影响力来对其他国家工作人员产生影响，最终借助其他国家工作人员的职务行为来为请托人谋利；国家工作人员的近亲属所利用的影响力也是如此，其最终对职务行为公正性的侵害程度肯定低于国家工作人员直接利用自身职务便利谋利的情况。所以，"不正当利益"这一构成要件要素不应该被删除，而是应当更加精准地对"谋取不正当利益"这一构成要件的内涵进行界定。

四、"谋取不正当利益"构成要件的内涵揭示

对于"谋取不正当利益"这一构成要件，笔者已经在前文阐述了该构成要件不可删除的原因，接下来需要继续在"职务行为公正性说"的法益立场之上思考如何进一步界定"谋取不正当利益"这一构成要件的具体内涵。在这一问题中，最关键的是对"不正当利益"一词内涵进行解释，学界和实务界对此有多种学说观点。其中，对于谋取本身实体上就不正当的利益是否属于"谋取不正当利益"，各方观点都是一致的，认为答案是肯定的。但对于司法实务中现在常论证的利用"程序不正当"谋取利益是否也属于"谋取不正当利益"的内涵范围，仍存在争议。[①] 例如，在部分案件中，行贿人向国家工作人员请托事项本身实体上属于正当利益，但是其请托方式或者国家工作人员为其谋利方式却违反了相关的程序规定，在此种情况下谋取利益是否属于"谋取不正当利益"，目前仍存较大争议。笔者认为，因为确实难以精准界定"不正当利益"一词含义，对于该种情况，我们应当回归到贿赂类犯罪所保护法益的基础上进行判断。既然贿赂类犯罪保护的法益是国家工作人员职务行为的公正性，那么当双方因为请托事项而存在行受贿行为时，如果国家工作人员的行为最终侵害了其职务行为的公正性，那么即使谋取的利益实体上是正当的，但程序上的不正当行为也对职务公正性造成侵害，此时应当认定符合"谋取不正当利益"构成要件，主要基于以下三点原因。

---

① 参见徐敏：《斡旋受贿中"不正当利益"的界定》，载《中国检察官》2016年第10期。

首先,程序本身具有自身独立的价值,所以我们不能直接将其忽略。实体正义需要通过程序正义来实现,因此国家工作人员履职时不仅有实体正义的要求,也有程序正义的要求,即其必须遵守相关法律的程序性规定,依照中立、公正、客观、及时、理性等程序正义的要求行使职权。[①] 以司法案件办理为例,在实践中如果司法工作人员接受请托,以影响案件办理程序的方式为请托人谋取利益,即使我们能够论证其谋取的利益实体上是正当的,恐也难将整个谋利事项界定为完全正当,因为司法案件的办理程序本身具有独立的价值,任何违反办案程序的行为都可能会对案件实体本身造成侵害。同样,在工程招标投标、职务提拔等贿赂类犯罪经常发生的领域,如果事项本身的程序存在问题,则我们不可能直接忽略这些问题而断言行贿受贿双方谋取的是正当利益。

其次,程序能够影响实体,程序不正当也会对职务行为公正性造成侵害。设立程序的目的是实现实体正义,程序正义与实体正义是手段正义与目的正义、过程正义与结果正义、形式正义与实质正义的关系。[②] 在贿赂犯罪的谋利事项中,国家工作人员通过违反正当程序的方式为请托人提供帮助,基于其谋利行为还存在与收受贿赂的关联关系,我们仅将其界定为一种违纪行为并不合适。因为即使最初国家工作人员帮助请托人谋取的为实体上正当的利益,但因为程序本身已经违背法律法规或正常行业政策,使其职务行为的公正性受到侵害,在一些特定的事项上会进一步导致谋利事项本身实体正当性受到影响,所以采用不正当程序谋取的利益也应划入"谋取不正当利益"的内涵范围。

最后,结合当前的司法解释和刑事政策,"程序不正当"的情况也应当纳入"不正当利益"的内涵范围,即国家工作人员虽然为请托人提供帮助谋取的为实体上的正当利益,但是因为谋取利益的手段或程序违反法律法规、行业规范等,我们也应将其一并纳入符合犯罪构成要件的范围。2012 年,最高人民法院、最高人民检察院发布的《关于办理行贿刑事案件具体应用法律若干问题的解释》第 12 条第 1 款规定:"行贿犯罪中的'谋取不正当利益',是指行

---

① 参见王政勋:《贿赂犯罪中"谋取不正当利益"的法教义学分析——基于语义解释方法的考察》,载《法学家》2018 年第 5 期。

② 参见王政勋:《贿赂犯罪中"谋取不正当利益"的法教义学分析——基于语义解释方法的考察》,载《法学家》2018 年第 5 期。

贿人谋取的利益违反法律、法规、规章、政策规定,或者要求国家工作人员违反法律、法规、规章、政策、行业规范的规定,为自己提供帮助或者方便条件。”同时该条第2款规定:“违背公平、公正原则,在经济、组织人事管理等活动中,谋取竞争优势的,应当认定为‘谋取不正当利益’。”这被认为是迄今为止我国最高司法机关对“谋取不正当利益”作出的最全面、最权威的规定。① 该条文第1款前半段规定的情形为利益本身违反相关规定,我们可以将其理解为“谋取实体不正当利益”;后半段指国家工作人员为请托人谋利过程中所使用的方式违反相关规定,对此笔者认为可以理解为司法实务中常说的程序不正当(又称手段不正当),体现的就是国家工作人员在为请托人谋利过程中对程序正当性的违背。因此,从司法解释的发展来看,将通过“程序不正当”谋取利益一并纳入“谋取不正当利益”的内涵范围,是与当前规定的精神相对应的。

五、“谋取不正当利益”构成要件的内涵限定

将通过“程序不正当”方式谋取利益一并纳入“谋取不正当利益”构成要件的内涵范围,实际上是对“不正当利益”一词进行了扩张解释,然后结合当前刑事政策,将值得以刑法处罚的行为都纳入刑事制裁的范围。基于程序本身所具有的价值,我们不能直接抛弃“程序不正当”的情况,司法实务界也意识到了这一点。但在当前司法实践中,对“程序不正当”不断恣意进行扩大解释,已然无法找到相对概念“正当利益”的存在空间,因此亟须进行合理限定。例如,前文所述实务中的观点认为,应将所有通过给予国家工作人员财物方式获取利益的情形都纳入“程序不正当”的内涵范围,这一观点显然需要进行纠正,因为按照此观点则几乎实践中所有状况均属于“谋取不正当利益”的情形,这反而会导致“谋取不正当利益”这一构成要件失去了设立意义。在司法实务中,目前面临的最大问题就是纳入了“程序不正当”情形后,应当以什么标准来界定其具体范围,因为当前的司法实践出于追诉犯罪的需要,将只要存在给予国家工作人员财物进行谋利的行为均认定为“谋取不正当利益”,这

① 参见车浩:《行贿罪之“谋取不正当利益”的法理内涵》,载《法学研究》2017年第2期。

就让人产生疑问,什么情况属于"谋取正当利益"? 对于如何有效限定"谋取不正当利益"的内涵范围,笔者认为应当在"职务行为公正性说"的法益立场之上,进行实质性的分析,从两个方面判断,并注意一类特殊情况。

首先,在分析是否符合"谋取不正当利益"构成要件时,需要判断行为人的行为是否实质上侵害了国家工作人员职务行为的公正性,笔者以前文所举案例说明。如果开发商的施工款按照合同规定,本应当在年末支付,但开发商因为急需用款,便送予局长财物,最终提前拿到钱款。这种情况类似于学界提出的"加速费",收受者肯定属于受贿,但"加速费"给付者是否成立行贿罪,在我国司法实务中并未形成统一的裁判规则。[①] 笔者认为,我们应该回归到案件事实本身去作实质性判断,即分析国家工作人员这一行为是否对其职务行为的公正性造成侵害。很明显,如果本应在年末才支付款项,现在局长因他人请托而提前支付,其职务行为将不再公正,即可认定符合"谋取不正当利益"的构成要件。再举一例,一栋工程楼由几个开发商来承包,按照合同约定年初即应当支付施工款,但到年末时,该单位只筹集到应支付款项的一半,因此只能给每个承包商先支付一半款项。但此时,一个承包商为了能尽可能多回款而送予官员财物,官员收到贿赂款后就把该开发商的钱款优先全部支付。这种情况在实务界和理论界中均存在争论。笔者认为还是应当回归到法益侵害的基础上,判断该行为是否对国家工作人员的职务行为公正性造成侵害,按照合同约定官员本应当支付给每个开发商施工款,现在对其中一个开发商进行了结算,表面看官员的行为是按照合同约定履行义务,不存在问题,但是在总体资金不够的情况下,先支付给其中一个承包商全部施工款,势必会导致其他承包商到手的款项减少,影响了其他承包商的利益。从官员的职务行为来看,其本应分给所有承包商的款项,因为多分给其中一人,导致其他人得到的款项减少,这种行为也应当属于影响职务行为公正性的情况。这是判断的第一层次,我们要从实质上分析是否存在影响国家工作人员职务行为公正性的情况,如果根本不存在,则没有继续进行判断的必要。2012 年发布的《关于办理行贿刑事案件具体应用法律若干问题的解释》第 12 条第 2 款规定:"违背公平、公正原则,在经济、组织人事管理等活动中,谋取竞争优势

① 参见孙国祥:《"加速费"、"通融费"与行贿罪的认定——以对"为谋取不正当利益"的实质解释为切入》,载《政治与法律》2017 年第 3 期。

的，应当认定为‘谋取不正当利益’。”从这一被普遍认可的司法解释中，我们也可以看出对于国家工作人员“公平”“公正”履行职务的要求，即利益本身合法，但利益作为稀缺资源，本应通过公平竞争取得，行为人却通过国家工作人员提供违法的帮助取得竞争优势①，这种情况也属于“谋取不正当利益”，笔者认为这里的“违背公平、公正原则”也是采用“职务行为公正性说”法益观点的合理性所在。

其次，是否侵害国家工作人员职务行为公正性的情形都属于“谋取不正当利益”的内涵范围？笔者认为并非完全如此，还需要进行第二方面的判断，即分析所谋取的利益在行为人请托时是否属于一种确定性的利益。如果国家工作人员最开始提供帮助的事项本就是请托人应得的确定性利益，且在国家工作人员之后的履职过程中，并没有实质性侵害其自身职务行为的公正性，那这样的行为我们应当从“谋取不正当利益”的内涵范围中排除。例如，甲请托某法官为其女儿乙考录某事业单位提供帮助，送予该法官 5 万元人民币，于是法官找到该事业单位对此次录用有决定权的局长，局长查看甲女儿的成绩，发现其女儿乙符合招考所有条件，且最终成绩位于第一位，本就应当被录用，遂局长在会议上就录用乙的研究内容发表同意意见，最终乙被录用。在此案例中，请托人和法官是否构成行贿罪和受贿罪，就需要判断该谋利事项是否属于“谋取不正当利益”，这里最容易产生争议的点在于有观点认为请托人违背程序公正性向国家工作人员请求提供帮助，国家工作人员也向请托人承诺了将为其提供帮助，并实施了一些违背程序公正性的行为，如私下打招呼、查看考生成绩等，应属于“程序不正当”的情形，加之给予国家工作人员财物，应当纳入惩罚范围。但是，笔者认为在国家工作人员接受请托时，按照规定请托事项本就属于应当由请托人获得的确定性利益，已经是符合请托人希望和要求的结果，局长、法官和请托人之间的行为虽然属于一种违背正当程序的情况，但是这种行为从实质上来讲并未真正侵害职务行为的公正性，即国家工作人员并不需要实施有违其职务行为公正性的措施，因此这种情况不应纳入“谋取不正当利益”的内涵范围。这是进行实质性判断的第二个方面，与第一个方面的分析同样不可或缺。

---

① 参见孙国祥：《“加速费”、“通融费”与行贿罪的认定——以对“为谋取不正当利益”的实质解释为切入》，载《政治与法律》2017 年第 3 期。

在以上两方面的判断中,我们还应当注意一种特殊情况,即在司法活动中存在的行贿受贿情况判断。实践中,有些案件当事人送予司法工作人员财物,希望其在涉及自己的案件中按照有利于己方的情况来处理。有观点认为此类情况均属于“谋取不正当利益”,应以贿赂类犯罪论处;还有观点认为不应全认定为犯罪,要区分不同情况来判断。笔者同意前一种观点,这是司法活动本身的特殊性决定的,即司法裁判具有自由裁量空间。在司法活动中,如果案件当事人请托司法工作人员违反相关规定,使案件裁判结果有利于自己,那么这种情况从实体上来说本身就不公正,必然属于“谋取不正当利益”的内涵范围。但如果在请托时,司法工作人员对案件的认识本身就和请托人一致,或者按照请托人所希望的方向来处理并不违法,此时司法工作人员按照请托人提出的要求进行裁判是否属于“谋取不正当利益”? 笔者认为答案也是肯定的,这是由司法活动本身的自由裁量性决定的。举例来说,如果当事人认为涉及自己的案件判决不公,不断申诉无果,遂找到案件办理人,送予其钱款,希望帮助自己翻案,司法工作人员接受请托后,查看了案件材料,也认为案件确实属于错案,随后按照自身与请托人相同的认识依法处理,这是否属于“谋取不正当利益”的情形? 笔者认为此种情况也应属于“谋取不正当利益”,这是因为司法裁判具有自由裁量性,如果案件换另一名办案人办理未必是此种认识,当司法工作人员接受请托时,他就可能因为收受了贿赂而在裁量方向上倾向于对请托人有利的方向,此时我们应当将其实质性地纳入“侵害了国家工作人员职务行为公正性”的范围。也就是说,在司法活动领域,我们判断国家工作人员的行为是否影响其职务行为的公正性,应当采用更加严格的标准,即只要请托人违反正常司法程序向司法工作人员请求提供帮助,司法工作人员承诺或者实施了具体帮助行为,则无论案件本身实质上如何进行处理,都应当纳入“谋取不正当利益”的内涵范围,这是我们应当特别注意的情形。

当然,目前贿赂类犯罪保护的法益仍是一个众说纷纭的议题,未来随着社会经济的进一步发展,肯定会出现更多新型贿赂形式,而笔者所持的法益观点将可能遇到新的挑战。同时,笔者站在“职务行为公正性说”法益立场上提出的“谋取不正当利益”内涵解释和限定,也必将接受更多检验,但这也正是本文所起的抛砖引玉作用价值所在。

Redefinition of the Constitutive Elements of “Pursuing Illegitimate Benefits” in Bribery Offenses

Abstract: There have been debates in China's academic and practical communities on the definition of the constitutive requirements of “seeking improper benefits” in bribery offences, and the current viewpoints are unable to effectively solve the problems encountered in judicial practice. The prerequisite for solving this problem is to clearly define the legal interest protected by the bribery offence, i. e. the impartiality of the officialbehaviour of State officials. From this standpoint, the constitutive requirements of “seeking improper benefits” should not be deleted, but its specific connotation should be further defined to include the use of “procedural impropriety” to seek advantage. Such an understanding can reasonably resolve difficult cases in judicial practice, but it is important to avoid falling into the error of unlimited expansion of interpretation, and should at the same time provide a reasonable limitation of the connotation of the constituent element.

Key words: seeking improper benefits; legal interest; procedural impropriety; bribery offences

清华法律评论(第十一卷第二辑)
第 110 ~124 页

非法吸收公众存款罪的限缩性解释*

段　蓓**

目　次

摘　要　非法吸收公众存款罪既关注金融监管秩序中的金融准入秩序,也关注金融交易秩序,应综合考量其在纵向和横向维度上的规范目的。金融准入制度的目的在于保障金融交易秩序的良性发展,其间的关联可分化为如下两个层面的逻辑。其一,以金融准入制度为核心的"手段－目的等价型"层面,其重点在于规制和防止高风险的资本货币类运营的金融行为。其二,以金融交易制度为核心的"手段－目的离散型"层面,其重点在于保障交易信赖和交易秩序,落脚点为公众资金安全是否有被侵害

* 本文系上海市浦江人才计划项目"数字经济时代数据安全风险三元共治模式研究"(22PJC102)阶段性研究成果。

** 段蓓,上海政法学院刑事司法学院讲师,法学博士,主要研究方向:中国刑法、比较刑法。

的风险。在“手段－目的离散型”层面,判断标准为行为人是否充分、真实地发布了关键性信息,在被害人自我答责的场合应否定对犯罪的认定。此外,高回报率和高收益率不能作为入罪的判断标准。

关键词 金融准入秩序 金融交易秩序 规范保护目的 公众资金安全 自我答责

经济学实证研究表明,每年对国内生产总值(Gross Domestic Product,GDP)增长贡献了60%以上,同时贡献了70%技术创新成果的民营经济只获得了不足40%的信贷资金。[①] 这意味着在以国有银行为主导的二元金融结构下,即便市场化改革的进程不断加深,我国也依然面临一定的金融压抑。传统金融机构在解决中小微企业融资难方面进展缓慢,而通往民间资本的融资渠道又无通畅的对接之路。[②] 显然,要实现从金融抑制向金融有序发展的逐步转型,势必要将民间金融纳入国家金融体系的市场化范畴。在政府对互联网金融潜在价值予以认可的背景下,提供了直接融资方式的互联网借贷平台(peer to peer lending,P2P网贷)等非正规互联网金融蓬勃发展。然而,盛极一时的P2P网贷在风险防控的背景下,成为矛盾和问题最为集中的爆发点和增长点,也成为司法实务中非法吸收公众存款罪所重点关注和打击的对象。[③] 日渐式微的P2P网贷,不得不让人警惕日后金融创新可能面临的刑事风险以及思考应如何界分合法的民间借贷和刑事不法行为,以保持刑法的谦抑性。[④] 鉴于此,非法吸收公众存款罪一度进入刑法学界的研究视野,诸学者重点围绕如何限缩其成立范围展开了激烈的观点交锋。在2021年《刑法修正案(十一)》出台后,关于该罪的解释又再一次引发了学界的关注。梳理相关文献不难发现,尽管存在诸多理论聚讼,但由于非法吸收公众存款罪构成要件的开放性特征,学界就如何合理限定其处罚范围时至今日依然争论不休。

---

① 参见陈飞、薛飚:《民间金融的经济增长效应:最优规模与时空差异》,载《当代经济科学》2022年第4期;李世财:《民间金融监管困境与功能定位研究》,载《学习与探索》2020年第2期。

② 参见李世财:《民间金融监管困境与功能定位研究》,载《学习与探索》2020年第2期。

③ 参见李永升、胡冬阳:《P2P网络借贷的刑法规制问题研究——以去了近三年的裁判文书为研究样本》,载《政治与法律》2016年第5期。

④ 参见姜涛:《互联网金融所涉犯罪的刑事政策分析》,载《华东政法大学学报》2014年第5期。

一、实务困境与疑问

(一)事实认定与规范判断的断层

司法实务对非法吸收公众存款罪的认定主要有赖于如下两个文件:2010年通过的最高人民法院《关于审理非法集资刑事案件具体应用法律若干问题的解释》(以下简称《集资案件解释》,2022年修正)、2016年《网络借贷信息中介机构业务活动管理暂行办法》(以下简称《网贷暂行办法》)。《集资案件解释》出台后,一度成为划定非法吸收公众存款罪成立范围的标杆。该解释第1条详细规定了非法吸收公众存款罪成立的四个要件:未经有关部门依法许可或者借用合法经营的形式吸收资金;通过网络、媒体、推介会、传单、手机短信等途径向社会公开宣传;承诺在一定期限内以货币、实物、股权等方式还本付息或者给付回报;向社会公众即社会不特定对象吸收资金。这四个要件分别被认为是对非法吸收公众存款罪条文的"非法性""公开性""利益性""公众性"的注解。[①] 作为一项商事活动,金融和市场交易的"逐利性"特征决定了其必然伴随着还本付息或给付回报的交易内容,而随着民间金融逐渐脱离熟人社会,集资行为必然涉及宣传方式的公开性和宣传对象的不特定性。金融的这一特性决定了尽管学界尝试从《集资案件解释》中的"公开性""利益性"[②]"公众性"[③]内容入手限定非法吸收公众存款罪的成立范围[④],但在实务中一直收效甚微。因而该司法解释重在强调未获得机构和业务的准入性审批这一"非法性"要件。但显然,这一形式化的判断对于限缩本罪的成立范围几乎无任何助益。《网贷暂行办法》脱胎于繁荣的P2P网贷市场,其旨在规制利用互联网开展的民间融资行为。不同于《集资案件解释》,该办法并未设定相应的准入审批要件,只侧重于要求集资者履行按照约定用途使用资金的

① 参见蓝学友:《互联网环境中金融犯罪的秩序法益:从主体性法益观到主体间性法益观》,载《中国法律评论》2020年第2期。

② 参见王新:《非法吸收公众存款罪的规范适用》,载《法学》2019年第5期。

③ 参见金善达:《非法吸收公众存款罪中"不特定对象"标准之改良》,载《政治与法律》2015年第11期。

④ 参见贺卫、王鲁峰:《论非法吸收公众存款罪的"公众"的界定标准》,载《法学》2013年第11期。

义务。因而该办法的规制重点可以总结为对信息平台和借款人交易过程的义务性要求。

显然,《集资案件解释》的非法集资行为的外延要大于《网贷暂行办法》。[①] 两文件规制重点的差异使实务中对线上、线下集资行为罪与非罪的认定存在明显区别。网贷借款人为生产经营而进行的以还本付息的方式向社会不特定多数人吸收资金的行为将不会引发刑事风险,而线下未经批准的相同行为则将引发刑法的否定性评价。应当肯定,对融资用途的区分,在一定程度上有助于限缩非法吸收公众存款罪的成立范围。但其最大的疑问在于将事实认定等同于规范判断,直接导致了司法实务中性质相同的案件却因"线上""线下"的区分而导致判断结论的不同。具体而言:

首先,P2P网贷成为涉刑重灾区的主要原因是,就大多数平台而言,互联网或金融科技只是为其解决资金来源提供了一个技术平台,而平台业务的开展更多依靠的仍旧是传统的非正规金融的线下模式(传单、广告、熟人推荐等)。这意味着网贷繁荣的重要因素是原本就大量存在的民间金融业态以"互联网金融"的旗号由"地下"走到"地上"。[②] 线上融资与线下融资的区别仅在于是否利用了互联网技术,但其行为结构并不存在任何差异,因而这一事实区分本身并不能带来规范评价上的差异。

其次,集资人所融资金用于生产经营并不意味着本罪所要保护的法益必然不会受到侵害。是否构成非法吸收公众存款罪规范判断的核心在于集资人之行为是否有引发法益受到侵害的风险,但生产经营这一事实行为并不必然意味着规范意义上该罪所保护的法益风险的消失。因而,无论是对线下和线上融资作事实区分,还是以所筹资金用于生产经营直接作为该罪规范认定的结论,都是混淆了事实判断和规范判断,其结论并不可取。

最后,《刑法修正案(十一)》对本罪增加了"在提起公诉前积极退赃退赔,减少损害结果发生的,可以从轻或者减轻处罚"的规定,这似乎与《网贷暂行办法》存在抵牾,因而如何理解这一规定,又将直接影响集资类生产经营行为的处理和评价。例如,有学者认为,金融行为所存在的道德风险、逆向选择、挤兑风险与破产风险这些固有风险不因行为人将资金用于正常的生产经

① 参见邹玉祥:《非法吸收公众存款罪"司法二元标准"的问题与出路》,载《北京理工大学学报(社会科学版)》2023年第4期。

② 参见杨涛主编:《互联网金融理论与实践》,经济管理出版社2015年版,第220页。

营而消除,被吸收的资金依旧处于高风险境地。因而,在这一变化下,对于将资金用于生产经营活动的行为人不宜再免予刑事处罚。①

鉴于此,集资人所筹资金之用途作为事实认定对象,并不能天然提供划分罪与非罪之界限,只有借助规范性判断标准对该行为中所可能蕴含的法益侵害风险予以评价和把握,方能合理限定本罪的成立范围。

(二)形式判断与实质判断的断层

自《网贷暂行办法》出台后,有学者指出可将P2P网贷是否逾越信息中介的边界、具备信用中介的角色来认定其是否构成非法吸收公众存款罪。② 诚然,《网贷暂行办法》及其他相应的网络监管文件旨在纠正我国P2P网贷行业的"异化"模式,使其回归信息中介的本源以尽可能杜绝各种风险的产生,进而保障行业的健康发展。然而,网贷平台逾越监管边界成为信用中介,等同于引发成立非法吸收公众存款罪的风险,无异于是将行政违法行为等同于刑事不法行为,依然未能摆脱形式化认定罪与非罪的逻辑。

从行政监管层面来看,各类监管文件的出台使系统化的监管体系成型,P2P网贷行业的各类风险得到一定程度的缓解。然而,无论是从实践还是从理论层面来看,这些监管文件并未使P2P网贷行业中的刑事风险,尤其是涉嫌非法吸收公众存款罪的风险从根本上得以解决。一旦网贷平台的行为超越了监管法规,成为信用中介甚至形成平台资金池,如何确立从行政违法到刑事犯罪的必要过渡,从而界分非法吸收公众存款罪的成立范围并合理划定刑事处罚范围,是减少民间金融领域潜藏的刑事风险隐患,推动我国网络借贷行业健康有序发展所要解决的核心问题。换言之,既不能在认定以信用中介为模式的P2P平台违反金融法规的前提下直接形式化地作入罪处理,亦不能使刑法取代市场机制和行政监管机制成为调控金融活动的中坚力量。因而问题的突破口仍在于如何从实质意义的角度解读非法吸收公众存款罪的成立空间。

综上所述,要合理限定非法吸收公众存款罪的成立范围,应从事实判断和形式判断的泥淖中脱离出来,从规范视角对其加以审视和考量。这里要解

① 参见赵珊珊:《非法吸收公众存款罪法益新论及对司法适用的影响——结合货币银行学对〈刑法修正案(十一)〉的审读》,载《中国刑事法杂志》2021年第2期。

② 参见陈小杉:《论P2P平台非法吸收公众存款罪风险及承担》,载《时代法学》2016年第3期。

决的本质问题在于,应如何厘定前置性行政准入程序和刑事不法间的关系。行政法和刑法具有不同的宗旨和目的①,因而要求刑事责任之确定完全从属于行政责任可能导致定性上的疑问②。对此,法益和规范目的作为连接两者间的桥梁,在非法吸收公众存款罪的认定中扮演了重要角色,也获得了诸多学者的支持。

二、理论博弈与出路

就非法吸收公众存款罪扩大适用的问题而言,存在去罪化和限缩适用的分歧。持去罪化观点的学者认为,非法吸收公众存款罪作为侵害市场准入规则的类型,属于典型的对金融秩序的破坏,而将单纯的金融秩序作为刑法所保护的法益内容有悖金融法治体系构建的价值目标。③ 此外,民间借贷属于我国现行法律所允许的非正规金融活动④,有助于金融公平这一价值目标的实现。然而,尽管民间金融作为正规金融的补充能有效缓解金融抑制的困境,但在金融供需错位和金融监管缺失的情况下,民间金融存在泛高利贷化及其他乱象。这些乱象不仅成为社会资本扩大再生产的障碍,且容易形成破坏力极强的恶性链条,也极易成为引发地方社会经济和金融秩序动荡的不稳定因素。⑤ 若集资类行为无论其表现方式如何,只能通过市场或民事、行政手段进行调控的话,无疑与其所可能存在的风险以及造成的严重后果并不相当。鉴于此,在我国民间金融尚处于探索阶段之时,对非法吸收公众存款的行为作彻底的去罪化处理并不符合我国当下的社会发展现状。因而当下的着眼点依然是如何合理限缩非法吸收公众存款罪的成立范围,从而保障我国民间金融和整体经济金融的稳健发展。

---

① 参见田宏杰:《知识转型与教义坚守:行政刑法几个基本问题研究》,载《政法论坛》2018 年第 6 期。

② 参见周光权:《质疑“前置法定性、刑事法定量”的观点》,载《法治日报》2021 年 4 月 14 日,第 9 版。

③ 参见魏昌东:《中国金融刑法法益之理论辨正与定位革新》,载《法学评论》2017 年第 6 期。

④ 参见刘新民:《“非法吸收公众存款罪”去罪论——兼评〈关于审理非法集资刑事案件具体应用法律若干问题的解释〉(法释〔2010〕18 号)第一条》,载《江苏社会科学》2012 年第 3 期。

⑤ 参见李世财:《民间金融监管困境与功能定位研究》,载《学习与探索》2020 年第 2 期。

(一)金融管理秩序说及其疑问:侧重于前端吸储行为之规制

就非法吸收公众存款罪的限缩性解释而言,大体存在金融管理秩序说和公众资金安全说的理论博弈。金融管理秩序说认为,非法吸收公众存款罪所保护的法益为国家的金融管理秩序。① 然而,"金融管理秩序"这样的用语未免过于抽象,其内涵的模糊性导致难以对构成要件的解释起到指导性作用。此外更为重要的是,这一模糊性用语极有可能导致对"金融管理秩序"宽泛性的解读和指涉,若认为"金融管理秩序"是指以银行为核心的金融制度的展开,那么任何"金融脱媒"行为均有可能被认定为侵害了"金融管理秩序"。因此,将该罪所侵犯的法益定位为金融管理秩序,是一种金融机构中心主义而非金融交易中心主义的模式,这在一定程度上强化了金融垄断主义这一市场不公。② 由于该说侧重于对金融机构垄断性利益的保护,既容易助长金融垄断主义,也与金融改革的方向相背离,因而受到了理论界的批判和质疑。③ 针对这些质疑,有学者在该说基础上提出了金融风险防范说,指出吸收公众存款的行为容易引发金融风险中的挤兑风险和坏账风险,不利于保障国家的金融安全。④ 然而,民间融资大多只有在合同到期时才能够主张债权,一般不会存在相应的挤兑风险,而坏账风险则是后续资金使用不当行为所引起的。⑤ 此外,退一步而言,挤兑和坏账风险在正规金融中(如理财产品)也并不少见,因此起决定作用的似乎是交易过程中信息的透明度及真实性对交易主体信赖利益的保障。因此,金融风险防范说似乎已经将目光聚焦到了后续的资金运作环节而非吸收环节,那么连接金融风险背后的法益内容似乎也应为金融交易秩序。因此这一对单一金融管理秩序的推进也存在疑问。

(二)公众资金安全说及其疑问:侧重于后端交易行为之规制

在对金融管理秩序这一法益内容进行解构的背景下,有不少学者认为应

---

① 参见高铭暄、马克昌主编:《刑法学》(第6版),北京大学出版社、高等教育出版社2014年版,第398页。

② 参见姜涛:《非法吸收公众存款罪的限缩适用新路径:以欺诈和高风险为标准》,载《政治与法律》2013年第8期。

③ 参见劳东燕:《金融诈骗罪保护法益的重构与运用》,载《中国刑事法杂志》2021年第4期;蓝学友:《互联网环境中金融犯罪的秩序法益:从主体性法益观到主体间性法益观》,载《中国法律评论》2020年第2期。

④ 参见胡宗金:《非法吸收公众存款罪的规范目的与规制范围》,载《法学家》2021年第6期。

⑤ 参见邹玉祥:《非法吸收公众存款罪"司法二元标准"的问题与出路》,载《北京理工大学学报(社会科学版)》2023年第4期。

将非法吸收公众存款罪的法益重构为“公众资金安全”。从政策角度来看，国家金融体系之所以建立在以银行为核心的基础之上，是因为银行背后的国家信用足以保障公众的资金安全。与之相反，民间金融缺乏相应的信用机制，恰恰是其融资结构和运行体系较为脆弱和不稳定的原因。正如实践中所表征的，早先温州民间融资市场建立在特定信赖关系的熟人社会之上，这一“熟人市场”一方面吸纳、招揽散落民间的闲置资金，另一方面投资给需要资金的商人。然而，随着融资市场由“熟人市场”向“陌生人市场”转变（如 P2P 网贷），这种融资信用便无法靠人与人之间的特定关系予以维系，而同正规金融一样有赖于信息的透明度和资金运行的稳定性。然而，在相应监管机制并不成熟的当下，没有国家信用背书的民间借贷市场在运作中本身就存在较大的信任危机，而流入其中的公众资金也必然面临更高的风险。

鉴于此，公众资金安全说逐渐获得了学界的青睐。从法益角度来看，该说建立在金融犯罪中金融秩序法益观和金融利益法益观的博弈之上。金融利益法益观认为，金融犯罪是通过调整市场秩序进而实现对市场参与者利益的保护。① 具体到非法吸收公众存款罪而言，其所保护的市场参与者利益则为公众资金安全。② 对该说的质疑主要有二：其一，将资金安全作为非法吸收公众存款罪的保护法益，忽视了金融管理秩序（商业银行货币专营权）存在的必要性③，容易导致“扰乱金融秩序”要件被虚置。其二，资金安全和《刑法》分则第五章侵犯财产罪中的诈骗罪、侵占罪或盗窃罪的保护目的具有一致性，那么完全可以将其划归到财产犯罪中予以保护，而无单独设立非法吸收公众存款罪的必要。④

然而，上述质疑并非不存在疑问。就第一点质疑而言，未经批准不得从事吸收公众存款等商业银行业务并不意味着民间借贷一概被否定，否则不可能再探讨合法借贷和非法吸收公众存款罪之间的关系。此外，该观点忽视了金融管理秩序其他层面的内涵，也忽视了金融秩序和金融利益间的联系。公

---

① 参见郝艳兵：《互联网金融时代下的金融风险及其刑事规制——以非法吸收公众存款罪为分析重点》，载《当代法学》2018 年第 3 期。

② 参见金霞：《安全法益维度下非法吸收公众存款罪分析》，载《犯罪研究》2012 年第 1 期。

③ 参见赵珊珊：《非法吸收公众存款罪法益新论及对司法适用的影响——结合货币银行学对〈刑法修正案（十一）〉的审读》，载《中国刑事法杂志》2021 年第 2 期。

④ 参见蓝学友：《互联网环境中金融犯罪的秩序法益：从主体性法益观到主体间性法益观》，载《中国法律评论》第 2020 年第 2 期。

众资金安全所代表的金融信用利益及融资安全本就与金融秩序息息相关。市场主体间的交易信用内含于金融监管秩序中,而出资人的融资安全更是有赖于有效的监管秩序。因而该观点割裂了公众资金安全和金融管理秩序间的内在逻辑关系,公众资金安全本就代表着对金融管理秩序的维护。就第二点质疑而言,其只看到了“公众资金安全”中“资金安全”的面向,而未看到“公众”这一面向。就吸收公众存款行为而言,是信息磋商引发的资金往来过程,因而确实可能涉及诈骗、侵占等情形,这是由资金作为财产的天然属性所决定的。然而,公众资金安全本身并不完全等同于个体性的资金安全,其不仅关涉个体财产的得失,其公众性的一面还关涉民间金融市场的稳定性甚至整个社会金融的良性发展,这是财产犯罪所不可能触及的法益领域。因此,公众资金安全说并非与金融秩序相割裂的存在,其将公众资金安全作为非法吸收公众存款罪保护法益的同时,更是要通过“公众性”这一面向将目光放在金融秩序和金融良性发展之上。

公众资金安全说看到了非法吸收公众存款罪所关注的金融交易秩序面向,这是该说应当予以肯定的地方,其真正的局限性在于对本罪法益内容的界定并不周延。具体而言,该说的内部逻辑有二:其一,当金融交易秩序被侵害,如集资人存在欺诈、隐瞒重要事实等情况时,公众资金安全确实在较大程度上有受到侵害的可能,且现实中往往表现为集资方难以归还资金而案发①;其二,当金融交易秩序得到保障,如集资人并不存在欺诈等情形,只是因正常的市场风险而导致出资人利益无法得到保障时,公众资金安全所面临的风险是一般性的市场风险,因此行为人不成立本罪。但对该逻辑细加推敲可发现其中疑问:当集资人不存在欺诈、隐瞒重要事实等情况,出资人利益也确实得到保障时,是否就必然意味着该行为不会有侵害金融管理秩序的可能?笔者对此持否定意见,该说只关注对金融交易秩序维护这一集资行为的后端,而忽视了前段吸储行为中可能存在的风险。这一点将在下文具体分析。

(三)金融管理秩序的拆解:纵向监管+横向交易

金融管理秩序作为类罪名的法益保护内容,具有抽象性和笼统性,因而需结合破坏金融管理秩序罪项下各具体罪名的构成要件确定相应的个罪法

---

① 参见涂龙科:《P2P网贷与金融刑法危机及其应对》,载《湖南师范大学社会科学学报》2016年第1期。

益内容。非法吸收公众存款罪作为典型的行政犯,其违反的前置性法规除金融监管制度中的准入秩序外,还包括相应金融监管制度中的交易秩序。国家设立金融准入门槛意在规避后续可能发生的金融交易风险,因而金融准入制度并非金融管制之目的,而是保障金融市场良性交易秩序和市场稳健发展的手段。

我们可以从这一手段和目的中分化出两个层面的逻辑:其一,“手段 - 目的等价型”层面,这一层面所规制和防范的是一种抽象意义上的危险。金融准入制度和金融交易制度在这一层面的表现在于规制和防止具有高风险的金融行为。严格规制某一类金融交易行为的原因在于,其运作本身对于金融市场的稳定具有极大的影响,因而需进行严格的资质审查和设立相应的准入门槛,同时其后续的运作也需在严格的监管下开展,如货币、资本类经营(贷款、股票、基金经营等)。从体系性解释的角度来看,《刑法》在第 176 条设置了非法吸收公众存款罪,在第 174 条设置了擅自设立金融机构罪,在第 175 条设置了高利转贷罪,在第 177 条设置了伪造、变造金融票证罪,可以发现其间的关联都在于禁止从事金融业务活动①,维护金融市场秩序并防范金融风险的发生。这意味着未经允许从事货币、资本类经营的行为在违反金融准入秩序的同时,在极大程度上也已经蕴含了对金融市场的抽象性危险。进一步而言,也正是这一抽象危险连接了前置性行政准入程序和刑法所保护的法益内容。

其二,“手段 - 目的离散型”层面。金融准入制度的着眼点在于资金吸储行为,但这并不意味着资金吸储后必然进行货币、资本类经营等对于金融市场具有高风险的行为。在该类情形中,金融监管中的准入制度和交易制度出现一定程度的离散。准入制度在这一层面上难以再发挥稳定金融秩序的作用,而需金融交易制度对后续的市场交易行为予以规制。具体而言,因前置性融资行为具有公众性特征,若缺乏相应的监管和规制,当交易信赖无法被保障时将可能出现大规模交易秩序的紊乱,侵害公众资金安全的同时也极有可能引发市场混乱和金融风险。因此,若集资人所从事的并非货币、资本类经营的行为,则其对金融准入制度的违背并不必然和金融市场的稳定相关联,此时应将判断重心落在公众资金安全是否有被侵害的可能之上。因此,

① 参见张明楷:《刑法学》(下册),法律出版社 2021 年版,第 1000 页。

在这一层面上,公众资金安全通过对交易秩序的维护架接了前置性行政准入程序和刑事不法间的桥梁。

据此,非法吸收公众存款罪既关注金融监管秩序中的准入秩序,也关注金融交易秩序,因而综合了纵向和横向维度上的规范目的。从纵向维度上看,其关涉市场交易主体和监管方之间的关系,代表对金融监管中准入制度的保障。从横向维度上看,其涉及市场平等交易主体间的关系,代表对金融监管中交易秩序的维护。就前者而言,当集资人脱离金融监管秩序的轨道,从事高风险的资本运作时,无论其是否将风险明示和告知出资人,该行为由于运作过程中的博弈属性而带来的高风险性本身就将对金融市场的稳定产生极大风险,因而应作入罪化处理。就后者而言,民间融资作为一种市场主体间的交易行为,出资人的资金安全有赖于决策信息的真实和透明,而交易信息的真实、公开、透明也是交易秩序得以保障的重要因素。反之,若金融交易秩序被破坏,最直观的表现便是公众资金安全有被侵害的风险。简言之,应将金融管理秩序这一抽象性法益在非法吸收公众存款罪中拆解为两个层面的内容:金融准入秩序和金融交易秩序。前者旨在限制货币、资本经营行为的准入从而规避后续金融经济风险;后者旨在通过对非货币、资本经营的交易行为进行规制,从而防范市场信赖危机进而规避金融经济风险。

三、非法吸收公众存款罪司法认定路径之建构

如前所述,非法吸收公众存款罪旨在通过对金融准入秩序和金融交易秩序的维护防范金融风险的产生和现实化,实现金融市场稳定有序发展的状态。不难看出,引发金融市场风险的并非资金吸纳行为,而是后续的资金使用情况。因而,在司法实务中,将判断焦点和重心聚焦于后续资金使用情况是否会引发金融风险之上,具有合理性。但这并非以事实判断取代规范判断,而是用规范标准对后续交易行为之风险进行判断进而确定罪与非罪之界分。以上述对非法吸收公众存款罪法益内容和规范目的的阐释为基础,我们可以构建如下“两步走”的司法判断逻辑,从而为司法实践对该罪的把握提供尽可能清晰的判断方案:其一,在金融控制手段与目的一致性的场合,罪与非罪的界分标准为集资方之融资目的。若集资人后续的资金使用情况表明其

融资目的为从事货币资本类运营，由于该行为本身已蕴含了较高的风险，因而无论其信息发布是否真实、出资人是否受益，都不影响其成立该罪。其二，金融控制手段与目的离散型的场合，判断核心为金融交易秩序是否有受到侵害的危险，具体判断落脚点为公众资金安全是否有受到侵害的危险。由于融资目的的认定较为容易，因而判断和考量的重心及下文的讨论重点皆在于对后者认定路径的建构。

（一）关键信息披露义务：充分性和真实性之考量

融资借贷的本质是基于信息磋商、交流而发生资金往来的过程。这一过程可以被描述为如下流程：融资方发布融资信息——金融中介机构接收并发布信息（若存在）——出资人知悉相应信息并作出决策——交易达成。对于能否促成相应的融资而言，最为重要的因素在于出资人所了解、掌握的对于决定出资与否的关键信息是否与融资方所发布的信息具有一致性。

在将非法吸收公众存款罪第二层面的规范目的界定为公众资金安全的基础上，无论是P2P网贷平台，还是线下从事金融中介的机构，其所要发挥的关键职能在于解决融资方和出资人之间的信息不对称问题，消弭出资人一方的信息缺失。这也是所有金融中介机构和集资人需要尽到的首要义务——保证所披露信息的充分性和真实性。当出资方对于集资方经济状态等有着正确的认知，可以评估出资风险时，就能够较为理性地作出是否要进行交易的选择。① 因此，信息的充分性和真实性是出资人决定出资的重要判断依据，其所征表的法益内容是市场信赖利益和交易秩序。当集资人所披露的信息不具有充分性和真实性时，则该行为有侵犯公众资金安全的可能，此时不仅信赖利益被侵害，市场交易秩序也必然遭到侵害。

然而，应当指出的是，信息的充分性和真实性并不意味着只要集资方所披露的信息存在虚假，就必然侵犯市场信赖利益，应当将非法吸收公众存款罪中的信息披露义务定位为"关键性"信息披露义务。只要集资方充分、真实地披露了融资交易中的"关键性"信息，就应当认为出资方所需的决策性信息达到了满足，市场交易信赖和交易秩序也并未被侵害。

综上所述，若集资人后续资金使用情况表明其融资目的在于从事正常的

① 参见姜涛：《非法吸收公众存款罪的限缩适用新路径：以欺诈和高风险为标准》，载《政治与法律》2013年第8期。

生产经营,则需进一步判断其是否有扰乱金融秩序的风险,判断重心在于集资方是否充分、真实地披露了对交易成立与否具有关键性作用的信息。

(二)入罪限制:被害人自我答责

若集资方所披露的关键性信息,就一般投资人而言未达到充分、真实的程度,但对于有着丰富投资经验和极强风险抵御能力的投资人来说,当其凭借专业知识和经验完全可以判断某一交易的风险性而依然选择“铤而走险”时,则应当认为是被害人自我答责的情形,需将这一部分从非法吸收公众存款罪的成立范围中予以剔除。正如有学者所指出的,在吴英案中,出资人大多是追求400% 的高额利润、拥有专业经验、具有锐利眼光的金融业人员,法律为这类群体提供的特殊保护也应当适当削弱,这也是本案所考虑的重要因素之一。① 该学者是从非法吸收公众存款所针对的“不特定主体”入手所进行的考量,但其本质所反映的是在这种情况下,由于被害人完整的自我答责性,故不能认为交易中的信赖利益在规范意义上被破坏。因此,在被害人有充分答责能力的前提下,就不得再以资金安全受到侵害为由要求法律予以保护。此时交易双方的信息在规范意义上是“对称”而非不相称的。

因此,非法吸收公众存款罪在保护金融交易秩序层面所打击的是利用信息不对称或出资者的无经验套取利益的行为,而非具有正常商业经营风险的融资借贷行为。

(三)高收益率和高回报率不能作为判断入罪与否的关键

有学者指出,当集资方以超过企业利润率的高额回报吸纳资金时,公众资金安全将明显得不到保障,因而应当认定其构成非法吸收公众存款罪。② 诚然,平台所发布的高收益率和高回报率从形式上来看完全具有诱惑投资者进行投资的可能,毕竟大多数的投资者在进行理财或是投资之时,最先关注的便是收益率。然而,基于理性经济人的假设,在面对远超出银行同比利息的情况下,有理由认为投资人会在收益和回报率之外关注集资方的资金运作模式及其他说明,进而衡量资金安全是否有受到侵害之风险。因而,从规范意义上来看,高收益率和高回报率只是集资方的“噱头”,而非与公众资金安

---

① 参见金善达:《非法吸收公众存款罪中“不特定对象”标准之改良》,载《政治与法律》2015年第11期。

② 参见姜涛:《非法吸收公众存款罪的限缩适用新路径:以欺诈和高风险为标准》,载《政治与法律》2013年第8期。

全必然相关的关键性信息,因而并不符合非法吸收公众存款罪的本质特征。

综上所述,在规制金融秩序的“手段 - 目的离散型”场合中,“公众资金安全”是否有受到侵害危险的判断核心在于集资方是否尽到了充分、真实地披露关键信息的义务。但在被害人明知集资方所披露的信息存在问题,为获取高回报而选择达成交易时,则因规范意义上的信赖利益和交易秩序未被破坏,此时交易风险应由被害人自我答责。

四、结论

对非法吸收公众存款罪的判断应摒弃事实判断和形式判断的思维方式,而应转向规范判断和实质考量。

传统的金融管理秩序说强调单一的金融准入制度而忽视了金融交易秩序,不仅可能助长金融垄断,也可能不当扩大非法吸收公众存款罪的成立范围。公众资金安全说只看到了横向维度上交易主体间的信赖利益和交易秩序,但忽视了纵向维度上金融准入制度所欲规避的资本经营类的高风险行为。

非法吸收公众存款罪既关注金融监管中的准入秩序,也关注金融交易秩序,因而应综合考量该罪在纵向和横向维度上的规范目的。设立金融准入门槛意在规避后续可能发生的金融风险,因而金融准入制度并非金融管制之目的,而是保障金融交易秩序和市场稳健发展的手段。从这一手段和目的中可分化出两个层面的逻辑:其一,以金融准入制度为核心的“手段 - 目的等价型”层面,其重点在于规制和防止具有高风险的资本货币类运营的金融行为。其二,以金融交易制度为核心的“手段 - 目的离散型”层面,其重点在于保障交易信赖和交易秩序,落脚点为公众资金安全是否有被侵害的风险。

公众资金安全是否有被侵害的风险可作如下三方面的判断:(1)集资人是否充分、真实地发布了对交易达成与否具有关键性作用之信息。(2)被害人自我答责之考量。尽管集资人并未充分、真实地发布关键性信息,但被害人能够知悉其中风险仍进行交易的,则交易风险应由被害人自我答责。原因在于从规范意义的角度来看,市场交易秩序在该场合并未被侵犯,因此该部分交易也需要从犯罪认定中予以排除。(3)高收益和高回报率不能作为入罪与否的判定依据。

Restrictive interpretation of the offence of unlawful taking of public deposits

Abstracts: Illegal collection of personal savings deposits not only focuses on the financial access order in the financial supervision order, but also on the financial transaction order. Therefore, the vertical and horizontal dimensions of the normative purpose should be comprehensively considered. The purpose of the financial access system is to ensure the sound development of the financial transaction order, and the relationship between them can be divided into the following two levels of logic. On one hand, the "means-end equivalence" level with the financial access system as the core, and its focus is to regulate and prevent the financial behavior of high-risk capital and monetary operations. On the other hand, the "means-end discrete" level with the financial transaction system as the core, and its focus is to ensure the transaction trust and transaction order, and the foothold is whether the public fund security is at risk of being infringed. In the "means-end discrete" level, the judgment standard is whether the actor fully and truly releases the key information, and the identification of the crime should be denied in the case of the victim's self-responsibility. In addition, the high rate of return and high rate of return can not be used as the judgment standard for the crime.

Key words: financial access order; financial transaction order; purpose of normative protection; security of public funds; self-responsibility

清华法律评论(第十一卷第二辑)
第125～140页

一种新型环境伦理观的构建
——从国际环境法的视角*

孙世民**

目　　次

摘　要　在人类中心主义的环境伦理观的错误指引下,全球环境问题愈演愈烈。应当在摒弃人类中心主义的环境伦理观的同时,构建一种新型的环境伦理观。这是一种以可持续发展为中心的新型的环境伦理观,其尊重环境的独立价值和内在价值,倡导人与自然和谐共处,对于实

---

* 基金项目:司法部2021年度法治建设与法学理论研究课题"我国涉外商事审判在全球经济治理中的作用路径及完善策略研究"(21SFB3023)阶段性成果。

** 孙世民,法学博士,最高人民法院司法案例研究院助理研究员,研究方向:国际环境法、司法案例学。

现人类社会的可持续发展具有重要的意义和价值。这种新型的环境伦理观在全世界范围内的形成和发展离不开国际环境法的推动和保障,且需要国际环境立法从实施机制和责任制度等方面提供具有拘束力的规范。

关键词 人类中心主义 新型环境伦理观 国际环境法

当今世界,一个人可以是富裕的,但不一定是幸福的。① 随着全球经济的发展,人们日益关注自身生存环境的问题。日益严峻的全球环境问题与人类错误地理解和利用自身与环境之间的关系密不可分,这证明当前人类社会已有的发展方式是不可持续的。全球环境问题的愈演愈烈,极大程度上是源于当前错误的人类中心主义的环境伦理观所引发的人类与环境之间伦理关系的严重失衡。国际环境法是调整人类利用环境行为的法律规范,②其目的是推动人类社会的可持续发展。因此,从国际环境法的视角去检视这种环境伦理观乃至构建一种新型的环境伦理观显得极为必要。

一、失衡:全球环境问题愈演愈烈

随着全球环境污染与环境破坏问题越发严重,全球环境状况日益恶化,全球环境问题已然对人类社会的可持续发展构成了严重的威胁。环境问题已经成为当今国际社会共同面临的重大问题之一。然而,环境问题的实质是人的问题。环境问题自始至终都与人类的活动密切相关,是人类不合理利用环境所造成的问题,而不是环境本身存在的问题。正因如此,环境问题的最终解决离不开人类的努力。与"和平、发展"一样,"环境保护"已经成为当今世界的新主题,③受到了国际社会的广泛关注。在 1972 年的《联合国人类环境大会宣言》中的第 1 条就规定:"人类有权在一种能够过着尊严和福利的生活环境中,享有自由、平等和充足的生活条件的基本权利,并且负有保护和改善这一代和将来世世代代的环境的庄严责任。"

---

① 参见林灿铃、杜彩云:《环境伦理之于国际环境立法》,《比较法研究》2019 年第 6 期。

② See Mary Ellen O'connell, *The Power & Purpose of International Law*, Oxford University Press, 2011, p. 33.

③ 参见林灿铃、吴汶燕主编:《国际环境法》,科学出版社 2018 年版,"序"第 1 页。

然而，当前主要体现为环境污染以及环境破坏的种种全球环境问题的存在，如跨界大气污染、全球气候变化、生物多样性锐减、森林资源破坏、土地荒漠化、海洋油污污染、乏燃料管理漏洞、极地环境污染以及由各种形式的武装冲突所导致的严重的环境破坏与污染等现象却愈演愈烈，已经成为严重的全球性的问题。这些全球性环境问题的出现，是人类不合理利用环境所产生的结果，并且严重阻碍了人类社会的可持续发展。这些现实足以表明，人类并没有完全享受到1972年的《联合国人类环境大会宣言》所规定的、应有的、基本的在有尊严的环境中生存的权利，也没有承担造成环境破坏和污染所致的全部责任，关于全球环境治理的国际法仍然在不断的发展与变化中，这从国际环境法的产生与发展中可见一斑。

简言之，建立在对资源野蛮掠夺、破坏自然生态基础上的传统发展模式已经招致了灾难性后果。环境危机不仅是人类不正确地利用人与环境关系的恶果，更是人类社会所面临的严峻的环境问题。应当准确和深入地分析全球环境危机产生的各方面的原因，其中就包括对人类中心主义的环境伦理观的检视。不仅如此，在检视的各方面的原因中，从指导人类如何正确认识和利用人类与环境之间存在的客观关系的环境伦理学的角度去思考就具有十分重要的意义和价值。这是因为，环境伦理学不仅可以解释约束着人类对自然所实施的具体行为的道德规范以及由这种道德规范所产生的道德责任的主体和形式，①还可以作为推动全球环境保护的立法观念，通过国际或者国内的环境立法活动最终成为一种保护和保全全球环境的现实力量，最终实现人类社会的可持续发展。换言之，环境立法应当有助于实现人类社会的可持续发展，②而通过反思全球环境问题中人类中心主义的环境伦理观存在的种种问题，则可以为推动实现人类社会的可持续发展的国际环境立法提供理论和实践等两个层次上的支持。

---

① 参见[美]戴斯·贾丁斯：《环境伦理学》，林官明、杨爱民译，北京大学出版社2002年版，第12页。

② See Gelia Campbell Mohn, Barry Breen, J. William Frtrell, *Sustainable Environmental Law*, West Publishing co., 1993, p. 30.

二、反思:环境危机下人类中心主义之殇

环境危机真的是环境问题吗?答案是否定的。正如林灿铃教授在其《国际环境法》(修订版)这本专著中早已论及的那样:"环境问题的说法乃是种逆说,其实质是这(人类存续本身)的问题而不是那(环境)的问题。"①由此可见,人类社会所面对的绝大部分的所谓的"环境问题",无论是气候变化、海洋环境污染,还是跨界大气污染、生物多样性破坏,其本身都是由于人类不科学、不正确地利用人与环境之间的客观伦理关系而产生的。而从环境伦理学的角度来分析,这些所谓的"环境问题"产生的重要原因就是人类中心主义的环境伦理观的消极影响,而人类中心主义的甚嚣尘上与生物学中的进化论的提出有着密不可分的联系。人类正是在这个存在谬误的理论的指导之下,开始了对自然疯狂的掠夺和对环境严重的破坏。

(一)被进化论助推的人类中心主义

在西方哲学中,人类中心主义是一种"以人为本"的哲学思想,其认为人不仅是道德关系的唯一主体,也是道德关怀的唯一对象,不需要将自然纳入道德的关怀范围中。② 而作为环境伦理学中具有代表性的理论之一,人类中心主义的环境伦理观是伴随人类文明的进程以及工业革命的进步而不断发展和演变的。历史上,人类中心主义的概念主要经历过人是宇宙的中心、人是万物的尺度以及根据人类的价值去解释或者认识世界等三个阶段。③ 在不断的发展和演变的过程中,人类中心主义从早期的萌芽到不断的演化经历了多个思想形态,出现了多个流派。人类中心主义从神学走进科学,走进哲学、认识论和伦理论,形成传统哲学人类中心主义、近现代人类中心主义,其中在传统哲学人类中心主义一派中涌现修正、重构人类中心主义派别。④

直到今天,仍然在发挥着不良影响和消极作用的人类中心主义的环境伦

---

① 林灿铃:《国际环境法》(修订版),人民出版社2011年版,第14页。

② 参见秦红霞:《非人类中心主义环境伦理下的动物保护思想梳理分析》,载《野生动物学报》2020年第1期。

③ 参见裴广川主编:《环境伦理学》,高等教育出版社2002年版,第34页。

④ 参见李文蓓:《生态文明中的人类中心主义发展概述》,载《吉林省教育学院学报》2020年第1期。

理观结合了传统的生态学的知识并发展了传统的人类中心论，并继续将人类自身的利益作为环境伦理研究的出发点。今天的人类中心主义的环境伦理观在承认人类的生存和发展离不开环境稳态运行、人类应当将自己的道德关怀扩展到自然环境的基础之上，将环境作为相对于人类这样一个主体的客体，并且认为离开了人类这个主体，环境这个客体就失去了其本身的意义和价值，因此实现人类这个主体的利益才是环境这个客体存在的原因和目的。[①]简言之，今天的人类中心主义虽然提出应当保护环境，但是仍坚持环境的附属性，其目的仍是人类本身的利益。今天的人类中心主义并不认可环境与人类一样享有的主体地位，同样也不承认环境的独立价值和内在价值。

不仅如此，今天的人类中心主义的发展和普及还离不开查尔斯·罗伯特·达尔文(Charles Robert Darwin)所提出的生物学中的进化论的助推。众所周知，达尔文首次在其巨著《物种起源》中详细论述了进化论。在该部巨著中，进化论主要是关于自然界中生物的万物共祖、遗传变异、生存斗争以及自然选择即适者生存等关于生物演化现象的自然科学理论。[②] 进化论的提出，颠覆了基督教关于上帝创造生命的观点，基督教阵营甚至给进化论扣上了"亵渎圣灵""触犯君权神授天理""有失人类尊严"等帽子。[③] 但不可否认的是，在达尔文所处的时代，进化论的提出打破了基督教对人类传统思想的束缚，有助于人类抛弃宗教迷信，对于科学地认识和利用人与自然之间的客观关系以及人类主观思想的解放和认识的开拓具有重要的意义和价值。

后来，原本发源于生物学中的进化论被英国哲学家赫伯特·斯宾塞(Herbert Spencer)引入了社会领域，并被誉为"社会达尔文主义"。斯宾塞将进化论中的生存竞争、自然选择等结论移植到社会学理论之中，认为无论是生物进化还是社会进化，都是优胜劣汰、适者生存的。斯宾塞将源于生物学的进化论引入对社会现象的研究和分析中，对于人类社会摆脱宗教蒙昧、积极掌握和利用自然规律以实现人类社会的发展与进步产生了重大的推动作用。在此基础上，人类中心主义的观点得到了发展和强调，这具体表现在人类盲目地认为，自己是经过大自然选择的最具智慧的物种，经过了不同物种

---

① 参见裴广川主编：《环境伦理学》，高等教育出版社2002年版，第35页。

② 参见[英]达尔文：《物种起源》，舒德干等译，北京大学出版社2005年版，"绪论"第2～3页。

③ 参见郭建崴：《〈物种起源〉问世之后——达尔文的应辩》，载《化石》2019年第3期。

之间的竞争,人类是可以掌握自然规律,甚至改变生态环境发展与演变的规律,同时自己对环境的利用是符合大自然的客观规律的,并且这种利用的程度是无限的。人类可以按照自己的意愿去改造自然,让那些不符合人类利益的、影响人类生存的环境消失也是可以的。这些就是人类中心主义的环境伦理观在进化论的影响之下所表现的具体内容。

但应当注意的是,进化论并不是完美无瑕的,进化论也存在谬误之处。这主要体现在进化论不仅误导了整个生物学、心理学、伦理学和哲学等许多领域,还误导了人类文明的发展和进步。进化论给人类文明造成的潜在的祸害是触目惊心的:它让人们把宗教和道德善恶视为欺骗、败坏精神寄托和道德制约;它告诉人们弱肉强食,适者生存,在竞争中采取各种手段发展自己;让人们相信反传统、反潮流的畸变可能出现更进化的、更好的结果;它让人相信人是动物的后裔,让人相信人的本性源于动物;西方心理学进一步发展认为:人的欲望是人最本质的属性,甚至是进化出来的最好的本性,为物欲横流和伦理败坏从科学上解除了约束,这种宣传已经充斥了社会的方方面面。种种这类败坏的因素渗透进现代常人社会的一切,潜在地推动了人类道德的滑坡。①

进化论所存在的这些谬误不仅误导了生物学的发展,忽视了保护生物多样性的意义和价值,忽视了各个物种之间休戚与共、相互依存的关系,甚至还导致了人类文明的发展进入错误的时期,这具体体现在进化论为人类不择手段获取各种利益提供了理由,并为肆意开发自然资源、严重污染环境的行为提供了冠冕堂皇的借口。更为严重的是,进化论中所体现的弱肉强食的丛林法则将人性中的善念认为是毫无价值的束缚,国际社会也是奉行这种"丛林法则"的场所。这就为现实中发达国家向欠发达国家强行灌输自己的价值观提供了借口,造成了国际道德和国际法律在维护国际和平与发展中的重要地位被漠视以及良法和善治在人类社会永续进步中的重要作用被抹杀。

正因如此,认清进化论所存在的这些谬误具有重要的意义和价值;一方面,有利于打破传统的思维定式和惯性思维对人们思想的禁锢和束缚,便于结合时代的发展和需要以更好地理解进化论的现实意义。进化论并不是放之四海而皆准的金科玉律,作为最早产生了生物学研究的一种理论,其具有

---

① 参见林灿铃:《国际环境立法的伦理基础》,中国政法大学出版社2019年版,第36页。

进步之处的同时也存在严重的缺陷。而在当前国际社会的背景之下，应当更加关注的是在其影响之下所产生的人与自然之间的伦理关系的失衡，这样才能更好地尊重人与环境之间的客观的伦理关系。另一方面，有助于认清被进化论助推的人类中心主义所产生的消极影响。正如前文所述，当前人类中心主义的环境伦理观甚嚣尘上的原因之一就是进化论的鼓吹，而认清进化论中所存在的谬误之处可以直面进化论无论是对人类社会还是对自然环境造成的严重的不良影响乃至实际损害，显然这些内容对于认清在人类中心主义的错误指导之下，人类的行为对自然环境以及人类本身造成的严重的损害后果具有重要的指向意义。

（二）人类中心主义产生的消极影响

虽然人类中心主义的环境伦理观已经承认人类保护环境的重要性以及人类主体将道德关怀施于自然客体的必要性，而且其在指导人类控制环境污染、拯救濒危物种、维护生态平衡等方面发挥了一定的作用，[①]但是由于进化论本身所存在的种种谬误，受到具有这些谬误的进化论助推的人类中心主义也难以避免地产生缺陷和不足之处。这就表明，人类中心主义的环境伦理观也存在消极影响，而只有认清了人类中心主义所存在的消极影响，才能构建出符合时代需求的新型的环境伦理观。人类中心主义所产生的消极影响主要体现在如下两个方面。

一方面，从理论上分析，人类中心主义以追求人类本身的利益为要务，不仅不承认环境的内在价值和独立地位，甚至还将人的价值凌驾于环境的价值之上。[②] 人类中心主义错误地理解人与自然、人与生态之间的伦理关系，对人类社会的长远发展造成了严重的威胁和阻碍。这主要是因为，人类中心主义将人类作为唯一的主体，而环境仅仅是依附于人类而存在的并不重要的客体，人类中心主义将人类的利益作为认识环境价值的出发点和唯一的依据，人类之所以要保护环境就是因为环境对于人类的生存和发展具有意义和价值。[③] 这种人类中心主义的环境伦理观过分夸大了人类的主观能动性和认识自然、改造环境的能力，忽略了环境本身具有的意义和独立的价值，为人类肆

---

① 参见裴广川主编：《环境伦理学》，高等教育出版社2002年版，第35页。

② 参见孙世民：《从人类中心主义到超越的环境伦理观：论战争罪的完善——以〈国际刑事法院罗马规约〉第8(2)(b)(iv)条为视角》，载《西部法学评论》2019年第4期。

③ 参见裴广川主编：《环境伦理学》，高等教育出版社2002年版，第34~38页。

意破坏和污染环境提供了理论上的错误指导。

另一方面,从实际中观察,在人类中心主义的错误指导之下,人类开始对自然环境大规模地开发和利用,并在这一过程中坚持人类具有强大的主观能动性,能够肆意对自然环境进行开发和利用,结果造成了当前人类社会严重的全球性环境污染和破坏。不仅如此,在被存在诸多谬误的进化论助推的人类中心主义的怂恿和蛊惑下,人类过分地估计了自己在地球上的地位和作用,盲目地寻求不可持久的工业经济的发展,对地球的资源和环境造成严重的污染和破坏。这种由人类中心主义所造成的人类与环境之间的伦理关系失衡的事例比比皆是。例如,日益严重的全球气候变化问题产生的主要原因之一就是发达国家在工业革命时期大量排放温室气体,造成了人类与大气环境之间的伦理关系的失衡,正因如此,在全球气候治理的过程中,发达国家应当继续带头,努力实现全经济绝对减排目标。①

但是,“亡羊补牢,为时未晚”,在准确掌握和理解人类中心主义的环境伦理观所存在的种种问题和不足的基础之上,重新梳理人与人、人与社会、人与自然之间的客观的伦理关系,提出符合当前社会发展需要的环境伦理观,并在此基础之上通过国际社会的共同努力去践行和保障这种伦理关系不被破坏,人类社会就可以实现长期、持续、稳定的进步和发展。为此,就需要构建一种新型的体现人类与环境和谐共存内在思想的环境伦理观。这种新型的环境伦理观体现的是从“保存”到“保护”的变化。前者是为了人类而保护环境,后者则是为了保护环境。② 其不仅可以替代人类中心主义的环境伦理,改正其中的局限和不足之处,还对于指导人类处理自身与自然环境之间的客观伦理关系、实现人类社会的可持续发展具有重要的意义和价值。

三、体悟:新型环境伦理观实现共同责任

由于生物学进化论存在谬误之处,受其助推的人类中心主义的环境伦理

---

① 《巴黎协定》第4条第4款规定:“发达国家缔约方应继续带头,努力实现全经济绝对减排目标。发展中国家缔约方应当继续加强它们的减缓努力,应鼓励它们根据不同的国情,逐渐实现全经济绝对减排或限排目标。”

② See Passmore, John, *Man's Responsibility for Nature: Ecological Problems and Western Traditions*, Duckworth Press, 1980, p. 73.

观不仅存在理论方面的不足和缺陷,而且在现实中造成了一系列的严重的环境危机。因此重构一种可以替代人类中心主义的新型的环境伦理观就显得十分必要。这种新型的环境伦理观应当正确地反映人与环境之间的客观的伦理关系,并在此基础之上对人类认识自然、改造自然的行为提供科学的指导和方向,这样的环境伦理观才是人类社会发展现实所需要的新型的环境伦理观。

(一)新型的环境伦理观

自从关于环境价值的讨论出现在环境伦理学中,一种新型的环境伦理观就指的是一种摒弃了人类中心主义思想的环境伦理观。① 人类中心主义的环境伦理观所倡导的人与环境之间的伦理关系是被这种新型的环境伦理观所批判和否定的。这主要体现在这种新型的环境伦理观不是将环境作为人类的附庸,也不承认环境相对于作为主体的人类具有客体的地位,而是肯定环境的内在价值和独立地位,并且在此基础之上积极寻找包括环境法治在内的实现途径。作为一种思想的力量,这种环境伦理观在正确认清人与环境之间的客观伦理关系的同时,有助于人类社会通过种种方式实现人与自然的和谐共存。

不仅如此,这种新型的环境伦理观还应当从环境伦理学中的其他流派,包括动物权利论、生物中心论和生态中心论等当中吸取有益的成分和积极的因素。在环境伦理学发展过程中所出现的这些主要的流派:一方面体现了对环境中的某些具体要素,如动物和植物等以及环境整体的尊重;另一方面也阐释了人类保护自然环境不再是因为其对人类有益,而是在于这种行为本身是符合人类与环境之间的客观的伦理关系的,这些内容也都是人类具有理性的生动表现。而对环境以及环境中的那些具体要素的尊重正是新型的环境伦理观应当从这些环境伦理学的其他流派中汲取的有益的成分。

这种新型的环境伦理观建立在人类的良知和善念的基础之上,体现为对他人的宽容和对环境的尊重。换句话说,这种新型的环境伦理观认为,不仅人有生存和发展的需要,环境也有其独立的内在价值,环境也有生存权。因此人类要尊重自然、善待环境,真正地与环境和谐共处,在保护和保全好自然环境的同时,推动人类社会的发展与进步。只有这样的环境伦理观,才能够

① See Hargrove, *Eugene*: *Foundations of Environmental Ethics*, Prentice-Hall, 1989, p. 60.

实现人与自然和谐相处的伦理观。也只有这样的新型的环境伦理观,才是真正符合当前需要的伦理观。

总而言之,这种新型的环境伦理观建立在对自然的生存权、世代交替的伦理以及地球资源的有限性的正确认识和把握的基础之上,其中心点是可持续发展。这种新型环境伦理观摒弃了人类中心主义的环境伦理观的种种不足和缺陷,同时吸收了环境伦理学中其他流派的积极因素。这种新型的环境伦理观的最大的意义和价值就在于其正确认识到了人类与环境之间存在的客观的伦理关系,而这种客观的伦理关系是不以人类的主观意志为转移的。一旦人类错误地利用这种客观的伦理关系,对自然环境进行无节制的开发和利用,造成严重的环境污染或者破坏,就会遭到大自然的“报复”。这就为人类开发和利用自然环境提供了正确的理论指引。与此同时,这种新型的环境伦理观中还体现着作为整体的人类社会对于全球环境的保全和保护具有共同的责任和义务。

(二)新型的环境伦理观与人类社会的共同责任

这种新型的环境伦理观在体现人类需要尊重环境的内在价值和独立价值以实现人与自然和谐相处的同时,还意味着作为整体的人类社会对于全球环境的保护和保全具有共同的责任。这是因为,作为命运共同体,人类社会对于全球环境的尊重和保护不能仅仅有某个国家、个人或者非国家行为体去实施,而需要作为整体的国际社会去承担这种共同的责任。①

这种共同责任强调责任的共同性,意味着无论是发达国家还是发展中国家都应当承担起保护和改善全球生态环境的责任。没有任何一个国家能够游离于这种责任之外,否则将破坏整个国际环境保护秩序并危及人类整体的共同利益。② 这体现了在环境保护无国界的背景之下,人类社会作为一个命运共同体,任何一个国家和地区所实施的对环境造成严重的污染或者破坏的行为都可能对别的国家和地区造成影响或者损害。正因如此,世界各国应当共同努力承担起这种共同责任,通过各自的努力实现全球环境的保护。

---

① See Paul R. Viotti, Mark V. Kauppi, *International Relations Theory-Realism, Pluralism, Globalism*, Macmillan Publishing Company, 1987, p. 32 – 34.

② 参见傅前明:《论国际环境法“共同责任”原则》,载《山东师范大学学报(人文社会科学版)》2010 年第 4 期。

但是,这种共同责任并不等同于"平均主义"。[①] 国家所承担的对于全球环境的保护与保全责任的大小是不完全相同的。换句话说,虽然无论是发达国家还是发展中国家都承担着保护全球环境的义务和责任,但是其都有着不尽相同的国情和现状,应当在把握这种共同责任的基础之上因地制宜地实施具体的保护环境的措施。[②] 这主要是因为,发达国家和发展中国家对全球环境问题在历史中产生的原因力是不同的。相较于发展中国家,发达国家应当承担更多的或者是主要的责任,这才是对共同责任最完整的理解。

在肯定了国家应当承担的对保护全球环境的共同责任的基础之上,各个国家应当加强合作,通过包括政治、经济、法律等方式和手段对全球环境进行保护和保全。而在实施这些方式和手段的过程中,通过法律的方式尤其是通过国际环境立法的方法对以可持续发展为中心的新型环境伦理观在全世界范围内的最终形成具有重要的保障作用,这也是人类能够走出各种环境危机的必要条件。

四、应对:国际环境立法提供拘束力规范

国际环境法的产生与发展正是为了应对这些全球性的环境问题、推动全球环境治理以及实现人类社会的可持续发展。这主要体现在:国际社会经过共同努力,不仅推动了诸多专门性的国际环境条约的诞生,例如《联合国气候变化框架公约》《保护臭氧层维也纳公约》《远距离跨界大气污染公约》《生物多样性公约》《防治荒漠化公约》《禁止为军事或任何其他敌对目的使用改变环境技术的公约》等,还通过特雷尔冶炼厂案和核试验案等案件以及经各国重复实践并确信认为具有法律拘束力而逐渐确定的"各国有按自己的环境政策开发自己的资源的主权,并且有责任保证在他们管辖或者控制之内的活动,不致损害其他国家的或在国家管辖范围以外的环境""环境保护的国际合作义务""可持续发展"等方面的国际环境习惯,还有"善意原则"和"人道主义原则"等国际环境法中一般法律原则。

---

① 参见林灿铃、吴汶燕主编:《国际环境法》,科学出版社 2018 年版,第 66 ~ 67 页。

② 参见林森:《全球环境保护中的共同责任原则——兼论林灿铃国际环境法学思想之精要》,载《河南科技大学学报(社会科学版)》2018 年第 4 期。

《世界自然宪章》中提道:"人类是自然的一部分,生命有赖于自然系统的功能维持不坠,以保证能源和养料的供应,文明起源于自然,自然塑造了人类的文化,一切艺术和科学成就都受到自然的影响,人类与大自然和谐相处,才有最好的机会发挥创造力和得到休息与娱乐。"①作为国际环境法的渊源之一,《世界自然宪章》中的这句话阐释了人类与大自然应当和谐相处的根本原因。而实现人类与大自然的和谐相处也是新型的环境伦理观不同于人类中心主义的环境伦理观最大之处。为了实现这种新型的环境伦理观,就需要国际环境立法提供具有拘束力的规范。

(一)国际环境立法的实施机制

国际环境立法与新型的环境伦理观之间存在共同关注的内容,具有法律拘束力的国际环境立法可以为准确认清了人类与自然之间的客观的伦理关系的新型环境伦理观在全世界范围内的形成提供实施机制方面的保障。这是因为,在"环境保护"已经成为当今世界主题之下,全球环境问题的兴起凸显了国际环境立法的必要性。在全球治理体系中,国际环境法在立法理念、立法基础、责任主体、调整范围、适用领域、归责原则等方面的巨大发展,以及国际环境法效力的强化,促使国际环境条约得到遵守和有效实施。国际判例和国际法律实践也都充分说明国际环境法对环境治理的重要作用。② 国际环境立法的这种实施机制体现在新型环境伦理观的形成过程中,就是在国际环境立法的过程中可以将新型的环境伦理观中所倡导的内容和思想全面规定在成文法律中,并为这种内容和思想的落实提供法律拘束力的保障。

换句话说,国际环境立法与新型的环境伦理观之间存在密不可分的联系,这种联系主要就体现在:新型环境的伦理观在全世界范围内的最终形成离不开国际环境立法的积极推动和有效保障,国际环境立法应当以新型环境伦理观中的思想和理念为基础。这主要是因为:一方面,以可持续发展为中心的新型环境伦理观在本质上仍然是一种观念的力量,虽然这种观念在指导人类认识自然、改造自然的过程具有重要的意义,但是作为一种观念其本身并没有强制力的,并且其所包含的内容往往是抽象的,不具备较强的可操作性,这显然就不利于其中的内容得到落实和践行;另一方面,国际环境立法的

---

① 参见《世界自然宪章》前言部分。

② 参见林灿铃:《国际环境立法的伦理基础》,中国政法大学出版社2019年版,第438页。

目的是实现人类社会的可持续发展，为此就需要准确地明晰人类与自然环境之间的伦理关系，只有在新型环境伦理观的基础之上，才能制定出符合这种客观关系的国际法律规范。

（二）国际环境立法的责任制度

本质上属于法的范畴内的国际环境法作为具有法律拘束力的国际法律规范之一，不仅具有前文所述的相应的实施机制，更具有从传统国家责任、跨界损害责任、跨界影响补偿责任等具体责任形式所构成的较为完善国际法律责任体系。国际法委员会甚至认为国家从事大规模污染海洋和大气层的行为构成国际犯罪行为，①或者至少是一种国际不法行为。② 这些或适用于国际不法行为或适用于国际法不加禁止行为的国际法律责任制度能够从不同的方面调整国家、个人以及非国家行为体所实施的与环境保护有关的具体行为，进而为新型环境伦理观的形成和发展提供具有拘束力规范，最终促进人类社会的可持续发展。

换句话说，国际环境法不仅可以追究从事国际环境不法行为的国家、个人以及非国家行为体等国际环境法主体所应当承担的传统国家责任，还可以要求实施了国际环境法不加禁止行为的具体的国际环境法主体承担相应的跨界损害责任、跨界影响补偿责任等不同形式的责任。具备这种完善国家责任体系的国际环境法就可以使新型环境伦理观所倡导的人与自然环境之间和谐共处的伦理观得到有效的保障，并在此基础之上推动人类社会的可持续发展。这就再一次表明，通过国际环境立法有助于推动这种新型的环境伦理观的形成。

总而言之，在通过国际环境立法推动这种新型的环境伦理观形成的过程中：一方面，应当抛弃过去那种将自然视为人类这一主体的附庸的观点，同时将自然的生存权、世代交替的伦理以及地球资源的有限性这三项主张凝聚为国际环境立法的精神和要旨，以体现对环境的独立价值和内在价值的尊重；另一方面，应当在国际环境立法的过程中注重对有关国家责任条款的适用，不仅要对在传统国家责任理论下从事国际环境不法行为进行规制，还要要求在跨界损害责任理论下因从事国际法不加禁止行为而环境造成严重的破坏

---

① See Report of the International Law Commission, *State Responsibility*, 1976, A/31/10, p. 90.

② See Report of the International Law Commission, *State Responsibility*, 2001, A/56/10, p. 131.

或者污染的行为者承担赔偿责任。最终在国际环境立法的过程中建立全面的推动新型环境伦理观形成和发展的实施机制和责任制度。

五、结语与展望:新型环境伦理观与国际环境立法的融合

人与环境之间伦理关系的严重失衡在全球环境危机中显得尤为突出,这是在人类中心主义的环境伦理观的错误指导之下产生的恶果。正因如此,当下更应当倡导一种新型的环境伦理观,这种可以替代人类中心主义的环境伦理观的新型的环境伦理观以可持续发展为中心,尊重自然的独立价值和内在价值,倡导对自然环境的合理和适度的开发和利用,并在人类对自身行为进行自我抑制的过程中实现人与自然的和谐共存。

这样一种新型的环境伦理观的最终形成,离不开环境立法的推动,尤其是离不开国际环境立法的保障。在国际环境立法的过程中,应当更加注意对环境的内在价值和独立价值的尊重,构建一种人与自然和谐相处的环境伦理观,同时要摒弃人类中心主义的环境伦理观的错误指导。也正因如此,检视存在已久的人类中心主义的内在的环境思维和环境伦理观,真正尊重自然的生存权,以最终实现人类社会整体的长远的生存发展利益,就既构成了国际环境立法的伦理基础,更是国际环境立法的价值及其完善的根源所在。① 这也是自 1972 年国际环境法诞生以来不断追求的方向和目标,这种环境伦理观真正地推动了国际环境法的每一次进步和发展,促进了人与自然的和谐相处。

不仅如此,国际环境法的产生和每一次进步与发展无不体现着以促进人类与自然环境和谐共存为宗旨的新型的环境伦理观的积极影响,也只有体现了这样的新型的环境伦理观的国际环境立法才是一种良法。而作为这种国际环境立法基础的环境伦理观才是科学和准确把握了人与自然之间的客观关系、有助于推动人与自然和谐相处的科学的环境伦理观。只有同时形成这样的新型的环境伦理观与国际环境立法,才能真正地避免环境危机的再次发

---

① 参见刘继勇:《论防治土地荒漠化国际环境立法的伦理基础》,载《东北大学学报(社会科学版)》2016 年第 2 期。

生,从而在全球环境治理领域真正地实现善治。这种善治在充分实现对人的尊严和价值的保护、对人的权利的保障以及对社会良性发展的促进的同时,还充分实现了对自然环境的独立价值和内在价值的尊重、对自然的生存权的肯定以及对自然的永续发展的保障。

展望新型环境伦理观与国际环境立法的融合,新型环境伦理观可以有效避免在当今社会中频繁出现的诸多环境危机的发生。这主要是因为,当前人类社会面临着全球气候变化、海洋环境污染、生物多样性损害、物之生境破坏等诸多严重的环境问题。① 这些严重的环境问题的产生和蔓延足以证明,我们的地球母亲"病了"。而造成这些问题的原因并不产生于地球本身,而是来源于人类在错误的人类中心主义的环境伦理观的指导之下,在盲目自信和狂妄中对大自然进行了无尽的剥削和掠夺。正因如此,构建一种尊重自然、追求人类和自然和谐共存、人类社会可持续发展的新型的环境伦理观就显得十分必要。

而为了构建这种新型的环境伦理观,就需要发挥环境立法,尤其是国际环境立法在推动这种新型的环境伦理观形成的重要作用。这是因为,地球只有一个,自然环境的恶化对于人类的影响并不局限于某一个国家或者地区,发生在任何一个国家、地区乃至公域环境②中的环境污染或者破坏都可能对其他国家或者地区产生严重的影响或者损害。全球环境问题的解决不能仅靠某个国家的环境立法,而需要依靠世界各国承担起对保护和保全自然环境的共同责任,最终以国际社会的共同努力、以强有力的国际环境立法的方式去解决,这也是人类社会作为一个命运共同体的体现。只有这样的环境伦理观,才能在正确认识人类与自然环境之间的客观的伦理关系的基础上,科学指导人类认识自然、改造自然的行为,并最终实现人类社会的永续发展。

---

① See David Weisbach: Negligence, *Strict Liability, and Responsibility for Climate Change*, 97 Iowa Law Review 54(2012).

② "公域环境"指国家管辖范围以外的区域,包括公海、公空、国家管辖范围以外的海床和洋底及其底土、地球南北两极、外层空间等。公域环境是人类共同继承财产,不属于任何个人,也不属于任何国家或者团体,它们的开发、利用和保护关系到全人类的共同利益。

Construction of New Environmental Ethics

—From the Perspective of International Environmental Law

Abstract: The global environmental crisis is the result of the anthropocentrism from the perspective of environmental ethics to a considerable extent. Therefore, it matters a lot that we should construct a new kind of environmental ethics while we abandon anthropocentrism. This new kind of environmental ethics, based on sustainable development, respects the independent and intrinsic value of the environment, advocates the harmony between man and nature, means a lot to realize the sustainable development of human society. Besides, the promotion and guarantee of international environmental legislation is vitally necessary to the formation and development of the new environmental ethics. The international environmental legislation provides this kinds of new environmental ethics with binding norms from implementation mechanism and liability system.

Key words: anthropocentrism; new environmental ethics; international environmental law

清华法律评论(第十一卷第二辑)
第 141 ~180 页

现代金融司法的金融风险协同治理角色*

李　游**　陈珺雅***

目　　次

摘　要　在金融风险治理体系中,金融司法的功能角色经历了从“与金融监管分立治理”到“与金融监管协同治理”的转变。从金融法发展历程来看,我国存有“重行政、轻司法”特征,法院早期常受束缚于金融审判人员、规

* 本文为司法部《金融创新风险防控中的金融法院协同治理及其规范侧重研究》(项目编号:21SFB2021)、北京市社科基金项目《“十四五”时期北京金融产品创新发展与北京金融法院协同治理研究》(项目编号:21JCC071)阶段性成果。

** 李游,北京航空航天大学法学院副教授,法学博士,主要研究方向为:金融法。

*** 陈珺雅,北京航空航天大学法学院硕士生。

则等资源的供给不足,倾向让位于金融监管,但这种司法立场容易造成金融消费者民事权益保护的缺失,不利于金融市场的稳定发展。现代金融司法应不再仅局限于"裁判者"的内部功能角色,同时也具有在金融发展和金融风险防控中指引、预防、预警、治理的外部功能角色。这使现代金融司法不仅要追求围绕事实和证据裁判案件本身"定分止争"的法律效果,而且需要担当金融风险协同治理角色,关注相应裁判对金融市场、社会民生、政治大局的社会效果。在现代金融风险治理中,可通过金融司法机构的专门化、司法文件的规范化、司法判例的机制化,发挥金融司法与金融监管的协调治理功能。这也进一步要求金融司法应当尊重金融监管规则,强化金融机构义务规范群,推进金融消费者公益诉讼机制。

关键词　金融风险　金融监管　金融司法　协同治理　金融消费者

当今世界正经历百年未有之大变局,全球金融治理体系正发生深刻变革,不确定因素和风险显著增加。例如,为克服传统分业经营缺陷和谋求新的业务增长,许多新型金融产品(如集合资管计划、万能保险、投资连结险等)成为我国金融机构发展的突破口。大量金融创新产品提高了资金的配置效率,具有广泛市场需求,长盛不衰,但也具有明显的资金流动性风险,是重要潜在的大规模违约风险的来源。

目前对于金融风险防控,主要依赖行政监管。而金融监管盲区明显,金融创新与监管之间问题突出,存在"一放就乱、一管就死"的金融治理循环。这不利于金融产品创新与服务实体经济的目标融合,也缺乏金融司法协同治理,增加了我国金融风险防控压力和处置负担。事实上,现代金融司法可以发挥指引、预防、制裁功能,与金融监管协同治理,形成全方位、多层次的金融风险综合治理体系。

一、金融风险分立式治理的困境

(一)金融司法分立式治理的优势与不足

1. 金融司法分立式治理的时代演变

我国金融司法制度主要经历了经济审判时代、大民事审判时代和后金融危机时代三个阶段①,整体呈现分立式治理的架构,与监管机构互动性不足。我国的金融业从计划经济时代开始发展,经由相对封闭的非市场化体制发展成为当前国民经济的主导性产业,在建立现代金融机构、形成多层次资本市场的过程中,金融纠纷也大幅攀升。② 在金融逐渐成为独立经济现象的同时,最初仅属于人民法院经济审判工作部分的金融司法,逐渐形成独立的体系。

在经济审判时代,金融司法制度依托经济审判开展一系列工作。重庆市中级人民法院最先设立了经济审判专业组织,并开展了相关的经济审判工作。1978 年 10 月,重庆市中级人民法院开始组建经济法庭。1979 年 2 月,经济法庭正式成立。1979 年 7 月,第五届全国人大第二次会议审议通过了《人民法院组织法》,其中第 24 条、第 27 条、第 31 条规定了最高人民法院、高级人民法院以及直辖市的中级人民法院和省、自治区辖市的中级人民法院应当设立经济审判庭。1983 年 9 月,第六届全国人大常委会第二次会议修改了《人民法院组织法》,规定了各级人民法院都可以设立经济审判庭。③ 经济审判庭审理的案件涵盖了金融借款案件、票据案件、证券案件、企业破产案件、期货案件等。在金融司法审判实践中,最高人民法院也出台了大量的司法政策和司法解释对经济审判工作加以指导,部分列举见表 1。

表 1　经济审判时代的典型金融司法政策及司法解释

发布时间	文件名称
1991 – 8 – 15	《最高人民法院关于经济审判工作积极参与清理企业“三角债”的通知》(法(经)发[1991]24 号)
1997 – 12 – 11	《最高人民法院关于审理存单纠纷案件的若干规定》(法释〔1997〕8 号)
2002 – 11 – 18	《最高人民法院关于审理城市信用社清理整顿期间相关民事案件有关问题的通知》(法〔2002〕252 号,2020 年已修正)

在大民事审判时代,《最高人民法院机关内设机构及新设事业单位职能》

① 参见王锐:《金融司法制度的建构:正当性、路径与功能》,载《经贸法律评论》2020 年第 2 期。

② 参见巫云仙:《新中国金融业 70 年——基于制度变迁和改革开放的历史逻辑》,载《政治经济学评论》2019 年第 4 期。

③ 参见李志刚、张颖:《从经济审判到商事审判——名称、制度及理念之变》,载《法律适用》2010 年第 11 期。

(法发〔2000〕30号)的颁行改革了既往内设机构的组织形式,采用了大民事审判格局,民事审判第二庭(以下简称民二庭)替代了先前的经济庭,负责审理国内公司、破产、证券、期货、票据等案件,“将金融商事案件纳入其受理范围”[①]。民二庭也因此被称为“商事审判庭”,但直至2009年4月最高人民法院在福建召开的人民法院应对金融危机商事审判工作座谈会上才正式认可了这种表述。[②] 在制度构建上,从进入21世纪到爆发金融危机之前,我国的金融司法制度发展并不健全。加入世界贸易组织(World Trade Organization, WTO)之前,我国金融司法工作主要在于完成从计划向市场的转变,“解决历史遗留问题”[③]。加入WTO之后,由于我国金融审判的专业化力量缺乏,出现了“排斥性金融司法”现象,即司法机关倾向于拒绝或者限制新兴金融案件的受理。这一有违“法官不能因没有法律而拒绝裁判”原则的做法广受诟病,体现了大民事审判时代下金融司法的保守色彩。

在分立式治理的情况下,金融司法让位于金融监管,审判力量缺位,权利人起诉困难[④],而司法保护的缺失容易导致违法行为多发、市场过度波动、交易成本提高、资源配置效率降低等恶果,不利于我国金融市场的稳定。以资本市场上的证券侵权案件为例,上市公司虚假陈述所致的证券侵权纠纷案件的处理经历了驳回起诉、暂不受理、限制受理、扩大受理四个阶段,这种排斥性司法的制度安排容易造成融资契约关系的脆弱与资本市场动荡,背离了我国金融发展的目标,“成为制约金融发展的现实桎梏”[⑤]。与此同时,出台了相关金融领域的司法解释,部分列举见表2。

表2 大民事审判时代的典型金融司法政策及司法解释

发布时间	文件名称
2000-11-14	《最高人民法院关于审理票据纠纷案件若干问题的规定》(法释〔2000〕32号,2020年修正)

---

① 孙晓勇主编:《中国金融司法报告2019》,人民法院出版社2021年版,第11页。

② 参见李志刚、张颖:《从经济审判到商事审判——名称、制度及理念之变》,载《法律适用》2010年第11期。

③ 王锐:《金融司法制度的建构:正当性、路径与功能》,载《经贸法律评论》2020年第2期。

④ 参见张卫平:《起诉难:一个中国问题的思索》,载《法学研究》2009年第6期。

⑤ 王振栋:《排斥性金融司法的考量与改进》,载《上海财经大学学报》2012年第2期。

续表

发布时间	文件名称
2001－4－11	《最高人民法院关于审理涉及金融资产管理公司收购、管理、处置国有银行不良贷款形成的资产的案件适用法律若干问题的规定》（法释〔2001〕12号，已失效）
2003－6－18	《最高人民法院关于审理期货纠纷案件若干问题的规定》（法释〔2003〕10号，2020年修正）

在后金融危机时代，我国开始对英美法系金融治理进行反思，将顶层制度设计与基层经验供给双向结合，积极以金融司法回应金融发展与金融风险防范问题①，主要分为专业化金融审判组织改革和审判经验的推广化运动。根据基层治理经验：2008年上海市浦东新区人民法院设立了全国首家金融审判庭；2012年温州市鹿城区人民法院设立了浙江省首家金融审判庭；2014年北京市西城区人民法院设立了金融街人民法庭，并在2017年升级为首个集辖区内金融类民商事、刑事、行政、执行案件为一体的“大金融审判庭”；2017年深圳市中级人民法院成立了深圳金融法庭；2018年8月，上海金融法院成立；2021年3月，北京金融法院成立；2022年2月，第十三届全国人大常委会第三十三次会议审议通过了全国人大常委会《关于设立成渝金融法院的决定》，标志着国内首家突破单一城市管辖范围的金融专门法院即将落成。除了专业化组织建设，各级法院也陆续通过司法性文件的形式，总结审判经验，指导司法实践（见表3）。

表3　后金融危机时代的典型金融司法政策及司法解释

发布时间	文件名称
2008－12－3	《最高人民法院关于为维护国家金融安全和经济全面协调可持续发展提供司法保障和法律服务的若干意见》（法发〔2008〕38号）
2009－3－30	《最高人民法院关于审理涉及金融不良债权转让案件工作座谈会纪要》（法发〔2009〕19号）
2009－9－21	《最高人民法院关于适用〈中华人民共和国保险法〉若干问题的解释（一）》（法释〔2009〕12号）

① 参见王锐：《金融司法制度的建构：正当性、路径与功能》，载《经贸法律评论》2020年第2期。

续表

发布时间	文件名称
2010－12－31	《最高人民法院关于审理期货纠纷案件若干问题的规定(二)》(法释〔2011〕1号,2020年修正)
2012－2－10	《最高人民法院关于人民法院为防范化解金融风险和推进金融改革发展提供司法保障的指导意见》(法发〔2012〕3号)
2013－5－31	《最高人民法院关于适用〈中华人民共和国保险法〉若干问题的解释(二)》(法释〔2013〕14号,2020年修正)
2014－2－24	《最高人民法院关于审理融资租赁合同纠纷案件适用法律问题的解释》(法释〔2014〕3号,2020年修正)
2015－11－25	《最高人民法院关于适用〈中华人民共和国保险法〉若干问题的解释(三)》(法释〔2015〕21号,2020年修正)
2017－8－4	《最高人民法院关于进一步加强金融审判工作的若干意见》(法发〔2017〕22号,2021年已被修改)
2018－7－31	《最高人民法院关于适用〈中华人民共和国保险法〉若干问题的解释(四)》(法释〔2018〕13号,2020年修正)
2019－11－8	《全国法院民商事审判工作会议纪要》(法〔2019〕254号,以下简称《九民纪要》)

各地法院也陆续跟进,出台了相关金融审判纪要或意见等规范性文件,如上海市浦东新区人民法院《关于加强金融消费者权益司法保护工作,服务保障浦东新区国际金融中心核心功能区建设的意见》、山东省高级人民法院的《关于进一步加强金融审判执行工作为全省金融安全提供司法服务和保障的意见》等。①

2. 金融司法分立式治理的制度优势

纵观我国金融司法发展历程,金融司法从依附于经济审判到获得独立地位,渐渐专门化、规范化,并出台了一系列法律法规、司法解释、规范性文件,促进了金融法律制度的完善。

首先,就金融司法本身而言,这是值得肯定的,金融司法的发展体现了法

① 参见李扬主编:《中国金融司法报告(2018)》,人民法院出版社2019年版,第19~20页。

律回应现实需要、与时俱进的品格。确定性的司法裁判能够为市场主体提供稳定预期。其次，这在某种程度上体现了法律作为社会最后一道防线的特点，体现权力的“制约”色彩，符合我国加快推进执法司法制约监督体系改革建设的目标和强化对行政权力制约、监督的要求。最后，分立式治理的司法模式有助于法律体系的统一与系统化适用。接受体系化、专业化法学教育的法律共同体与行政工作人员相比，无疑对法律本质有着更深刻的体悟。以四川省成都市高新技术产业开发区人民法院信用卡滞纳金一案①为例，法院经过审查认为商业银行脱离了法律体系去理解职能部门对信用卡收取滞纳金及逾期利息的规定，既往生效判决从形式逻辑的角度进行推导而非体系解读，这无疑有违上位法的相关规定和公平正义的价值追求。法院认为中国人民银行的规定具有适用的前提和范围。作为裁判者的金融司法不能孤立、片面地理解相关规章，违背规章和规章制定者的初衷。

3. 金融司法分立式治理的潜在不足

在金融司法分立式治理的过程中，仍然存在许多窠臼。除了“排斥性金融司法”的诟病——司法权力主动让位于金融监管外，在司法实践中，还存在金融司法与金融监管各行其是的现象，即司法裁判不过多考虑金融监管的具体规则，完全依照法律法规来审理，此时的“不考虑”不是监督层面的“制约”，而是一种“无视”，“这种裁判思路在《合同法》颁布后大行其道”②。根据原《合同法》第 52 条的规定，只有在违反法律和行政法规的情况下合同自始无效，因此作为行政规章的监管规则无法直接影响金融合同的效力，很多法院通过司法指导意见或具体案例的方式认定违反金融法规的合同有效。③这忽视了金融监管规则的效力，使许多违反金融监管政策的交易变相合法化，使金融司法与金融监管脱节④，这容易导致金融市场的混乱——市场主体缺乏稳定预期，违法行为丛生，甚至有损国家公信力。原《合同法》颁布之后，最高人民法院试图通过效力性强制规范和管理性强制规范的区分来限缩决

① 四川省成都市高新技术产业开发区人民法院民事判决书，(2015)高新民初 6730 号。

② 鲁篱：《论金融司法与金融监管协同治理机制》，载《中国法学》2021 年第 2 期。

③ 参见黄忠：《企业间借贷合同无效论之检讨》，载《清华法学》2013 年第 4 期。

④ 参见陈广辉：《资管纠纷“穿透式审判”的适用路径与方法》，载《中国法律评论》2022 年第 6 期。

定合同效力的法律法规,但对于二者的识别与界定至今仍莫衷一是。[①] 2023年最高人民法院《关于适用〈中华人民共和国民法典〉合同编通则若干问题的解释》(法释〔2023〕13号)正面回应了上述问题,并没有采取原《最高人民法院关于适用〈中华人民共和国合同法〉若干问题的解释(二)》(法释〔2009〕5号)第14条将强制性规定限定在效力性强制规定,以及将强制性规定区分为效力性强制规定和管理性强制规定的学理做法,而是采取直接对《民法典》第153条第1款规定的"但书"进行解释的思路。[②]

从司法本身解决争议的职责来看,传统民商事的金融司法制度体系、逻辑和归责体系无法全面解释和妥善应对现代金融风险。第一,就权责关系而言,传统民商事交易主要以有形物为交易标的,而现代金融交易主要以信用为基础,现代金融交易关系有时会"颠覆传统民商法视野中买卖双方的权利义务"[③],如2020年中国银行原油宝事件、一些国家的零利率和负利息政策等,作为债权人的储户和作为债务人的银行之间的法律地位随着金融市场的瞬息万变和相应出台的金融政策而置换。第二,就交易对象而言,金融的本质是信用、杠杆和风险。现代金融社会以信用交易为基础,以规避风险或追求风险溢价为交易目的,因此现代金融创新通常会衍生多重交易结构和更为复杂的金融关系。以我国金融交易基础设施为例,许多规则并不符合传统民商法要求,但如果强行适用民商事规则则会导致相关金融创新或者金融交易

① 如苏永钦教授认为,效力性规范与管理性规范的二分法是用某种空洞公式去以问答问的推论,参见苏永钦:《寻找新民法》,北京大学出版社2012年版,第298页;雷磊教授认为,规范的认定只是发挥在形式上将裁判结果予以正当化的功能,参见雷磊:《法教义学的基本立场》,载《中外法学》2015年第1期;冉克平教授认为,强制性规范是否影响法律行为的效力存有疑义,应坚持"原则有效,例外无效"的价值判断,参见冉克平:《论效力性强制规范与私法自治——兼析〈民法总则〉第153条第1款》,载《山东大学学报(哲学社会科学版)》2019年第1期。相关探讨亦可见于许中缘:《禁止性规范对民事法律行为效力的影响》,载《法学》2010年第5期;黄忠:《违法合同的效力判定路径之辨识》,载《法学家》2010年第5期;刘凯湘、夏小雄:《论违反强制性规范的合同效力——历史考察与原因分析》,载《中国法学》2011年第1期;王轶:《强行性规范及其法律适用》,载《清华法学》2014年第6期;刘志刚:《基本权利对民事法律行为效力的影响及其限度》,载《中国法学》2017年第2期。

② 参见最高人民法院新闻局:《最高人民法院民二庭、研究室负责人就民法典合同编通则司法解释答记者问》,载最高人民法院网2023年12月5日,https://www.court.gov.cn/zixun/xiangqing/419402.html。

③ 鲁篱:《论金融司法与金融监管协同治理机制》,载《中国法学》2021年第2期。

不能达成①,这无疑有违金融法的效率原则。第三,就归责体系而言,风险社会中的规范预期不得不相对化,规范不得不凭借自我反省机制来调整法律形式与客观事实间的关系,法律条文的解释和执行难免增添法社会学或者法政策学的色彩②,责任承担者主观上往往不一定有过错,而是基于社会成本最小化和可行性处理争议。以债券违约案件为例,如果发行人财务状况恶化,出现信用危机,个别债券持有人根据预期违约制度(《民法典》第578条,原《合同法》第108条),要求债券发行人提前赎回债券。如果按照民商事规则,理应支持原告合法有效的诉讼请求;但是,考虑到债券违约中单个合同违约和债券市场整体性违约之间的传导性关系,债券发行人往往有多期债券发行,存在交叉违约条款。如果支持个别诉求,由于对风险恐惧的传导效应,可能会导致债券市场某一债券品类甚至该发行人发行的多种债券品类全部违约,引发债券市场的连锁性动荡,继而产生系统性金融风险。③ 第四,就主体地位而言,现代金融交易关系并不能完全按照传统的意思自治民商事私法逻辑进行,私法制度的底层逻辑与金融交易关系存在抵牾。如侵权法的"损失填补原则"注重补偿当事人所受损失④,而金融法的"三足定理"则揭示了防止金融风险的滋生和蔓延才是金融司法制度的核心内容⑤。相较于民商事法律关系,金融司法更带有政府引导下的经济法律属性。金融司法需要以维护宏观平衡和自由公正的金融秩序为己任,调整公共金融关系,着眼于宏观的金融秩序和效益。例如,针对金融交易的信息不对称,政府应当及时介入和引导,规避由于信息不对称引发的欺诈、虚假陈述、虚假信息披露问题。而如果按照分立式的金融司法进路,金融司法与其相应的经济目标难免背道而驰。

从司法与政治的外部关系来看,既往分立式的金融审判组织并非司"法"

---

① 参见季奎明:《金融市场基础设施自律管理规范的效力形成机制》,载《中外法学》2019年第2期;郑彧:《金融市场基础设施内部规则的法律保护:现状、冲突与改进》,载《华东政法大学学报》2020年第1期。

② 参见季卫东、程金华主编:《风险法学的探索——聚焦问责的互动关系》,上海三联书店2018年版,第9、21页。

③ 参见杨路:《金融司法决策中的价值考量》,载新浪财经头条网2019年4月26日,https://cj.sina.com.cn/articles/view/6289104432/176dc1e3001900hana? from = finance。

④ 参见赵尧:《金融司法监管化的逻辑审视》,载《华中科技大学学报(社会科学版)》2020年第5期。

⑤ 参见冯果:《金融法的"三足定理"及中国金融法制的变革》,载《法学》2011年第9期。

机关,而更像是一个“公共政策法院”。[①] 我国司法部门对“公共政策”具有较高的敏感性[②],分立式金融司法往往承载了过多的公共政策目标和政治功能。究其原因,一方面与我国的政治体制有关;另一方面与金融风险治理的特殊性有关。

针对前者,毫无疑问,我国金融司法工作必须坚持党的绝对领导,坚持服务党和国家大局,贯彻落实党中央的重大决策部署,坚持法律性、政治性和人民性的高度统一。但这种国家权力安排和政治话语体系并不意味着会使公共政策导向的金融司法臻于完善。如果过于强调政策导向,以国有商业银行处理金融不良债权转让事件为例,作为裁判机关的司法机关往往会淡化法的稳定属性,模糊法律予以行为主体的预期,即便是出台了相关国有银行向金融资产管理公司剥离不良债权的司法文件,适用范围也是被严格限定的,带有明显“特事特办”的色彩[③],更遑论同样针对不良金融债权转让案件类型的四大金融资产管理公司向社会投资者区别对待的“紧缩性”司法政策了。因此,在与监管部门缺乏沟通的情况下,分立式的金融司法囿于政策变化,在法律自身品格的塑造中仍有较大改善空间——如果加强二者之间的沟通,厘清二者的分工,让金融监管肩负遵从高度政策导向的监管目标,金融司法一定程度上能够在政治性的引领下增强法律性。并且,分立式的金融司法治理体系背后蕴含的权力分工和权力制约理念也与我国现有司法理念和制度基础存在冲突,社会主义法治下的“审理者裁判、裁判者负责”并不意味着法官可以以自己对法律的解释和认知作为裁判的唯一依据。[④] 我们必须坚持实质公正的中国特色社会主义法治道路,立足于我国的国体、政体,坚持党的领导。故破除分立式的金融司法治理模式,加强与政策性的金融监管之间的横向沟通,符合我国基本政治制度。

---

① 参见黄韬:《公共政策法院:中国金融法制变迁的司法维度》,法律出版社2013年版,第5页。

② 参见黄韬:《“金融安全”的司法表达》,载《法学家》2020年第4期。事实上,不仅是司法部门,公众也更倾向依赖政府政策以获得指导,而不是依赖法律与法规。See Qianlan Wu, *The Making of a Market Economy in China: Transformation of Government Regulation of Market Development*, 13 European Law Journal 755(2007).

③ 参见黄韬:《公共政策法院:中国金融法制变迁的司法维度》,法律出版社2013年版,第30页。

④ 参见鲁篱:《论金融司法与金融监管协同治理机制》,载《中国法学》2021年第2期。

针对后者，金融风险治理具有很强的特殊性。金融风险具有高度的传染性和脆弱性，虽然金融交易的本质是合同行为，但相关金融交易的纠纷往往并不止步于诉讼双方当事人间的定分止争，金融系统内部的局部动荡极有可能产生外部性效应，引发其他主体之间的风险乃至系统性金融风险。除此之外，金融风险治理与政治治理也存在千丝万缕的联系。资产折价抛售的恐慌情绪会越过金融市场的边界在其他行业中增强或者蔓延①，造成经济危机和社会动荡，危害国家经济安全和社会稳定。如2008年最早起源于美国次贷危机的金融风暴、2020年重大公共卫生事件引发的全球金融市场大动荡等。如何防范化解系统性金融风险，是政治治理的重要议题。

综上所述，经济审判时代、大民事审判时代和后金融危机时代下分立式金融司法具有一定的优势。从依附于经济审判到逐渐专门化，分立式金融司法回应了现实需要，有利于强化对行政权力的监督，促进法律体系的系统化，推进社会主义法治国家建设。但仍然存在排斥性金融司法、无视监管规则、无法妥善解决司法争议和与政治话语体系存在出入的不足。

（二）金融监管分立式治理的优势与不足

1. 金融监管分立式治理的时代演变

我国金融监管制度沿革经历了四个时期。在第一个时期，金融监管的分立式治理架构基本形成。1993年，国务院颁布了《关于金融体制改革的决定》；1997年，中央金融工作会议明确提出要建立与社会主义市场经济相适应的金融监管调控体系。党的十四届三中全会明确了中国人民银行对于经济建设的重要地位。为了强化金融监管，提高金融监管绩效，我国按照“分业经营、分业监管”的原则，先后设立了中国证券监督管理委员会（以下简称中国证监会）、中国保险监督管理委员会（以下简称中国保监会，已撤销）和中国银行业监督管理委员会（以下简称中国银监会，已撤销），与中国人民银行共同组成了中国金融监管“一行三会”的局面。随后成立了中共中央金融工作委员会、中共中央金融纪律检查委员会，各国有商业银行设立的党委直接归中共中央金融工作委员会领导，之后又改革了中国人民银行的组织机构设置体系，撤销了省级分行，改为按照经济区划设置九家跨省（区）分行、在各省会城

① 参见赵尧：《金融司法监管化的逻辑审视》，载《华中科技大学学报（社会科学版）》2020年第5期。

市设立金融监管办事处。至此,形成了完全独立于地方政府的系统垂直管理的独立、权威的金融监管调控体系。[①] 这一时期金融监管的风险防控目的在于落实金融机构的业务合规经营,同时出现了金融机构独立于地方控制的趋势。[②]

在第二个时期,地方金融监管部门相继设立。基于我国特有的国内生产总值(Gross Domestic Product,GDP)考核体系和财政分税制,地方政府金融办继而出现。2002 年,上海设立了全国首个地方金融办,承担地方金融服务者的角色。随后,广东、浙江等经济发展水平较高的地区也设立了金融办,由此形成了地方金融监管的初步局面。[③]

第三个时期是我国"中央—地方"双层监管体制逐步确立的时期,也是我国新金融监管体系形成的时期。针对中央金融监管体制改革,2017 年 11 月,由中国人民银行牵头的国务院金融稳定发展委员会(已撤销)成立。2018 年 3 月,中国银监会和中国保监会合并,"一委一行两会"(国务院金融稳定发展委员会、中国人民银行、中国银保监会、中国证监会)的改革方案落地,并于同年 4 月正式挂牌成立作为国务院直属事业单位的中国银行保险监督管理委员会(以下简称中国银保监会,已撤销),由中国人民银行接管中国银监会和中国保监会拟定重要法律法规草案和审慎监管基本制度的职责。此次金融监管体制改革力图在原国务院金融稳定发展委员会的框架下解决金融监管碎片化的问题,补齐监管短板。[④] 针对地方金融监管体制改革,2017 年 7 月召开的全国金融工作会议突出了地方政府的风险处置责任,随后,多数地方金融办转变为地方金融监管机构。据统计,截至 2019 年 4 月 10 日,除新疆、海南外,我国 29 个省份在其直属机构中都设立了地方金融监管机构。[⑤]

当前,我国的金融监管制度改革正迈向协同治理的第四个时期。2023 年

---

① 参见王兰军:《建立独立的金融司法体系 防范化解金融风险——兼论组建中国金融法院、中国金融检察院》,载《财经问题研究》2000 年第 9 期。

② 参见管斌、万超:《论我国金融监管权"央 - 地"配置制度的科学设计》,载《中国矿业大学学报(社会科学版)》2020 年第 1 期。

③ 参见管斌、万超:《论我国金融监管权"央 - 地"配置制度的科学设计》,载《中国矿业大学学报(社会科学版)》2020 年第 1 期。

④ 参见倪寿明:《构建完善的金融司法体系》,载《人民司法(应用)》2018 年第 25 期。

⑤ 参见管斌、万超:《论我国金融监管权"央 - 地"配置制度的科学设计》,载《中国矿业大学学报(社会科学版)》2020 年第 1 期。

3月,中共中央、国务院印发的《党和国家机构改革方案》强调,要组建中央金融委员会和中央金融工作委员会,加强党中央对金融工作的集中统一领导。国务院金融稳定发展委员会办公室职责划入中央金融委员办公室,中央金融工作委员会和中央金融委员会办公室合署办公。同时,组建国家金融监督管理总局。国家金融监督管理总局在中国银保监会的基础上组建,统一负责除证券业之外的金融业监管,强化机构监管、行为监管、功能监管、"穿透式"监管、持续监管,统筹负责金融消费者权益保护,并于同年5月正式挂牌。国家金融监督管理总局的成立标志着我国金融监管制度改革迈出了重要的一步,契合了金融混业经营的市场背景,是探索市场型金融创新法律监管的制度路径,有利于统一金融产品的法律适用、实现"同质同规"。

2. 金融监管分立式治理的制度优势

与金融司法的发展过程类似,金融监管体制改革也呈现阶段化的特点。作为规制法项下的重要内容,金融监管规则的制定和执行相较于金融司法也具备一些独特优势。

首先,金融监管规则具备更强的专业性。金融监管规则的机制设置、知识储备和实践经验往往建立在深厚的金融基础知识和因时而动的政策把握上,而现代金融交易中的很多治理措施和手段并不完全是司法擅长的权责分配问题。尤其是面对日新月异的金融产品创新,金融系统已经跨过了复杂性的门槛①、金融产品背后复杂的交易关系往往需要扎实的数理基础。从目前审判情况来看,拥有过硬金融知识的法官毕竟还只是少数,而通过外聘专家来解决知识局限性的方式也面临缺乏现实可行性和有失公正立场的质疑。②

其次,金融监管规则具备更强的及时性。金融创新作为金融市场发展的源动力,一定程度上会冲击既有法律制度和交易规则,冲破金融抑制,加剧金融风险,这种天然的"张力"需要金融司法和金融监管共同"烫平法律滞后与金融创新之间的褶皱"③,而法律需要受到既有范畴体系的约束,追求理论与价值的合理和范畴的准确。相较而言,金融监管以问题为导向,具体问题具体分析,能够从长期的金融实践中感知潜在的金融风险,迅速高效地回应现

① See Dan Awrey & Kathryn Judge, *Why Financial Regulation Keeps Falling Short*, 61 Boston College Law Review 2310(2020).

② 参见鲁篱:《论金融司法与金融监管协同治理机制》,载《中国法学》2021年第2期。

③ 参见杨路:《法治化视野下的金融创新与金融审判》,载《中国审判》2013年第2期。

实纷争。所以,治理金融风险的职责也主要由行政监管部门肩负。

再次,金融监管手段具备更强的创新性。相较于司法措施的固定性,金融监管部门可以运用监管科技对金融创新产品进行技术化监管。监管机构可以通过大数据、云计算、人工智能等现代科技感知金融风险态势,提高监管数据收集效率,促进监管信息整合与共享。例如,在监管沙盒(Regulatory Sandbox)模式下,监管者允许金融科技开发者在特定环境中进行金融创新实验,和被监管主体共同不断矫正监管者与市场之间的区隔,以此控制市场潜在风险。① 又如,在"创新指导窗口"监管模式下,监管机构需要支持和引导金融机构理解监管框架,了解创新中的监管政策和法律规定。再如,在"创新加速器"模式下,监管机关或者政府部门通过与业界建立合作机制,提供资金或政策,在推动金融科技创新发展的情况下提早介入并全程了解金融科技的信息,提升风险识别的准确性。②

最后,金融监管措施具备更强的针对性。在金融违法行为的惩处方式上,金融司法往往以民事路径上的合同确认无效或者刑事路径上的金融类犯罪为规制途径,相较司法惩处手段的单一有限③,金融监管机构可以运用行为罚、声誉罚、资格罚、财产罚等多种方式进行处罚。我国《银行业监督管理法》第37条规定的处罚措施就有暂停部分业务、停止批准开办新业务、限制分配红利和其他收入等。证监会也可通过监管谈话、出具监管关注或警示函、认定为不适当人选、证券市场禁入等措施进行处罚,《金融稳定法(草案)》第20条也增加了限制薪酬、限制资产转让、控制重大交易征信、责令出售部分资产、降低杠杆率等措施。对于信誉就是生命、时间就是金钱的金融市场而言,上述处罚对违法主体的威慑作用更加有力,多样化的监管手段在一定程度上也能预防、制止金融风险的发生。

3. 金融监管分立式治理的潜在不足

尽管金融监管存在诸多优势,但分立式的金融监管体系仍存在不少掣肘之处。首先,最为典型的问题是中国人民银行、原中国证监会、保监会的金融

---

① See Yesha Yadav, *Fintech and International Financial Regulation*, 53 Vanderbilt Journal of Transnational Law 1139(2020).

② 参见许多奇:《金融科技的"破坏性创新"本质与监管科技新思路》,载《东方法学》2018年第2期。

③ 参见鲁篱:《论金融司法与金融监管协同治理机制》,载《中国法学》2021年第2期。

监管责任和权力不对等。同时存在效率低下、阻碍创新、僵化适用规则的嫌疑。①

由于金融司法权和独立金融司法体系的欠缺,金融监管机构对于个别地方政府默许设立的非法金融机构,以及非法从事金融业务活动的跨金融行业的犯罪活动无法予以严厉打击。对于非金融机构单位和个人引发金融风险的行为也无权过问。② 地方立法机构和政府可以根据自身利益通过制定法规和政策,保护地方市场以获得经济收益。③

其次,行政法规、部门规章和规范性法律文件是监管机构或者政府机关行使金融监管权力的来源,但依据我国《行政许可法》第 17 条和《行政处罚法》第 16 条规定,规范性文件不得设置行政许可和行政处罚。因此,如果金融监管在监管过程中超出了法律授权范围,以各种"通知"的形式向地方政府进行金融监管授权,这种行为的权力正当性和合法性无疑都是存疑的。④

除此之外,我国金融监管体系较为混乱,地方监管面临立法的缺失。现行法律并没有对地方监管的赋权规定,中央的监管"放权"多以通知、办法来实现,除了前述的法律效力争议,这些规范性文件多是概括性规定或是对中央文件的复述。并且,由于地方立法水平有限,还会出现地方立法内容与中央规定冲突、地方监管标准和力度不一的情况。冗杂的法律文件反映了其背后法律体系的匮乏,难以形成监管合力。⑤ 地方金融立法多存在依据缺失和碎片化问题。⑥

最后,分立式的监管只能面向行政相对人,难以对全部当事人的利益施以整体调整,而成为指导性案例的司法判决对于相同的法律关系却能通过参照适用辐射至全部当事人。由于机构监管的作用对象不宜超越持牌机构,分

---

① See Rohana bte Saharom, *The Share Market: The Control of Self-Regulation*, 11 Singapore Law Review 158(1990).

② 参见王兰军:《建立独立的金融司法体系 防范化解金融风险——兼论组建中国金融法院、中国金融检察院》,载《财经问题研究》2000 年第 9 期。

③ See Qianlan Wu, *The Making of a Market Economy in China: Transformation of Government Regulation of Market Development*, 13 European Law Journal 755(2007).

④ 参见何海峰、杨文尧天:《由"办"到"局":地方金融监管的现在与未来》,载胡滨等主编:《中国金融监管报告(2019)》,社会科学文献出版社 2019 年版,第 314 ~ 327 页。

⑤ 参见管斌:《论我国金融监管权"央 – 地"配置制度的科学设计》,载《中国矿业大学学报(社会科学版)》2020 年第 1 期。

⑥ 参见杨松:《新金融监管体制下央地监管权关系再审思》,载《法学评论》2022 年第 6 期。

立式金融监管对于非金融机构当事人的共谋风险行为往往“束手无措”,故为了避免被交易对手举报,金融机构只得屈从于刚性兑付、债务减免等方案,却滋生了更多的金融风险。①

二、金融司法与金融监管分立式治理的成因与发展动态

(一)金融司法与金融监管分立式治理的成因

1. 司法权与行政权的天然区别

金融司法与金融监管分立式治理的成因根源自司法权和行政权二者的天然区别。金融司法的权利话语来自司法判断权,而金融监管的权利话语则来自行政权。二者分立式治理反映了两种权力的属性差异与独立特征。

司法权本质上以判断为内容,属于判断权;行政权本质上以管理为内容,属于管理权。② 大体而言,司法权需要以法律为准绳,依据法律进行裁决,努力从法律规则与原则中找到正确的答案;行政权需要以行政政策为准绳,依据公共利益找出最为有力且理想的方案。③ 按照范式理论④来看,司法权需要按照既有规则行使,在三段论的逻辑推演下,同一案件事实在不同法院审理都能够得出同一裁判结果,其存在确定的可预期的答案。正如马克斯·韦伯所言,“现代法官是自动售货机,投进去的是诉状和诉讼费,吐出来的是判决和从法典上抄下来的理由”。⑤ 相较而言,行政权的行使却不能被融入范式之中,因其没有固定的答案,其权能的行使必须根据社会形势和政策动向进行,具有极强的灵活性,其找寻的是最佳的方案而非最佳的答案。尽管我国曾是行政权主导的计划经济体制模式,但随着改革开放后市场经济体制的推

---

① 参见赵尧:《金融司法监管化的逻辑审视》,载《华中科技大学学报(社会科学版)》2020年第5期。

② 参见孙笑侠:《司法权的本质是判断权——司法权与行政权的十大区别》,载《法学》1998年第8期。

③ 参见[英]威廉·韦德:《行政法》,楚建译,中国大百科全书出版社1997年版,第50页。

④ 参见[美]托马斯·库恩:《科学革命的结构》(第4版),金吾伦、胡新和译,北京大学出版社2012年版,第39页。

⑤ 参见[德]马克斯·韦伯:《论经济与社会中的法律》,张乃根译,中国大百科全书出版社1998年版,第62页。

行，司法模式也渐渐开始与国际接轨。即便二者都要服务于政治目标的实现，二者在权利属性上仍然存在根本区别。

2. 司法权与行政权的不同属性

分立式治理的现象还与司法权和行政权的属性有关。司法权具有被动性，法官需要遵循“不告不理”的原则，依照当事人的诉讼请求进行裁判，不得越过司法边界承担过多行政管理事项，混淆司法权的特征；行政权具有主动性，如在中国证券市场国家管理行为中，不限于中国证监会的市场主管当局往往积极承担“看得见的手”(visible hand)的作用，如新股和再融资的规模、节奏掌控、入市资金的回收与发放、印花税的频繁调整、调查和惩处市场的违法行为等。中国证监会监管的内容和范围也在不断扩张，从行业准入、业务审批、发行审查到上市监管、违法查究、风险处置、投资者教育和保护①，再到剩余立法权和规则制定权的行使，无论是投资者还是市场主体，都有对作为“监护人”的全能型政府强烈的依靠与自身的惰性。

尤其需要强调的是，司法本身作为社会治理的最后一道防线，其确定性裁判具有终局性和强制性，这种品格同样体现在金融司法与金融监管的关系上。对于监管机关的违法行为，行政相对人可以依据行政诉讼法对行政机关提起诉讼，将裁判监管机关行为正确与否的权力交予司法机关，从而发挥司法权力的制约功能和在法律面前人人平等的公正属性。

以凯力案为例。2000 年海南凯力公司因申请公开发行股票未果，向法院提起了中国金融市场上首个以中国证监会为被告的诉讼。尽管该案判决的效力只停留在纸面，但法院以中国证监会退回海南凯力公司申请材料的行政行为缺乏法律依据为由判令中国证监会败诉的司法行为仍然有其积极意义。根据依法行政的基本原则，法院的事后审查为行政权力的行使划定了边界。

然而，这种分立并不会使各方权力足以互相抗衡。最初，我国金融市场呈现“强监管、弱司法”的治理现况。如在我国证券法律制度框架内，股票发行制度管制色彩较重，从审批制到核准制的演变中，过于宽泛的授权和没有成文法律的约束使中国证监会掌握了对申请公开发行股票公司的实质审核权，控制了资本市场的核心资源。监管权力的扩展容易带来利益集团和权力

---

① 参见黄韬：《公共政策法院：中国金融法制变迁的司法维度》，法律出版社 2013 年版，第 326、330 页。

寻租(rentseeking)的消极后果,监管者容易被被监管者"俘获"或者成为利益集团获取"租金"的工具。① 随着我国资本市场的发展,2019 年年初,上海证券交易所设立了科创板并试点注册制。2019 年 12 月 28 日,第十三届全国人大常委会第十五次会议审议通过的修订的《证券法》拉开了我国全面推行证券发行注册制度的帷幕。在注册制下,监管机构只负责审查发行申请人是否依法履行了信息披露义务,将以往评价股票投资价值的工作交由市场完成。这种强监管模式下的家长式保护也逐渐向市场化转变,分立式的金融司法与金融监管的权力变化也呈现动态发展态势。

3. 协同沟通的缺乏与承担功能的冗杂

当然,上述分立式治理模式看似存在区隔,实则都是统领在党的领导之下,共同服务于政治目标的实现。分立式金融风险治理模式下的司法与监管均带有鲜明的公共政策色彩和政治导向,以致二者常常以公共政策为交流媒介,共同服务于政治大局,但容易忽视权力运行法治化中必要的协同交流。金融监管机关作为行政机关,具有强烈的公共和政策属性自是无可厚非。但金融司法机关却一直承担了超出司法裁判之外的、具有公共政策属性的其他社会治理职能。

以 2009 年不良资产处理事件为例,缺乏沟通的分立式司法赋予地方政府、国有资产监管或经营机构对资产管理公司转让的国企债权享有优先购买权的行为,遭到了当时作为金融监管机构的财政部、中国银监会等部门的一致反对。二者观点的分歧带来了金融司法部门法律规则制定权力"侵入"金融监管部门行政权力空间的后果。② 僭越司法权范围的金融司法也会导致自由裁量空间的膨胀和司法权力制约机制的弱化。事实上,法院需要立足于维护国家体制,回应时代要求,乃至达到化解政治危机、达成政治共识、凝聚国家良心③等政治性目的,发挥司法裁判、权力制约和公共政策形成功能,在各

---

① See Gerald P. O'Driscoll Jr. & Lee Hoskins, *The Case for Market-Based Regulation*, 26 Cato Journal 484(2006);Richard L. Hasen, *Lobbying, Rent-Seeking, and the Constitution*, 64 Stanford Law Review 253(2012);Mark J. Roe & Frederick Tung, *Breaking Bankruptcy Priority: How Rent-Seeking Upends the Creditors' Bargain*, 99 Virginia Law Review 1249(2013); Jeremy Kidd, *FinTech: Antidote to Rent-Seeking*, 93 Chicago-Kent Law Review 169(2018).

② 参见黄韬:《公共政策法院: 中国金融法制变迁的司法维度》,法律出版社 2013 年版,第 53 页。

③ 参见杨建军:《法治国家中司法与政治的关系定位》,载《法制与社会发展》2011 年第 5 期。

国司法实践中都有体现。[①] 但过于泛政治化，以致削减核心审判功能是不可取的。毕竟，卡尔·马克思也认为"法官除了法律就没有别的上司"[②]。

故在政治性标准的引领之下，治理金融风险需要在明晰金融司法与金融监管核心功能的基础之上加强协同沟通，从而推进我国金融市场治理水平和法治化水平的提高。

4. 我国经济体制改革实践与国际环境的影响

分立式金融风险治理模式与我国长期以来的经济体制改革实践存在密切联系，二者共同服务于市场化、国际化进程。高度集中的计划经济体制下带来的公权力定位分工不明、行政权力发挥主导作用、法治化市场化水平尚需提高的问题促使金融风险分立式治理模式的形成。

此外，分立式治理模式下的"强监管、弱司法"和高度行政管制色彩也与国际金融危机的影响有关，世界金融体系高度一体化[③]，美国次贷危机金融风暴的出现就与金融监管的缺失密不可分[④]，放松管制加剧了金融体系的脆弱性。

在中国加入 WTO 之后，按照 WTO 下的《金融服务贸易协议》的相关规定和我国的相应承诺，加入 WTO 五年内我国要实现对外资金融机构的全面开放，达到金融市场的进一步开放，顺应世界金融一体化进程。[⑤] 面对高度市场化的治理目标，分立式治理与国际性接轨的"不兼容"被放大。

在突发公共卫生事件的冲击之下，百年未有之大变局加剧演变，"冠状病毒几乎打破了金融市场"[⑥]，国际外部环境更加复杂、严峻，更加具有不确定性

---

① 参见左卫民：《比较法视野中的最高法院——最高法院基本理论问题研究》，载左卫民等：《最高法院研究》，法律出版社 2004 年版，第 3～28 页。

② 中共中央马克思恩格斯列宁斯大林著作编译局编译：《马克思恩格斯全集》（第 1 卷），人民出版社 1995 年版，第 181 页。

③ See Steven A. Ramirez, *Depoliticizing Financial Regulation*, 41 William and Mary Law Review 577 (2000).

④ 参见李巍：《历史进程中的国际经济制度与中国的角色》，载《当代世界》2019 年第 10 期。

⑤ 参见李晗：《法经济学视野下的金融监管法正义性分析》，载《法制与社会发展》2006 年第 5 期。

⑥ See Jeremy C. Kress & Matthew C. Turk, *Rethinking Countercyclical Financial Regulation*, 56 Georgia Law Review 533 (2022).

和不稳定性,对我国宏观经济和金融市场都带来了系统性的挑战。①

(二)金融司法与金融监管分立式治理的发展动态:协同式治理的必要性

1.金融司法监管化与金融监管司法化

为了调试金融司法与金融监管分立式治理显露出的不足,金融司法监管化现象和金融监管司法化现象应时而生。金融司法监管化,是指金融监管介入金融司法,金融司法求诸金融监管政策进行裁判;金融监管司法化,是指金融司法介入金融监管,金融监管通过使用司法裁判的方法来解决纠纷。② 在我国"强监管、弱司法"模式下,金融司法监管化现象较为普遍,有学者认为该模式下司法对监管的"尊重"超出了应然尺度③,在金融执法纠纷以及金融交易纠纷的处理中,司法对监管存在明显依附④。倘若放任金融监管规则对司法裁判强大的决断力,容易扩大行政规章效力致使基本法律效力被架空。立法上严格遵守导致合同无效的规范等级,是为了避免过度的行政管制致使合同无效,以此划定公法上的权力干预和私法上意思自治的界限。⑤ 而目前我国金融私法上的不足无法应对金融风险,稳定的金融立法难以适应灵活的金融创新,面对急速增长的争议纠纷只得引入公法上的规则加以规制,由此出现了金融司法监管化的现象。

典型案例有福州天策实业有限公司诉福建伟杰投资有限公司、君康人寿保险股份有限公司营业信托纠纷案⑥,号称"资管新规第一案"的北大高科、光大兴珑信托借款合同纠纷案⑦。前者虽然以违反社会公共利益为裁判依据,但实际却是以违反规章为依据进行裁判——法官在说理过程也主要论述了《保险公司股权管理办法》的规范目的和内容实质。后者的审理法院直接

---

① 参见《径山报告》课题组:《大国金融的使命——金融服务新发展格局的实践路径》,中信出版集团股份有限公司2022年版,第20页。转引自孙晓勇:《防范化解金融风险的司法逻辑》,载《法律适用》2022年第12期。

② 参见朱大旗:《关于金融司法监管的整体思考——以司法推进金融法治为视角》,载《甘肃社会科学》2012年第5期。

③ 参见冯果、李安安:《收入分配改革的金融法进路——以金融资源的公平配置为中心》,法律出版社2016年版,第35页。

④ 参见刘志伟:《金融法中混业"但书"规定之反思》,载《法学研究》2019年第6期。

⑤ 参见钱弘道、刘静:《金融司法监管化:形成、争议与未来》,载《社会科学战线》2022年第1期。

⑥ 最高人民法院民事裁定书,(2017)最高法民终259号。

⑦ 最高人民法院民事判决书,(2015)民二终字第401号。

援用了《关于规范金融机构资产管理业务的指导意见》(以下简称《资管新规》)第29条,按照"新老划断"原则设置过渡期,认可了涉案合同效力。值得一提的是,早在1999年的华侨投资(香港)有限公司诉中山市供销信托贸易总公司等代开信用证合同纠纷案①及2000年的浙江兴业银行香港分行诉海南恒泰集团有限公司借款、担保合同纠纷案②中,法院均认为涉案担保行为因违反《境内机构对外担保管理办法》而无效。只不过2000年颁布的最高人民法院《关于适用〈中华人民共和国担保法〉若干问题的解释》(已失效)肯定了上述办法,故未引起广泛争议。③

《资管新规》出台后,金融司法监管化现象更加明显。根据新规要求,监管部门对金融机构的资产管理业务实行"穿透式"监管,禁止开展多层嵌套和通道业务。无论是法院还是仲裁庭,在审理资管纠纷过程中都会趋向于判断管理人员是否满足合规性的要求。④ 这也与《九民纪要》确立的穿透性审判思维相一致。

2. 金融司法与金融监管协同式治理的必要性

上述以解决问题为导向的金融司法监管化方式必然有其不成熟之处。支持金融司法监管化的逻辑一般为:金融风险的独特性——金融私法的局限性——金融立法的不完备——法律、法规之外的规则易被架空——金融监管政策的灵活性。反对金融司法监管化的逻辑则为:金融合同的私法属性——坚守意思自治的基本原则——金融司法与金融监管须各司其职——司法监管化会造成司法对监管的依附,戕害私人自由。⑤ 同时,即便以公序良俗为转介条款,也不宜过度引用此兜底条款。毕竟,社会公共利益和案件审理的社会效果的裁判理由就像一个大篮子,"什么都可以往里面塞,就看谁来塞,何时塞,塞什么"⑥。诉讼当事人也将公平意见变成一个纯粹的"橡皮图章",用

① 广东省中山市中级人民法院民事判决书,(1999)中经初字第502号。

② 海南省海口市中级人民法院民事判决书,(2000)海中法经初字第31号。

③ 参见钱弘道、刘静:《金融司法监管化:形成、争议与未来》,载《社会科学战线》2022年第1期。

④ 参见王进、喻锰秋:《资管新规第一案! 资管通道业务是否有效? 且看最高院怎么判》,载微信公众号"金融监管研究院"2018年11月8日,https://mp.weixin.qq.com/s/vIHeATeTa3tq2XaXd8bFjw。

⑤ 参见钱弘道、刘静:《金融司法监管化:形成、争议与未来》,载《社会科学战线》2022年第1期。

⑥ 黄韬:《公共政策法院:中国金融法制变迁的司法维度》,法律出版社2013年版,第70页。

来证明“交易的合理性”。① 诚然,金融司法监管化是防范、化解系统性金融风险的产物,是金融法治应对快速变化的市场和制度的处理方式,但在权力话语安排上仍然须检验其合法性。申言之,金融司法监管化是对分立式治理弊端的反思,但并不是最佳解。此外,“防风险”的底层逻辑也从侧面证实了构建现代金融风险协同式治理体系的必要性。

防范化解系统性金融风险,促进金融创新,激发市场活力,推动金融市场法治化水平提升,不能仅停留在认可目前金融司法监管化现况上。金融司法监管化中司法权和行政权定位不明,规范义务群模糊,且未曾以明确的程序加以约束,司法运行成本过高,这种沟通模式不“科学”更不“协同”。构建现代金融风险协同式治理体系,仍需先明晰金融司法与金融监管的角色定位和功能分工,使其各司其职,在各自权力边界内发挥最大效用,同时又保持开放,加强沟通协调,共同落实党中央的各项政策,维护金融市场的秩序,促进金融稳定和发展。

三、现代金融风险协同式治理体系下的角色定位与功能分工

(一)金融司法的角色定位与功能分工

1. 金融司法的“裁判者”与“治理者”角色

现代金融风险协同式治理体系下的法院不仅是裁判者,也是金融风险的治理者。但如果不能发挥好审判的基本功能,只注重发挥其他社会政治功能,很容易模糊司法的本质和边界,削弱金融司法独立性的屏障,造成权力滥用与个人自由减损,影响金融市场的公平和正义能否得到真正的贯彻和实行。

因此,金融司法同样需要坚持“司法的有限主义”理念,突出辨别是非、释法补漏以及维护权益、控权审规、定罪量刑的法理功能,并从后三个基本功能上衍生出维护社会稳定、引领社会风气等功能。②

① See Jonathan R. Macey, *The Regulator Effect in Financial Regulation*, 98 Cornell Law Review 622(2013).

② 参见孙笑侠:《论司法多元功能的逻辑关系——兼论司法功能有限主义》,载《清华法学》2016 年第 6 期。

金融司法带有极强的监管属性和社会意义，但根本上还是属于“法”的范畴。既然属于法律，按照法律规定审理案件即是裁判者的第一要务。金融司法权作为一项司法权，以判断事实与证据是否满足法定构成要件为本质内容，一旦满足法定构成要件，即可发生法律上规定的效果。而与行政权相比，司法权具有被动性、中立性、形式性、稳定性、专属性、法律性、终极性、交涉性、审级分工性和公平优先性的十大独特属性[①]，而一旦突破这些特性，过于泛政治化，司法权也不能称为司法权了。

2. 金融司法的诉讼个案内部功能与外部功能

金融司法的功能可以分为诉讼个案的内部功能和外部功能。诉讼个案的内部功能主要表现为基本的法理功能：辨别是非、释法补漏以及维护权益、控权审规、定罪量刑，主要可以概括为审理和裁判的基础功能。正如罗斯科·庞德所说，在司法制度里，每一个充满活力的个体共有的利益，每一个旨在保护个人应得利益的忠实的判决是确保一项法律制度行之有效的前提。[②]司法裁判只有保障了个案公正，才能维护社会公共利益。[③]

上述诉讼个案的内部功能依照法条主义的进路得以发挥作用，遵循“法理学模式”（Jurisprudential mode），从规则、逻辑、普遍主义和参与者等角度较为封闭地解释法律问题。[④] 而诉讼个案的外部功能依照评估可能后果的进路[⑤]，遵循“社会学模式”（Sociological mode），从社会结构、行为、变量和观察者等角度较为开放地思考法律问题。最高人民法院印发的《关于深化人民法院司法体制综合配套改革的意见——人民法院第五个五年改革纲要（2019—2023）》（法发〔2019〕8 号）强调，要健全以司法责任制为核心的审判权力运行体系，“由审理者裁判，让裁判者负责”，法官需要在裁判文书中加强说理，努力让群众在每一个司法案件中都感受到公平和正义，而这种说理则需依照基

① 孙笑侠：《司法权的本质是判断权——司法权与行政权的十大区别》，载《法学》1998 年第 8 期。

② 参见［美］罗斯科·庞德：《普通法的精神》，唐前宏等译，法律出版社 2001 年版，第 76 页。

③ 参见黄韬：《公共政策法院：中国金融法制变迁的司法维度》，法律出版社 2013 年版，第 68 页。

④ See Donald Black, *Sociological Justice*, Oxford University Press, 1989, p. 288.

⑤ 参见［美］达玛仕卡：《司法与国家权力的多种面孔》，郑戈译，中国政法大学出版社 2004 年版，第 31～32 页。

本法理功能进行①,以法律为依据,以事实为准绳。

虽然法律一经颁布即滞后于市场的发展——这是法律稳定性带来的必然后果,本身无可厚非。但不能因为金融立法的滞后继而选择大肆扩张行政规章及其他规范性文件的法律效力,甚至将政策当作法律加以参照适用——这些效力等级较低的"法律"和政策需要经过立法等程序上升为全体人民的意志,从而获得被普遍遵守的公信力。作为裁判者的金融司法必须依照法律和行政法规审理案件——即便裁判者知晓现行法律已经无法跟上金融创新的步伐了,原因在于金融司法需要维护法的安定性,给金融市场主体以稳定的预期。拉德布鲁赫曾说过,法律规则的存在比它的正义性与合目的性更重要,法律第一大任务是维护法的安定性,即秩序和安宁。② 只有维护金融市场的秩序和安宁,才能提高金融效率,维护金融公平,促进金融创新。

3. 金融司法的状态差异与层次区分

金融司法的功能可以分为五种状态:审理、裁判、解决、预期、影响。③ 在审理和裁判状态中,需要围绕事实和证据判断出案件的法律效果——这是金融诉讼个案内部的法理功能。在预期和影响状态中,法官需要考虑对金融市场、社会民生、政治大局的社会效果。针对个案本身的事实审理需要放在第一位顺序,其后是考虑预期和影响状态,最终在二者的综合考量之下进入解决状态,形成案件的判决结果。理想中的法律适用是审理、裁判状态能够和预期、影响状态达成统一,继而定分止争进入解决状态,但当案件特殊复杂到了二者不能兼得的情境时,应当尊重金融司法的法律属性,即诉讼个案内部的法理功能。毕竟,司法权力是国家权力中最为消极中立的权力,不宜过度发挥社会功能。"司法以谦抑为贵。"④如果司法过于考虑社会功能,不仅会造成司法权力过于泛化,更会带来权力的腐败和寻租。现实中就有不少行政机关的领导干部以"大局"意识为名,通过开听取报告会、开协调会、发文件等形式干预个案司法,此类违法行为受到了中共中央、国务院的高度重视并出

---

① 孙笑侠:《论司法多元功能的逻辑关系——兼论司法功能有限主义》,载《清华法学》2016年第6期。

② 参见[德]G. 拉德布鲁赫:《法哲学》,王朴译,法律出版社2005年版,第75页。

③ 参见孙笑侠:《论司法多元功能的逻辑关系——兼论司法功能有限主义》,载《清华法学》2016年第6期。

④ [日]山本祐司:《最高裁物语——日本司法50年》,孙占坤、祁玫译,北京大学出版社2005年版,第453页。

台了相关文件加以规制。但上述不可兼得情况下的矛盾并非不可调和,可以利用利益衡量的方法,使冲突双方尽可能实现其目的。①

在审理和裁判状态中,法院需要依据成文规定,目光不断往返于事实和规范之间,将事实一一涵摄入规范要件,得出相应的法律效果。在预期和影响状态下,法院需要衡量个案之中的法益,解决原则冲突或者规范冲突。② 根据罗伯特·阿列克西的理论,法律是由规则和原则两种不同性质的基本规范组成的,它们分别依靠涵摄和衡量两种不同的方式被适用。③ 因此,审理和裁判状态下主要适用涵摄规范方法,预期和影响状态下主要适用衡量规范方法。

4. 金融司法的内部功能与外部功能

上述对协同式金融风险治理体系下金融司法功能的讨论仅局限在司法机关和当事人之间。事实上,金融司法诉讼个案的内部功能和外部功能处理的是司法机关和当事人之间的关系。对于司法机关内部而言,案例指导制度和造法性司法解释是金融司法发挥其法律功能的重要表现形式。

我国的案例指导制度可以理解为是"最高人民法院通过组织化程序将特定生效裁判确立为'纵向的先例'的一种制度"④。"纵向的先例"是指"诉讼体制中低层级的法院对上级法院先前意见的习惯上的尊称"⑤。通过"遴选"、"确定"、"发布"、"效力"、"参照"和"案件承办人员的查询、引述、回应并说明理由义务"共六个组织化环节,最高人民法院将自己的意思表示注入"裁判要点",使之发生先例拘束力。⑥ 最高人民法院印发的《关于案例指导工作的规定》(法发〔2010〕51 号)更是标志着我国在制度层面上确立了司法

① 如有学者认为,必须以适应性导向、针对性举措和法治化追求为指引,充分考量金融法律纠纷的特点,探索一种适合于金融法律纠纷解决的利益衡量方法。参见朱飞:《金融法裁判的利益衡量方法》,载《法律方法》2018 年第 3 期。关于利益衡量的相关论述,可参见梁上上:《利益衡量论》,北京大学出版社 2021 年版。

② 参见[德]卡尔·拉伦茨:《法学方法论》,陈爱娥译,商务印书馆 2003 年版,第 247 页;[德]卡尔·拉伦茨:《法学方法论》,黄家镇译,商务印书馆 2020 年版,第 508 页。

③ 参见余净植:《"利益衡量"理论发展源流及其对中国法律适用的启示》,载《河北法学》2011 年第 6 期。

④ 王天华:《案例指导制度的行政法意义》,载《清华法学》2016 年第 4 期。

⑤ [美]迈克尔·穆尔:《解释的解释》,载[美]安德雷·马默主编:《法律与解释(法哲学论文集)》,张卓明等译,法律出版社 2006 年版,第 34 页。

⑥ 参见王天华:《案例指导制度的行政法意义》,载《清华法学》2016 年第 4 期。

案例对司法审判活动的指导作用。[①] 截至2019年公布的112个指导案例中,虽然只有13个涉及金融领域的指导案例,但在很大程度上体现了金融司法下的剩余立法权对金融法律的漏洞填补,有利于创生新的适应金融市场的审判规则,并及时推广金融审判经验,形成可复制的经验[②],共期实现"同案同判"。

除了自上而下的案例指导制度,2022年7月5日,上海金融法院正式发布了《关于金融市场案例测试机制的规定(试行)》,针对金融市场和我国经济发展,创造性地提出了具有我国特色的金融案例测试机制。金融案例测试机制发端于英国,测试机制项下的纠纷具有抽象性,案件与审理法官具有专业性,诉讼当事人具有代表性。[③] 金融市场案例测试制度旨在解决我国金融市场"亟待明晰的重要、典型法律问题,满足金融改革创新对明确规则指引和法律风险压力测试的需求"[④],金融机构及金融交易相对方可以针对准备开展或者正在开展的金融业务中具有前沿性、亟待法律明确、对金融市场具有重大影响的纠纷申请进行金融案例测试。虽然目前仍处于试行阶段,但金融案例测试机制仍属于金融司法积极发挥法律功能的形式,防范金融风险,促进金融司法的"诉源治理"。

传统的司法解释也是最基本的法律漏洞填补的方式。法律未经解释不得适用。在我国,司法解释除了立法机关对法律规范的解释外,还包括司法机关在审判实践中将抽象性法律转换成具体行为规范的解释,司法与立法之间的良性互动能够避免审判脱离实际,回应司法诉求。我国的造法性司法解释不仅具有司法的功能,还具有补充法律规范进而进行次生性立法的功能。[⑤] 金融领域的司法解释涉及银行业、证券业、期货业、票据业、保险业、资产管理等各方面,行使司法解释权需要立足于金融法的基本精神和原则,通过运用体系解释、目的解释、文义解释等方法创设更为细化的审理规则。以最高人

---

① 参见顾培东:《判例自发性运用现象的生成与效应》,载《法学研究》2018年第2期。

② 参见朱飞:《金融法剩余立法权的司法主张》,华东政法大学2019年硕士学位论文,第162页。

③ 参见胡学军、罗楠:《中国金融案例测试机制生成的内在逻辑》,载《上海金融》2022年第9期。

④ 上海金融法院《关于金融市场案例测试机制的规定(试行)》第1条。

⑤ 参见朱飞:《金融法剩余立法权的司法主张》,华东政法大学2019年硕士学位论文,第168页。

民法院《关于审理民间借贷案件适用法律若干问题的规定》(法释〔2015〕18号,2020年第二次修正)为例,在该司法解释颁布不到一年的时间里,已有6.6万份司法判决援用了该解释,约占同期最高人民法院汇聚的31.79万份民间借贷一审判决书的20.7%。[①] 在我国二元一级司法解释体制之下,最高人民法院和最高人民检察院作为国家司法机关共同行使司法权,创设具有普遍约束力的系统性规范。

(二)金融监管的角色定位与功能分工

1.金融监管的"执法者"角色

现代金融风险协同式治理体系下的监管机构是金融市场的执法者和管理者,也是金融风险的治理者。金融监管机构需要依法对金融机构的市场准入、持续经营以及市场退出进行全方位监管,维护金融业公平竞争,保护当事人合法权益,从而促进金融业稳健运行,控制系统性金融风险。在整个过程中,金融监管机构对金融机构和金融市场交易行为进行公权力干预,通过运用规则制定权、金融许可权和金融处罚权等监管权力进行积极的金融监管和消极的金融监管。[②]

在目前的"一委一行一会一局"金融监管体系中,国家金融监督管理总局统筹中国人民银行的金融消费者保护职责和中国证监会的投资者保护职责,夯实行为监管下金融消费者权益集中保护的制度基础,以此协同实现对金融消费者保护的"实质正义"。金融监管的触角不仅伸向传统的银行业、证券业、保险业、信托业等金融领域,也伸向新兴的P2P网络借贷、众筹等互联网金融领域,以及民间借贷、影子银行等非传统金融领域。[③]

作为执法者的金融监管机构,需要根据金融领域的法律法规开展相关的执法活动,做到依法监管、依规监管,把金融监管权力牢牢关进制度的笼子中,相关执法活动必须遵循程序化、规范化原则。

在证券领域的监管职能分工上,根据《证券法》第169条的规定,中国证监会可以依法行使规则制定权,制定证券市场监督管理的规章、规则,同时行使金融许可权,进行相应的审批、核准、注册,办理备案。在监管对象上,中国证监会需要对证券的发行、上市、交易、存管、结算等行为和证券发行人、证券

① 参见徐隽:《大数据,如何让司法更智慧》,载《中国工人》2016年第12期。

② 参见刘骏:《法院影响金融监管的可能路径》,载《甘肃政法大学学报》2020年第6期。

③ 参见陈志武:《金融的逻辑1:金融何以富民强国》,西北大学出版社2014年版,第3页。

公司、证券服务机构、证券交易场所和证券登记结算机构的证券业务活动进行监管,制定相应的从业行为准则,对自律管理活动进行指导和监督等。在程序方面,如《证券法》第172条也规定了中国证监会在进行监督检查或者调查时,人数上存在不得少于2人的限制,并且应当出示合法证件和监督检查、调查通知书等执法文书。不满足上述程序性规定时,被检查人员有权拒绝。

在银行领域的监管职能分工上,根据《中国人民银行法》第32条第1款的规定,中国人民银行有权对金融机构及其他单位和个人的执行有关存款准备金管理规定的行为、与中国人民银行特种贷款有关规定的行为、执行有关人民币管理规定的行为、执行有关银行间同业拆借市场及银行间债券市场管理规定的行为,以及执行有关外汇、黄金、清算、反洗钱等规定的行为进行检查监督。当然,中国人民银行一般主要负责货币政策和宏观审慎政策,根据《中国人民银行法》第33条前半句之规定,在微观审慎监管上,中国人民银行可以建议国务院银行业监督管理机构对银行金融机构进行检查监督。例如,对于一般的商业银行,当其已经或可能发生信用危机,严重影响存款人利益时,依据《商业银行法》第64条第1款之规定,国务院银行业监督管理机构可以对该银行进行接管,以恢复该银行的正常经营能力。接管的程序性限制包括了对接管决定载明内容的要求、接管日期开始和期限的限制以及接管终止的法定要件。

在保险业的监管职能分工上,根据《保险法》第134条的规定,国务院保险监督管理机构拥有规则制定权,能够依照法律、法规制定并发布有关规章。在金融许可权的行使上,根据《保险法》第135条第1款的规定,国务院保险监督管理机构需要遵循保护社会公众利益和防止不正当竞争的原则,审批关系社会公众利益的保险险种、依法实行强制保险的险种和新开发的人寿保险险种等的保险条款和保险费率。在金融处罚权的行使上,根据《保险法》第138条的规定,对偿付能力不足的保险公司,国务院保险监督管理机构可以将其列为重点监管对象,根据情况采取责令增加资本金或办理再保险、限制业务范围、限制向股东分红、限制固定资产购置或经营费用规模等强制措施。当保险公司的偿付能力不足时,国务院保险监督管理机构也可依据《保险法》第144条进行接管,和对银行的接管类似,对保险公司接管的程序性限制也同样包括了接管日期开始、期限的限制和接管终止的法定要件。根据属地化的监管原则,各地监管局在国家金融监督管理总局的总体要求下进行管理。

除此之外，虽然目前我国的《信托法》没有对信托监管机构的义务作出明确规定，但根据《银行业监督管理法》第2条第3款的规定，金融资产管理公司、信托投资公司、财务公司、金融租赁公司以及经国务院银行业监督管理机构批准设立的其他金融机构的监督管理，均适用《银行业监督管理法》对银行业金融机构监督管理的规定。虽然我国金融领域的法律大部分都遵循了“宜粗不宜细”的立法原则，但对于作为执法者的监管机构而言，还是存在有法可依的规范。

2. 金融监管的“管理者”与“治理者”角色

作为执法者的监管机构，需要根据法律法规的明文规定，对违法行为予以规制。但作为管理者的监管机构，往往需要根据金融政策的精神，服务宏观经济大局，调整相应的监管活动。德国学者拉尔夫·萨伊内克（Rudolf Wiethöelter）认为，经济法是一种缺乏政治本性的政策性法律，它的存在不得不考虑社会和经济政策的措施。① 金融法作为私法与公法相结合的法律，具有浓厚的政策属性，往往会成为宣示政策的载体，带来政策属性过分张扬而规范属性明显隐退的后果。② 但在金融法不完备时，金融政策能够发挥相应的弥补功能，起到软法指导的作用③，成为先导性和规范性依据，发挥金融法剩余立法权弥补法律漏洞④，从而防范、化解系统性金融风险，维护金融市场安全稳定。但监管机关需要避免用政策代替法律，出现“法律的空洞化”⑤现象。毕竟，在法治国家，法律是第一性的，政策应该是第二性的。

2020年，“一行两会”等相关部门大致释放了300项金融相关的政策信息⑥，配合国家区域经济战略、资本市场战略和金融对外开放战略。监管部门也根据国家政策相应地调整监管布局，如在资本市场中针对上市、重组、再融

① 参见史际春主编：《经济法总论》，法律出版社2000年版，第20~21页。

② 参见于浩：《当代中国立法中的国家主义立场》，载《华东政法大学学报》2018年第5期。

③ 有学者认为，软法打破了国家对法资源的垄断，解决了法概念缺乏层次性的问题，丰富了法律的形成、实施诸机制，软法理论能够有效解释中国的法律制度和法治现状，推动法治社会建设，全面落实依法治国。参见罗豪才、周强：《软法研究的多维思考》，载《中国法学》2013年第5期。

④ 参见朱飞：《金融法剩余立法权的司法主张》，华东政法大学2019年博士学位论文，第109页。

⑤ 参见邢会强：《政策增长与法律空洞化——以经济法为例的观察》，载《法制与社会发展》2012年第3期。

⑥ 参见黄爱民：《2020年中国300项金融相关政策全解读》，载知乎网2020年7月12日，https://zhuanlan.zhihu.com/p/158935610。

资政策、新三板和其他领域的改革,中国证监会发布相关的决定、管理办法、指导意见等政策性文件,服务金融市场大局发展。

3. 自律性组织的金融监管角色

除了监管机构对金融行业的审慎监管外,广义上的金融监管还包括行业协会等自律性组织的监督和管理。自律性监管,是指一系列以公共利益为导向、允许被监管者管理监管过程的监管体系。①

以中国信托业协会为例,作为和银行业协会、财务公司协会地位相同的非营利性组织,中国信托业协会以加强信托业自律管理为目的,全面评价信托公司经营管理状况,督促信托公司合法经营。2015 年,中国信托业协会还推出了《信托公司行业评级指引(试行)》,通过对信托公司资本实力(Capital Strength)、风险管理能力(Risk Management)、增值能力(Incremental Value)、社会责任(Social Responsibility)评级的"短剑"(CRIS)体系,鼓励信托公司强化资本实力,化解金融风险。2023 年,国家金融监督管理总局在此基础上进一步印发了《信托公司监管评级与分级分类监管暂行办法》(金规〔2023〕11 号),将行业评级规则上升为监管评级规范。

成立较早的中国证券业协会还制定了《中国证券业协会会员公约(试行)》(已失效)、《中国证券业协会章程》等一系列自律性规范,协会的法律地位和职责也得到了《证券法》的肯定。如《证券法》第 166 条规定,证券业协会应当教育和组织会员及其从业人员遵守法律法规,开展诚信建设,履行社会责任等。

再如,中国基金业协会注重在私募基金业务的事前、事中、事后开展自律管理,提升公信力,通过在受托登记备案环节提高专业化约束,实施会员分类征信管理,打造严格透明的自律执纪机制,健全基金行业自律规范。与法律法规相比,自律性规范可以"触及或者伸入到法律不能到达的角落"②。国际证券交易所联合会(International Federation of Stock Exchanges, Federation internationale des boursesde valeurs, FIBV)1992 年的白皮书中强调了自律管理作为金融市场基础性制度安排的地位——"自律是并且一直是对金融市场进

① See Rohana bte Saharom, *The Share Market: The Control of Self-Regulation*, 11 Singapore Law Review 160(1990).

② 朱飞:《金融法剩余立法权的司法主张》,华东政法大学 2019 年博士学位论文,第 104 页。

行管理的第一步”①。

目前,我国的金融自律性组织有中国证券交易所、中国金融期货交易所、中国证券业协会、中国基金业协会、中国银行业协会、中国保险业协会、中国信托业协会等。与政府监管相比,自律性规范具有灵活性、专业性、低成本等优势,能够保持组织的独立性和自主性。② 但由于其代表立场仅仅拘泥于本行业的集中利益,无法兼顾全体社会公共利益,容易造成限制竞争乃至行业垄断等后果。并且,自律组织管理手段相对单一,“主要依靠声誉机制和竞争手段强化自律监管的效用”③,缺乏强制力,适用范围受到约束,故在监管效力上并没有政府监管成效显著。

四、现代金融风险协同式治理体系的完善方向

(一)尊重监管规则,加强沟通协调与共同追责

根据前文所述,金融风险分立式治理模式存在严重不足,在应对现代金融大市场时存在不少掣肘之外,重新界定金融司法和金融监管的角色和功能,构建现代金融风险协同式治理体系是应有之义。目前我国已意识到分立式治理模式的弊端,逐渐从单一监管走向协同监管。为了推进金融市场法治化建设,改善金融司法监管化现象,我国已逐步推进金融司法专门化,目前已初步形成了由上海金融法院、北京金融法院、成渝金融法院三家专门金融法院和一系列金融法庭共同组成的金融司法专门化审判体系。为了进一步完善金融风险协同式治理体系,除了金融监管和金融司法各自需进一步完善外,如金融监管对分业和混业的规则细化④、金融法院的管辖范围进一步拓展等⑤,还需要实现金融监管和金融司法之间的协同治理和优势互补,提升金融

---

① 时文朝:《金融市场自律管理的作用和边界问题》,载《金融市场研究》2013 年第 1 期。

② See Rohana bte Saharom, *The Share Market: The Control of Self-Regulation*, 11 Singapore Law Review 158(1990).

③ 参见朱飞:《金融法剩余立法权的司法主张》,华东政法大学 2019 年博士学位论文,第 107 页。

④ 参见刘志伟:《金融法中混业“但书”规定之反思》,载《法学研究》2019 年第 6 期。

⑤ 参见陈道富、王刚、尚博文:《金融法院管辖范围待拓展》,载《中国金融》2021 年第 8 期。

市场风险治理的绩效[①],推进金融监管部门、金融政策、金融市场与司法审判之间形成协同效应[②]。

首先,金融司法应当尊重金融监管规则,双方加强协调沟通,共同追究金融违法行为责任。必须说明的是,这种"尊重"是在合理范围内的尊重,而不是"强监管、弱司法"模式下超出应然尺度的"尊重"。[③] 基于金融监管的技术性、专业性和复杂性[④],金融司法对金融监管制定的政策和采取的措施予以一定的尊重。但随着金融法院专门化的推进,司法部门一定程度上需要拥有和监管部门相同的金融风险识别能力和知识水平,转换传统民商事裁判思路。金融司法不宜过分依附金融监管——过分依附对我国法治化建设有百害而无一利。并且金融司法需要大力支持金融监管单位依法行政,推进金融规范执法。[⑤]

以金融司法评判金融监管规则效力问题为例,金融司法可以通过转介条款的民事规范肯定行政规章的效力。毕竟,行政规章和地方性法规也体现了相当多的社会公共利益。[⑥] 而如果行政规章和地方性法规存在部门保护主义或者地方保护主义的倾向,法院也可审视违反行政规章的行为是否必然会违反社会公共利益,通过转介条款肯定或否定行政规章和地方性法规的效力,防止国家对私人生活的不当干预。

目前金融司法对金融监管的"尊重"形式,主要应体现在对金融交易行为效力的判断上,即最高人民法院所确立的违反法律强制性规范无效的规定应当拓展到金融行政规章,并仅限于效力性的金融行政规章。有学者认为,在适用《民法典》侵权责任编规制路径的民事违法行为上,金融司法应将金融监管规则对金融机构所作的要求作为法律上对金融机构注意义务和忠实义务的当然要求。并且,通过将违反金融监管规则强制性规定行为仍然有效情形

---

① 参见鲁篱:《论金融司法与金融监管协同治理机制》,载《中国法学》2021年第2期。

② 参见孙晓勇:《防范化解金融风险的司法逻辑》,载《法律适用》2022年第12期。

③ 参见冯果、李安安:《收入分配改革的金融法进路——以金融资源的公平配置为中心》,法律出版社2016年版,第35页。

④ 参见俞祺:《行政规则的司法审查强度——基于法律效力的区分》,法律出版社2018年版,第110页。

⑤ 2014年以来,除2015年数据略有下降,金融行政诉讼案件一审收案量呈现增长趋势。以北京金融法院为例,截至2022年11月,已经受理涉及"一行两会一局"等国家金融监管部门的行政案件650件。参见孙晓勇:《防范化解金融风险的司法逻辑》,载《法律适用》2022年第12期。

⑥ 参见黄忠:《违法合同的效力判定路径之辨识》,载《法学家》2010年第5期。

予以类型化、对否认监管规则效力的判决进行内部专业性审查和相关指导，限制法院否定行政机关规章有效性的效力。[1] 制度化的建设能够为金融司法如何"尊重"金融监管提供指引与参照。截至2018年3月，涉及"一行三会"和其分支机构的金融行政判决书仅有172份，其中涉及中国人民银行及其分支机构的判决书有21份，支持或部分支持行政相对人诉请的仅有6份[2]，司法裁判对金融监管的参与度也亟须提高。

其次，强化金融司法和金融监管之间的沟通和协调，发挥监管合力。最高人民法院2017年《关于进一步加强金融审判工作的若干意见》第四部分"依法服务和保障金融改革，建立和完善适应金融审判工作需要的新机制"下第25条明确强调要建立人民法院和金融监管机构之间的沟通机制，定期通报涉及金融风险防范和金融安全的重要案件情况，强化金融监管和金融审判的衔接配合。有学者认为，可以将金融司法与金融监管沟通协调的案件限定为三种类型：否定已有金融监管规则的效力或者间接否定金融监管规则制定的行为、通过裁判确立新的金融监管规则、具有较强金融风险隐患并可能引发传染性金融风险的重大案件。[3] 在沟通形式上，可以充分发挥上文已阐明的司法和监管功能的机制。法院可以通过确立指导性案例、造法性司法解释、出具司法建议书等加强沟通协调，完善金融交易规则。在信息数据的协同上，双方应共同构建金融审判领域的监测预警机制，建立金融案件大数据资源库，健全金融风险防范信息共享机制。

以北京金融法院在数据协同方面的工作为例，北京金融法院和北京市金融监督管理局对接，将"冒烟指数"引入大数据中心，量化金融风险并对其进行分级预警，在立案、审判、执行等各阶段对案件承办法官进行风险提示，并且建立法院和金融管理机构的常态化沟通机制，联合研判关乎金融审判执行、金融行业态势与疑难问题等，统一金融司法与金融监管的标准，努力实现金融司法与金融监管之间的协同共融。[4]

在此基础之上，金融监管机构可以将发现的违法事实及时报告或移送至

① 参见鲁篱：《论金融司法与金融监管协同治理机制》，载《中国法学》2021年第2期。

② 参见王刚、范一、王晓晴：《我国金融法院的现状挑战与未来发展》，载《重庆理工大学学报（社会科学）》2021年第5期。

③ 参见鲁篱：《论金融司法与金融监管协同治理机制》，载《中国法学》2021年第2期。

④ 参见张艳花、薛小玉：《投资者保护再探新路——专访北京金融法院副院长薛峰》，载《金融博览（财富）》2021年第7期。

司法机关处,共同追究金融违法者的法定责任[1],避免出现分立式治理体制下的法律投机主义和监管套利,使违法者因不法行为而获利。

(二)完善责任规范,构建金融机构义务规范群

现代金融风险治理体系下应构建一套系统完善的金融机构义务规范群。正如前文所述,“尊重”原则之下的金融机构义务规范群往往可以成为金融司法认定和金融监管规则之间联系的“桥梁”。由于我国金融业一开始就受到“分业而治、机构监管”的约束,金融机构的义务来源和义务标准往往不一,纠葛不清[2],不同的履行标准为司法适用带来了难题,造成“同案不同判”。故厘清金融机构义务规范,便于金融司法与金融监管对义务违反的协同认定。

以资管业务为例,有学者提出可以将信义关系作为构建资管业务中金融机构义务统合的法律基础。[3] 根据信义权力理论(Fiduciary Powers Theory),信义关系指的是受托方对受益方的重大实际利益具有自由裁量和酌情处理的权力。[4] 信义关系需要具备三种要素:委托人对受托人的信任、委托人的授权、委托人因授权面临的风险。[5] 金融法律关系之下的金融消费者和金融机构之间基于信任建立的信义法律关系,不同于一般平等民事主体之间的合同关系。将大额财产移转至金融机构资产管理项目的金融消费者,往往在信息掌握、专业技能和资产处分方面处于劣势,金融消费者和金融机构之间的权利义务关系并不对等,故采用信义关系解释路径可以对金融机构施以更为直接有效的监督约束,保护金融消费者合法权益。[6] 设置金融机构义务规范群的法理依据在于通过设定义务和实施责任规则,内部化个人行为的外部成本,促使个人选择社会最优的行为。因此,对金融机构设置义务,其实就是建

---

① 参见朱大旗、危浪平:《关于金融司法监管的整体思考——以司法推进金融法治为视角》,载《甘肃社会科学》2012 年第 5 期。

② 如对于适当性义务,司法实践在义务性质、履行主体和义务内容、司法判断标准方面存在适用分歧,这与对金融机构适当性义务的理论理解不同有关,参见李游:《金融机构适当性义务的履行判断和责任承担——基于 834 份裁判文书的分析》,载《政治与法律》2022 年第 11 期。对于董事勤勉义务,法院审查标准亦存在模糊性与不确定性,参见王真真:《董事勤勉义务制度的利益衡量与内涵阐释》,载《财经法学》2022 年第 3 期。

③ 参见周友苏、庄斌:《资管业务中金融机构义务统合与范式表达》,载陈洁主编:《商法界论集》第 6 卷,法律出版社 2020 年版,第 65 页。

④ See Tamar Frankel, *Fiduciary Law*, Oxford University Press, 2011, p. 69 – 73.

⑤ See Tamar Frankel, *Fiduciary Law*, Oxford University Press, 2011, p. 4 – 5.

⑥ 参见周友苏、庄斌:《资管业务中金融机构义务统合与范式表达》,载陈洁主编:《商法界论集》第 6 卷,法律出版社 2020 年版,第 71 页。

立相对细化的责任规则来规范金融市场,从而控制金融风险。

在资管业务公募情形下,金融机构义务主要集中来自证券法、公司法等法律、法规以及规章中关于规范上市公司的规定,如信息披露义务、禁止虚假陈述义务、禁止内幕交易义务、禁止操纵证券市场义务等,已经初步形成了周详完备的义务群体系。在私募情形下,可以从资管合同缔约阶段下金融机构的适当性义务(suitability duty)、说明义务、禁止不当劝诱行为义务,资管合同履行阶段下金融机构的谨慎投资义务、最佳执行义务、信息披露义务,以及资管合同终止后金融机构的信义义务来展开。① 金融机构义务规范群也可参照合同关系的历时性来划分义务内容。从义务方视角观察,合同关系属于一组以主给付义务为核心的合同义务群,合同缔约前、履行时、履行后的缔约主体需要承担先合同义务、从给付义务、附随义务、后合同义务等规范义务②,这些义务共同组成了合同义务。

需要注意的是,金融机构的义务规范可能贯穿合同缔约全过程。以适当性义务为例,虽然适当性义务和先合同义务的理论基础都是诚信原则,且二者都是法定义务,但适当性义务不宜作为先合同义务来解释。③ 适当性义务指金融机构需要将适当的产品向适当的客户推介、销售。④ 明确提出适当性义务的是2005年发布的《商业银行个人理财业务管理暂行办法》(以下简称《暂行办法》,已失效)第37条第1款。《暂行办法》规定了商业银行利用理财顾问向客户推介投资产品时,应对客户的风险偏好、风险认知能力和承受能力有着基本了解,评估客户的财务状况,从而向客户提供合适的投资产品。时隔十四年,《九民纪要》第五部分"关于金融消费者权益保护纠纷案件的审理"下第72条对适当性义务进行了明确阐述。金融机构在向金融消费者进行推介、销售或者提供服务时,必须充分了解客户和产品,将适当的产品或服务提供给适当的金融消费者。第72条限定了适用于适当性义务的产品范

① 参见周友苏、庄斌:《资管业务中金融机构义务统合与范式表达》,载陈洁主编:《商法界论集》第6卷,法律出版社2020年版,第75~82页。

② 参见王泽鉴:《民法学说与判例研究》(重排合订本),北京大学出版社2015年版,第381页。

③ 参见李游:《金融机构适当性义务的履行判断和责任承担——基于834份裁判文书的分析》,载《政治与法律》2022年第11期。

④ 参见任自力、刘佳:《论金融机构适当性义务的理论基础与规则完善》,载《中南大学学报(社会科学版)》2021年第5期。

围,如银行理财产品、保险投资产品、信托理财产品、券商集合理财计划、杠杆基金份额、期权和其他场外衍生品等高风险等级的金融产品,以及金融消费者参与融资融券、新三板、创业板、科创板、期货等高风险等级投资活动。在美国,适当性义务存在代理理论(the Agency Theory)、信义义务理论(the Fiduciary Theory)、招牌理论(the Shingle Theory)三种。在信义义务理论下,信义义务由注意义务(duty of care)和忠实义务(duty of loyalty)构成,要求作为投资顾问的金融机构在任何时候都要服务于客户的最佳利益,而不能将自己的利益置于客户利益之上。①

但我国法律制度下并不存在普通法系下的“信义义务”一词,因此有学者认为,落实到我国的本土化状况,不妨以诚信原则作为适当性义务的理论基础。② 由诚信义务统领包括适当性义务在内的金融机构义务规范,如投保人的如实告知义务、保险人的提示和说明义务、保险中介的产品建议义务、控股股东或董事对公司的忠实勤勉义务、金融产品销售者的不当劝诱禁止义务等。金融机构的适当性义务在位阶上高于现有金融部门法中的提示说明义务、信息公开义务、董事注意义务,但这种位阶高低并不绝对,适当性义务和提示说明义务、信息公开义务、董事注意义务在内容上都存在一定的交叉或者重叠。③

总而言之,打造富有层次、规范具体的金融机构义务规范群任重道远。混乱、模糊的金融机构义务规范群潜伏着金融消费者分类和风险类型标准划分的不统一,反映了金融产品评级制度的不科学④,不利于我国资本市场的规范运行。

(三)加强权益保护,推进金融消费者公益诉讼

现代化金融风险协同式治理体系需要加强对金融消费者的权益保护,稳步推进金融消费者公益诉讼。推进金融消费者公益诉讼,能够为金融消费者提供更便捷的司法救济渠道,平衡金融消费者的弱势地位,缓解由于信息不对称和专业水平不足带来的困境,最终维护我国金融市场的稳定。毕竟,金

① 参见美国1940年《投资顾问法》释令2106。

② 参见任自力、刘佳:《论金融机构适当性义务的理论基础与规则完善》,载《中南大学学报(社会科学版)》2021年第5期;李游:《金融机构适当性义务的履行判断和责任承担——基于834份裁判文书的分析》,载《政治与法律》2022年第11期。

③ 参见任自力:《金融机构适当性义务的规范逻辑》,载《法律适用》2022年第2期。

④ 参见任自力:《金融机构适当性义务的规范逻辑》,载《法律适用》2022年第2期。

融危机产生的一大原因是金融消费者权益保护的缺失,金融机构不当行为导致金融消费者的疯狂挤兑。而金融案件尤其是破产或者证券欺诈案件,往往又涉及众多金融消费者。① 此外,推进金融消费者公益诉讼有利于解决群体性、涉众型金融消费纠纷案件,如证券侵权纠纷、互联网金融纠纷等。并且在强化民事责任追究、提高金融市场违法违规成本方面,以及提高金融消费纠纷案件的处理效率、实现诉讼经济和裁判统一方面也有积极作用。②

我国金融消费者公益诉讼的建立健全,首先需要厘清金融消费者的概念。2006 年 12 月,中国银监会印发的《商业银行金融创新指引》(银监发〔2006〕87 号)首次使用了"金融消费者"的概念。其中,第 4 条规定,金融创新需要"更好地满足金融消费者和投资者日益增长的需求";第 18 条规定,商业银行开展金融创新活动,应"充分维护金融消费者和投资者利益"。十年之后,中国人民银行发布了《中国人民银行金融消费者权益保护实施办法》(银发〔2016〕314 号,已失效),该实施办法继续沿用了"金融消费者"的表述,并对"金融消费者"的概念和行为规范作出了更加细化的规定。如第 2 条第 2 款规定,金融消费者是指购买、使用金融机构提供的金融产品和服务的自然人。2019 年,《九民纪要》专章讨论了关于金融消费者权益保护纠纷案件的审理问题。2020 年,中国人民银行通过了《中国人民银行金融消费者权益保护实施办法》(中国人民银行令〔2020〕第 5 号),将原先的规范性文件效力升格为部门规章。此外,还增设了"法律责任"一章,提高对金融消费者权益保护的力度,保护金融消费者根本利益。但在具体覆盖范围的界定上,有学者认为,上述规章及规范性文件中的"金融消费者"仅包含银行、支付机构等金融机构的消费者,并不包括证券、保险机构的投资者。关于是否要将投资者纳入金融消费者保护范围之内,分歧一直较大。③ 但根据《九民纪要》第 72 条的表述,金融消费者不局限在银行理财产品的销售对象中,保险投资产品、信托理财产品、券商集合理财计划、杠杆基金份额、期权及其他场外衍生品等高风险等级金融产品的销售对象仍然属于"金融消费者",并且金融消费者仍然可以参与到融资融券、新三板、创业板、科创板、期货等高风险等级投资活动

---

① 参见管斌、万超:《论我国金融监管权"央 - 地"配置制度的科学设计》,载《中国矿业大学学报(社会科学版)》2020 年第 1 期。

② 参见李成斌:《金融消费者公益诉讼问题探究》,载《法律适用》2022 年第 3 期。

③ 参见李成斌:《金融消费者公益诉讼问题探究》,载《法律适用》2022 年第 3 期。

中。一言以蔽之,金融消费者仍需一个更加成熟的理论体系以获得更大共识。

此外,金融消费者诉讼的适格主体仍需进一步明确。以证券公益诉讼制度的构建为例,可以针对损害投资者合法权益的证券欺诈民事侵权行为,依法设立由证券投资者保护机构、法律规定的机关和有关组织提起的证券民事公益诉讼机制。对于公益诉讼和私益诉讼之间的衔接问题,上海金融法院《关于服务保障设立科创板并试点注册制改革的实施意见》第6条在审判实践中对投资者私益诉讼裁判依据的认定进行了具体说明。就社会团体而言,中证中小投资者服务中心有限责任公司(以下简称投服中心)目前承担了证券代表人的责任,作为中小投资者公益维权和服务的组织,投服中心会对证券特别代表人诉讼、支持诉讼、股东诉讼进行维权,诉讼具体方案也会以公告的形式告知中小投资者,切实保障金融消费者的合法权益,在提起公益诉讼方面存在较高的专业知识和经验积累。① 但总体而言,我国证券公益诉讼的制度构建,还有相当大的完善空间。

五、结论

现代金融协同式治理体系建设任重道远,其体系下的金融司法与金融监管需要厘清自己应有的定位,发挥自己权力边界范围内的功能和作用。金融司法是体系内的裁判者,金融监管是体系内的执法者和管理者,二者都是现代金融风险的治理者。提升金融司法机关的审判能力,稳步推进金融市场法治化进程,让裁判者裁判,让执法者执法,让管理者管理,各司其职、各得其位,不缺位、不越位,才能最大限度发挥金融司法和金融监管的协同效应,形成帕累托最优效应。当前,我国正逐步推进金融司法专门化建设,并设立了上海、北京、成渝三家金融法院和若干金融法庭。建立健全现代金融协同式治理体系,不仅需要以审判机关专门化为主导内容的司法体制改革,也需要金融司法与金融监管之间互相尊重,加强彼此之间的协调沟通,共同追究金

---

① 截至2021年9月底,投服中心提起支持诉讼45件,支持诉讼诉求金额约1.22亿元;获赔总金额约5989万元,其中判决获赔金额约5454万元,和解获赔金额约535万元,发起特别代表人诉讼1起。参见中证中小投资者服务中心网站,www.isc.com.cn。

融违法者的责任；同时，完善监管规则，构建金融机构义务规范群，加强对金融消费者的权益保护，推进金融消费者公益诉讼。只有这样，现代金融协同式治理体系才能拥有更加科学的结构和层次，提高金融纠纷解决机制的国际影响力，助力我国迈向现代化金融强国。

The Role of Modern Financial Judiciary in the Collaborative Governance of Financial Risk

Abstract: In the system for the governance of financial risk, the functional role of financial judiciary has undergone a change from "separate governance with financial regulation" to "collaborative governance with financial regulation". Judging from the course of development for the Financial Law, China has a feature of "attaching great importance to administration, but less importance to judiciary". At the early stage, the court was often bound by the insufficient provision of resources, such as the "Financial Judges" and "rules", hence there was a tendency that it gave way to financial regulation. However, such a judicial position is easy to cause the lack of protection of the civil rights and interests of the financial consumers, which does not benefit the stable development of financial market. The modern financial judiciary should no longer limit itself to merely the internal functional role as the "Judge", instead, it should also serve the external functional roles of guiding, preventing, warning and governing either in financial development or in financial risk prevention and control. This makes the modern financial judiciary not only pursue its legal effect of "dispute settlement"—to rule on a case with a focus on facts and evidences, but also need to take on the role of collaborative governance of financial risk, focusing on the social effects of a corresponding judgment on financial market, society and people's livelihood and overall political situation. In the modern financial risk governance, by the specialization of financial judicial institution, the standardization of judicial documents and the institutionalization of judicial precedents, the financial judiciary can bring the collaborative governance function between the financial judiciary and the financial regulation into play. This also further requires that the financial judiciary should respect the financial regulatory rules, enhance the group of obligations and specification on the part of the financial institution and promote the public interest litigation mechanism for financial consumers.

Key words: financial risk; financial regulation; financial judiciary; collaborative governance; financial consumer

清华法律评论(第十一卷第二辑)
第181~198页

近代中国监察权与检察权的关系及其嬗变

何思萌*

目　　次

摘　要　清末民初之际,传统的御史制度面临改革,新式的检察制度刚刚舶来中国,此时由都察院行使监察权,检察权尚在萌发之中;北京政府时期,最高监察机构肃政厅在平政院处理纠弹案件,区分“违法惩戒”与“刑事审判”;至南京国民政府时期,监察院成为“五院”之一,检察机关则是司法院的组成部分,两权在处理职务违法犯罪案件中相互协作。随着国家司法制度与监察制度的完善,近代中国监察权和检察权的关系经历了全盘西化、中西并存到相互融合的三个阶段,展现了两种权力独有的特点和功能,显示出近代中国从传统向现代转型的彷徨与适应。

* 何思萌,中央民族大学法学院讲师。

关键词 检察署 监察院 肃政厅 都察院

《法院编制法》是清末司法改革的重要文件,仿法国、日本之做法,在中央和地方设立“检察厅”,与法院并立,此为中国现代意义上检察制度的滥觞。以都察院为代表的监察制度在近代中央机构变革中则面临改组的压力,原本直隶于皇权的御史的职责和地位有待厘清。新引入的检察制度与历史悠久的监察制度在惩治贪腐、惩戒官吏违法行为等方面功能重叠,但具体的权力划分、执法方式有所差异。随着民国政治与司法制度的建立、调整,国家检察权与监察权的关系从两相交汇而不相接,转变为各自独立而相互协作,在职务违法犯罪行为的惩处上发挥了各自的作用。

近代中国的监察权与检察权是怎样形成的?彼此之间的权力构造与行权方式发生了怎样的变化?笔者以清末及民国时期监察与检察制度的形成、运用、发展为观察对象,探讨两权在不同历史阶段的关系。

一、御史制度与检察制度的交汇

1905 年,清政府派“五大臣”出洋考察,回国后上书应行立宪,由是可以“皇位永固,外患渐轻,内乱可弭”。次年九月,清政府颁发了《宣示预备立宪谕》,为行“预备立宪”。清末新政时期对司法领域进行大量改革,参照德、日,建立现代诉讼制度,先在北京设立大理院,并在东三省和天津等地试办地方审判厅。根据 1910 年《法院编制法》第 85 条的规定,设立四级检察厅,“检察厅者,担任检察事务之官厅,与审判衙门相对独立之机关也”①。由此检察制度在中国开始施行。

检察制度的引入是我国近代司法改革的重要内容,因而对传统的检举、监督机关设计模式产生了冲击,借鉴西方司法经验产生的检察制度与传统中国承担监察职能的御史制度产生了交集。

(一)近代检察制度的建立

古代中国没有专门的检察制度。民国时期曾任广西省高等法院院长的

---

① 王士森:《法院编制法释义》,商务印书馆 1912 年版,第 63 页。

陈锡瑚认为："历朝的官制，关于司法权方面的组织，虽是班班可考，史不绝书，但于审检分司，超然独立如今日的检察制度，实未见载于史乘；所以可以说：中国过去，还不曾有过检察制度的产生。"①也正因如此，曾赴欧美考察各国司法制度的徐谦在谈及检察制度时提道："检察制度于中国古无关焉。"②

清末时的检察制度参考了法国和日本的立法例。《检察讲义》将刑事诉讼分为纠问式与弹劾式，后者又分个人、公共与国家三种弹劾主体。③"纠问"（Inquisitio）和"弹劾"（Accusatio）是西方刑事诉讼上的专有名词，英美法亦采用检察官公诉制度（Prosecutor）。长期以来，在"县官兼理司法"的传统下，行政调查权与司法审判权不分，而国家公诉权的出现改变了刑事案件自力救济与个人诉讼的格局，审检分离的模式增强了司法系统对于案件裁判的主动性。

监督是检察权的重要内容。《法院编制法》初稿第169条提到，"监督权"的范围包括两项：一是官吏执行公务不适当或者不充分，应饬其注意，并饬令用适当执法以执行事务。二是无论职内职外的官吏，出现与地方不相符合的行为时，"应谕告知"④。1910年2月7日《法院编制法》正式颁行，检察机关的监督权被列为第159条，权力内容包括："一、有废弛职务及侵越者，应加做告，使之勤慎；二、有行止不检者，应加儆告，使之悛改。"⑤用词更加凝练，并将监督范围和监督手段分别予以明确。这与日本的《（法院）编制法（修正）草案》相一致，其第162条规定："凡实施监督之权如下：第一，官吏于本职有怠驰者，应警告之使勤慎其职务；第二，官吏于职外侵越者，应警告之循守其本份。"⑥根据《法院编制法》第90条的规定，检察官在刑事案件中的职权为：遵

---

① 陈锡瑚：《御史制度与检察制度——论检察与监察制度的一元化》，载《法律评论》1947年第15卷第4期。

② 徐谦：《检察制度详考序》，载《吉林司法官报》1911年第8期。

③ 参见［日］冈田朝太郎、松冈正义、小河滋次郎、志田钾太郎口授，张一鹏笔述，薛伟宏、薛远点校：《检察讲义》，中国检察出版社2020年版，第3页。

④ 《大清法院编制法最初之稿》，由冈田朝太郎创稿，曹汝霖翻译，沈家本、刘若曾共同订阅，参见［日］冈田朝太郎、松冈正义、小河滋次郎、志田钾太郎口授，张一鹏笔述，薛伟宏、薛远点校：《检察讲义》，中国检察出版社2020年版，第230页。

⑤ ［日］冈田朝太郎、松冈正义、小河滋次郎、志田钾太郎口授，张一鹏笔述，薛伟宏、薛远点校：《检察讲义》，中国检察出版社2020年版，第199页。

⑥ ［日］冈田朝太郎、松冈正义、小河滋次郎、志田钾太郎口授，张一鹏笔述，薛伟宏、薛远点校：《检察讲义》，中国检察出版社2020年版，第49~50页。

照刑事诉讼律及其他法令所定,实行搜查处分、提起公诉、实行公诉,并监察判断之执行。①

检察制度"由洋入华"的过程中,也针对本国情况做了些许处理。以预审程序为例。日本采用的是公诉准备"两阶段"划分方式:一是起诉前搜查处分,由检察官进行。二是起诉后预审处分,由预审推事主持。中国在修订法律时发现外国已经有改"二阶段"为"一阶段",将预审之权交由检察官之倾向,便结合中国情况,不再设置预审推事,将这一环节归入检察官工作程序。②

(二)都察院存废之争

检察制度随着新式法院在全国遍地开花之际,作为最高监察机关的都察院则面临着被废除的命运。都察院是明清时期的监察机关,至清朝时监察权由左都御史统摄,可就政事得失、官方邪正以及攸关国计民生事件提出意见,并奏陈"大狱重囚、协同刑部大理等审谳"③。

一方面,都察院主要行使监督、弹劾职责,这与国会的职权重合,且其监督范围过广,容易模糊与其他权力的界线。都察院的职能在历朝历代的发展中不断完善,除了监督百官,纠举、弹劾违法失职官吏外,还肩负维护封建国家法律和政令统一、军队管理、经济监督以及维护封建教育、文化、思想和风俗等多项使命,覆盖国家行为的多个方面,具有高度独立性,但多数时候取决于皇帝个人的政治和法律意识。④ 至清末新政、预备立宪时,都察院仍沿袭旧制,对多个国家机关有监督权,如受理控诉、秋审朝审、经费支出等。按照宪法的权力设计,部分监督权在宪法"三权"设计中,应归属行政与司法权的管辖范畴。检察院设立后,司法领域的侦查、证据审查等职能理应交由检察署。保留都察院将使不同权力交叠,导致监督效率降低,易架空议会的监督职能。

另一方面,清廷部分官员希望参考西方制度,以行政裁判院替代监察机关。都察院作为清朝官僚体制中的一个重要机构,承担着帮助君主监察地方官员和处理民众申诉的职能。至清末,都察院腐败现象严重,无法对官员进

---

① 参见[日]冈田朝太郎、松冈正义、小河滋次郎、志田钾太郎口授,张一鹏笔述,薛伟宏、薛远点校:《检察讲义》,中国检察出版社2020年版,第191页。

② 参见[日]冈田朝太郎、松冈正义、小河滋次郎、志田钾太郎口授,张智远、王枢、王炽昌笔述,薛伟宏、薛远点校:《检察制度详考》,中国检察出版社2020年版,第46~47页。

③ 徐式圭:《中国监察史略》,中国书籍出版社2020年版,第112页。

④ 参见刘涛:《从都察院到检察厅——以清代法制变革为视角》,中国人民大学2008年博士学位论文,第18~25页。

行有效监督和行为纠正,甚至成为官吏互相包庇的场所。清末新政时期,改革派倡导学习西方政治制度和理念,引入西方官僚制度和建立新的监察机构。如礼部尚书戴鸿慈和闽浙总督端方认为:“各国在司法行政之外设行政裁判院,上谋国家公益,使行政官员不敢违法;下保人民权利,使人民不致受损。虽制度不同,但公开裁判许庶众旁听,救助私益许官民对质,与中国都察院职责大体相当。因此,朝廷应该设立行政裁判院。都察院已成闲职,改为集议院。”①废除都察院的声音并不鲜见,贺绍章也曾提道:“都察院者,专制政体之实物……政体既由专制而进于立宪,即都察院绝对的当撤废而不能容有改之一说之余地也。”②

都察院最终得以留存,与新设立的行政裁判院共同承担官吏监督职责,算是在“全盘西化”的浪潮中有所保留。但是,都察院编制被大幅削减,“都察院本纠察行政之官,职在指陈阙失,伸理冤滞,着改为都御史一员,副都御史二员。六科给事中,着改为给事中,与御史各员缺,均暂如旧”。③ 本由都察院承担的部分职能移转给了后来的平政院、检察厅。

(三)御史制度与检察制度的差异

关于检察制度与监察制度的关系,学者众说纷纭。有人认为御史职能与现代检察官近似,因此御史制度可以被视为古代的检察制度④;反对者则认为,御史权兼顾行政与司法,由皇权直接任命,有调查、弹劾乃至审判权,而检察权建立的基础为诉审分离,二者截然不同,不应混为一谈,也难有古今延续之说。⑤

这种争议的出现说明检察权与监察权在清末新政时期尚未有明确定义。但是,有学者推测,修订法律馆的法学家与翻译家或许已经意识到西方监察制度与传统御史制度的差异,认为“检”字意思更为接近,故采用“检”而未用“监”。1907 年,军机大臣、法部和大理院会奏增改大理院官制时,采用了“检察”一词,这并非最初使用之概念。该奏折提道:“臣等查阅官制清单,于院卿以下设推丞、推官分办民行审判事项,设书记、录事分办文牍及庶务事项,附

① 故宫博物院明清档案部:《清末筹备立宪档案史料》(上册),中华书局 1979 年版,第 374 页。

② 贺邵章:《都察院改废问题》,载《法政杂志(上海)》1909 年第 2 期。

③ 参见焦利:《清末监察制度改造中的“耳目之任”》,载《中国社会科学报》2015 年 6 月 24 日,第 5 版。

④ 参见王桂五主编:《中华人民共和国检察制度研究》,中国检察出版社 2008 年版,第 15 页。

⑤ 参见张培田:《中国检察制度考论》,中国检察出版社 1997 年版,第 34 页。

设司直一厅,设总司直及司直,办检察案证及调度司法警察事项……司直官称,亦缘古制。惟名义近于台谏,尚与事实不符,拟改总司直为总检察厅丞,改司直为检察官……"①"司直"是汉代官职名称,职责是佐理丞相检举不法官吏,在北魏到唐朝时期,司直通常是廷尉或大理寺的属官,掌管推按、断刑、治狱等事务,这与"检察"的职能近似,但更像以御史为代表的监察制度。②从词源来看,在古代汉语中"监"为"自上而下的监视、察看"之意,如"督者,察也,察其罪,责之以刑罚也"。《古代汉语词典》将"检"解释为法度、法则,《说文解字注》解释认为:"书检者,印窠封题也。""检"字,有防止他人擅自阅读、封起来之意,"检察"有"监督、检查是否遵循命令"以及"查办、移交、控诉犯罪"之意,如《后汉书·百官志五》:"什主十家,伍主五家,以相检察。"《三国志·魏书·武帝纪》:"其收田租,亩四升,户出绢二匹,绵二斤而已矣,其他不得擅发。郡国守相明检察之,无令强民有所隐蔽,而弱民兼富也。""监督"一词,为监察督促,描述的是诸权合体的御史职权,"检"更接近西方检察权与"审判权分立、代表国家整体利益、控诉犯罪并行使一定监督职权"③的属性。

从制度性质、权力内容等方面来看,御史制度与检察制度存在较大差别。(见表1)这种差别的存在,使后来的监察制度与检察权分立,各自发挥作用,逐渐形成了两套不同的制度体系。

表1 清末新政时期检察制度与御史制度的不同之处

项目	御史制度	检察制度
制度依据	《大清律例》《大清会典》《钦定台规》《吏部处分则例》《六部处分则例》等	《大理院审判编制法》《各级审判厅试办章程》《法院编制法》等
制度性质	行政的考核	司法的检举
权力内容	纠察百官违法、失德行为	检举一般犯罪,侦查民间冤抑
规范依据	礼仪与道德	法无明文则不罚
官员性质	御史,辅助皇权	检察官,司法工作人员
机构地位	独立的权力监督机构	检察署是法院的附属物

① 《法部大理院会奏核议大理院官制折》,载《南洋官报》1907年第87期。
② 参见谢如程:《清末检察制度及其实践》,上海人民出版社2008年版,第22页。
③ 谢如程:《清末检察制度及其实践》,上海人民出版社2008年版,第21页。

在检察制度引入初期,该制度与御史制度有重叠之处,且在功能上较为近似,均有"监督"之职能。从职级上看,都察院属于独立的国家机关,而新设之检察厅为法院之附属,两权不能称得上对等独立,且掣肘颇多。随着法院组织制度与刑事诉讼制度的不断完善,二者职能逐渐被区分开来。

二、职务违法与犯罪案件的分流

清朝覆灭后,建立中华民国,制定《中华民国临时约法》,其第 4 条将统治权分为参议院、临时大总统、国务院与法院,分别代表立法权、行政权与司法权。至《中华民国宪法草案》及民国八年(1919 年)的《中华民国宪法草案》、1923 年《中华民国宪法》时,仍保留这一分权模式。御史本直隶于皇权,经中华民国的政制改革,分散至三权之中,主要表现为议会的弹劾权与质询权。

北京政府时期,监察职能主要由文官惩戒委员会、平政院和肃政厅承担,分别主管惩戒、审理和弹劾。1914 年设立的肃政厅是专门纠察官吏违法过失行为的机构,肃正史职能与御史近似,可以向大总统或者平政院提起纠弹事件。就官吏的不正当行为,民众可以直接向大总统告发;人民因中央或地方行政官署不当行为致使损害,经一定陈述或诉愿期间未陈述、诉愿的,以及大总统认为应该交由平政院审理的案件,肃政史可以向平政院提起行政诉讼,并在必要时担任原告。但是,肃政厅的影响力相当有限,据徐式圭言:"民国三年肃正史夏寿康弹劾海军总长刘冠雄八款;四年肃政厅呈请取消筹安会纠弹杨度诸人,这算是最大的了;但亦未有何种结果。"①

袁世凯政府当权时期在全国范围内裁撤司法机关,将全国 2/3 的地方审判厅和检察厅撤废,北京政府于 1915 年修订了清朝颁行的《法院编制法》,后恢复县官兼理司法,检察权在各地的发展状况不一。

(一)实体法:职务违法与犯罪的区分

官吏的职务犯罪事件应由监察机关受理,还是由检察机关调查、司法机关受理?这关系到司法审判权和监察惩戒权的行使。从司法实践情况来看,

---

① 徐式圭:《中国监察史略》,中国书籍出版社 2020 年版,第 126~127 页。

民国初年官吏职务违法与犯罪案件的处理需要分而待之。《平政院编制令》第9条提到肃政史可以对官吏违反宪法、行贿受贿、营私舞弊、溺职殃民之行为提起诉讼,形似御史之“弹劾”,但此类不法行为同样是《暂行新刑律》规制之内容。如何区分违法与犯罪,当行为性质重叠时,行使何种权力更为恰当?审理机关的选择关涉侦查权与惩戒权的划分:如若不涉及犯罪行为,则交付惩戒,由文官惩戒委员会查明;若初步证据指明被纠弹人涉及刑事犯罪,则由检察机关介入,查实后经预审、正式设立,科以刑罚。至执行阶段,根据《平政院裁决执行条例》第2条的规定,如若被纠弹官吏涉及刑事犯罪,则可以先行褫夺公职。该条例第4条区分了两类纠弹事件的执行:涉于刑律者,由平政院院长呈请,大总统令交司法官署执行;涉于惩戒法令者,由平政院院长呈请,大总统以命令行之。

在《暂行新刑律》中,渎职罪有12条规定,部分罪名视行为内容和严重程度,来判断构成犯罪与否。以第146条法定职务履行为例,其规定:“凡行检察、警察之职务者,于刑事告诉、告发、自首,不应受理而受理、应受理而不受理,或不为必要之处分者,处四等以下有期徒刑、拘役或三百圆以下罚金。其审判官于民事刑事诉讼,不应受理而受理、应受理而不受理,或不行审判者,亦同。”①大理院对这一渎职罪名作了进一步补充,用于区分其是“惩戒”还是“犯罪”。民国四年(1915年)上字第785号判决例提到,官员不为审判之罪,需要以故意为成立要件。如果官员应审判而未审判,是一种消极怠工行为,但需要证明官员的真实用意。如果仅仅是懈怠,或者做事草率,属于惩戒处分范畴,但不构成《暂行新刑律》第146条的犯罪。民国四年(1915年)上字第890号判决例进一步指出,案件受理后,不当批驳、审判疏忽、结案草率,不构成本条之犯罪。②

然而,直到南京国民政府时期,职务犯罪行为是划归监察院受理,还是由司法机关受理,尚存争议。主张由司法院审理者提到,应维护国家审判权之统一,不能由监察院介入审判事务;而认为应由监察院受案者指出,作为五权之一,监察权的管辖自是包括贪污受贿等犯罪行为。③

---

① 商务印书馆编译所:《中华六法》,商务印书馆1915年版,第33页。

② 参见郭卫编:《大理院判决例全书》,中国政法大学出版社2013年版,第611页。

③ 参见陈锡瑚:《御史制度与检察制度——论检察与监察制度的一元化》,载《法律评论》1947年第15卷第4期。

(二)程序法:平政院与大理院分受案件

行政救济制度的建立增加了监督官吏的渠道。清末筹设的行政审判院，与都察院并存，前者以司法救济形式保障公民权利不受权力侵扰，后者以传统方式纠正不当官吏行为、为民伸张冤抑。但行政审判院仅止于筹设阶段，最终并未设立，尔后的《中华民国临时约法》或其他宪法，也不再设置都察院，转而设立"平政院"，建立起一套"民告官"救济制度。

平政院内设审判庭与肃政厅，为行政机关。肃政厅的肃正史独立行使职务，可以依《纠弹法》纠举官吏违法失职、行贿受贿等行为，并监督平政院裁判文书的执行。《平政院编制令》第1条规定:"平政院直隶大总统，察理行政官吏之违法不正行为，但以法令属特别机关管辖者，不在此限。平政院审理纠弹事件，不妨及司法官署之行使职权。"①平政院不审理职务犯罪案件的原因之一，在于其代表了行政权，行为性质是行政监督，而犯罪处理应属司法权行权范畴。对于官吏的犯罪案件，在《刑事诉讼法》颁布之前，《官吏犯罪特别管辖令》第1条规定:"刑事诉讼法未公布施行以前，凡官吏犯罪经肃正史纠弹、平政院审理后，大总统于特交司法总长时，量其情节重者，依大理院审判官犯旧例行之，轻者仍适用刑事诉讼法草案关于管辖各节之规定办理。"②

清末的检察权在性质上近似"司法行政权"，检察厅为审判厅之辅助机构，③而在北京政府时期，审、检关系从"附设"转向"配置"，总检察署、地方各级检察厅已经相对独立地行使公诉权、侦查权。检察官除了"检举犯罪、实行论告、提起上诉"外，权限范围扩大，并有"自行搜检、不服上诉、当庭辩论"等职能，在认为官吏存在违法行为或是接到公民告发官吏事件时可以展开侦查。④ 袁世凯称帝后，恢复了县官兼理司法制度，司法权与行政权重新合一，但这并未对职务违法与犯罪案件的分别处理架构产生实质影响。大理院统字第374号解释例明确:"县知事以一身兼审判、检察两种职权，其批谕自有

---

① 时事新报馆编:《平政院编制令(三月三十一日大总统教令公布)》，载《时事汇报》1914年第5期。

② 司法部司法公报处:《官吏犯罪特别管辖令》，载《司法公报》1914年第11期。

③ 参见谢如程:《清末检察制度及其实践》，上海人民出版社2008年版，第300页。

④ 多个大理院判决例曾提及检察官对于公民告发官吏事件的权力，如"匿名告发毋庸受理，但检察官因其情形亦可以适时侦查。至匿名诬告，应依刑律诬告罪处""告发人于检察官不起诉处分无请求提起上诉权，只得声明再议及抗议"等。参见郭卫编著:《民国大理院解释例全文》，中国政法大学出版社2014年版，第455、709页。

决定与检察处分两种性质,应分别办理。"①

在黄源盛汇编的《平政院裁决录存》中列有13个纠弹案件,其中有7件涉及刑事范围,需"交付司法审判"。以前直隶昌黎县知事郝继贞案为例。郝继贞被该县县民田炳震等人诉至肃政厅,告发其"浮收取利、滥罚冒销、纵丁婪赃"。肃政厅调查后发现确有此事,令直隶巡按使朱家宝严行查究,答复曰举报不实。都肃正史庄蕴宽等认为该巡按使调查不实,故径直对郝继贞提起纠弹。通过对案涉人证的询问、证据调取,历经两轮预审,平政院认为郝继贞存在失当行为。② 其中,巧立名目征收契税触犯刑律第147条,应交付司法审判;罚款充公发给办公人员,为举措失当;勒索他人为普通司法管辖,应另案移送司法官署办理。纠弹事件已涉及刑事范围,应交付司法审判。③ 随后检察厅即介入其中,从头开始预审,后提起公诉,法院判处郝继贞犯浮收、侵占两罪,合并处一年一个月有期徒刑。④

官吏监督、纠举案件与一般行政诉讼案件的处理流程有所不同。产权争执、公地承领等公民与政府之间的诉讼,依照《诉愿法》,平政院可以作出实质决定。而就监察职能的发挥,《纠弹法》第12条规定:"大总统特交审理事件,有应付惩戒或属司法审判者,由平政院呈明,大总统分别交主管官署行之。"⑤ 平政院的角色是"呈明案情和处理办法",而非直接科以刑罚。如前述郝继贞案,在平政院宣告应交付法院审理后,检察机关会重新行使侦查权,以刑事犯罪提起公诉,虽然平政院调查与预审之结果具有很高的证据价值,但不能径直移作刑事诉讼之用。

作为行政机关的平政院不能直接行使司法权。在《中华民国临时约法》《中华民国宪法》等宪法性文件的分权设计中,行政、立法与司法分而置之,平政院和大理院对行政违法、刑事犯罪分别审理,相应地区分出了行政监督权与司法检察权,二者并行。这种职权定位模式,至监察院成立后仍在运作,但

---

① 参见郭卫编著:《民国大理院解释例全文》,中国政法大学出版社2014年版,第473页。

② 民国四年(1915年)1月26日,平政院第三厅公开审理郝继贞案,在此之前,分别针对两次调查所得证据进行了预审,于民国四年(1915年)3月3日作出裁决书。参见《平政院审理郝继贞案纪事》,载《申报》1915年1月27日,第6版。

③ 参见黄源盛纂辑:《平政院裁决录存1914~1928》,台北,五南图书出版股份有限公司2007年版,第1150页。

④ 参见《郝继贞已宣告处刑》,载《申报》1915年6月29日,第6版。

⑤ 司法部司法公报处:《纠弹法》,载《司法公报》1914年第11期。

与之相关的权力机构、权力大小又发生了变化。

三、行政监督与司法监督“复式行权”

南京国民政府时期，学者在讨论监察机关与其他机关的关系时，通常会与惩戒委员会、审计院、中央党部监察委员会等机关作联系与区分①，突出监察权的独立性。职务违法犯罪案件的处理，大多绕不开弹劾、审判、惩戒三个步骤。但是，纵然有监察院这一独立机构存在，这三个步骤在“五权宪法”中归属到了不同的权力机构。监察院的弹劾权、同意权与议会紧密关联，而其惩戒权在本院与司法院之间拉扯。检察权面临去留之争。为尽快摆脱治外法权而引入的西式检察制度在落地以后质疑不断，在司法经费与人才不足的压力下，反复来到废止边缘。

在这一时期，反贪腐是检察机关和监察机关的共同职责。检察机关负责侦查和起诉贪污、受贿等刑事犯罪行为，监察机关负责调查和处理公务员职务犯罪和职务违法行为。就职务违法犯罪行为而言，监察机关主要负责监察和调查公务员违法行为，重点在于职务违法之规制；检察机关主要负责刑事侦查，侧重于追究刑事犯罪责任。两权在职责范围、组织结构和工作方式上存在差异，但在一些问题上存在协作和合作关系。

（一）宪法设计中的监察与检察机关

1. 监察机关的惩戒权

在孙中山的宪制理想中，“五权分立”（立法、司法、行政、考试、监察）是最终形态，“三权”为过渡时期政治方案，其中监察权是重要的一环。在“三权宪法”的背景下，监察权的实施依靠都察院、平政院的纠举、议会的弹劾、检察厅对司法官吏的监督等形式分散实现。1928 年 10 月，《中华民国国民政府组织法》通过，开始施行“五权宪法”，设立“五院”。但在“军阀横行，变乱时作”的国内环境下，直到 1931 年 2 月监察院才正式设立，于右任出任监察院院长。② 在“五权宪法”中，国家政治权力被分为立法、司法、行政、考试与监察，

① 参见徐式圭：《中国监察史略》，中国书籍出版社 2020 年版，第 131～132 页。
② 参见徐式圭：《中国监察史略》，中国书籍出版社 2020 年版，第 128 页。

检察机关与审判机关共同隶属于司法院,与监察权在职级上不再是并立关系。

南京国民政府时期的监察使有质问弹劾权,可以接受人民举发控告,并在公务员出现严重的违法失职情况时径行请求上级官员制止其行为,还有权向监察院报告辖区内公共设施、公务员行为情况、人民疾苦怨情。监察委员有独立的弹劾权,人民也可以就官吏违法案件向监察院提诉,不必至法院提起。①

《中华民国宪法草案》赋予了监察院更大的权力,在弹劾权、审计权外增加了惩戒权,将本属于司法院的公务员惩戒权改由监察院执掌,因为"惩戒与弹劾相需为用,有如法院检察与审判之关系,故惩戒以归监察院掌理为宜"②。虽然这一草案未付诸实践,但立宪人员希望扩大监察权、遏制贪腐行为的心思昭然可见。

在1946年《中华民国宪法》的制定过程中,关于监察院有两大争议:一是监察院是否行使同意权,有人认为同意权应由立法院行使,而不是由立法院和监察院共同行使。二是监察院是否行使惩戒权,还是将这一权力交给司法院?根据1946《中华民国宪法》第90条可知,监察院行使同意权、弹劾权、纠举权及审计权,惩戒权则交由司法院下辖的公务员惩戒委员会行使。③ 这与《中华民国宪法草案》的设想大不相同,但也避免了监察院滥用监督、惩戒职权之可能。

从训政时期宪法转入"五权宪法"后,监察权在一定程度上得到了扩张,恢复了独立设置监察机关之模式。与此同时,人们开始反思20世纪初引进的检察制度是否适合中国国情。

2. 废除检察机关之讨论

南京国民政府于1927年8月发布的148号训令指出:"司法事务,经纬万端。近值刷新时期,亟应实行改进,即如检察制度,体察现在国情,参酌各国法制,实无专设机关之必要,应自本年十月一日起,将各级检察厅一律裁撤。所有原来之检察官,暂行配置于各该级法院之内,暂时仍旧行使检察职权。"

---

① 参见徐式圭:《中国监察史略》,中国书籍出版社2020年版,第129~130页。

② 立法院中华民国宪法草案宣传委员会编:《中华民国宪法草案说明书》,正中书局1940年版,第58页。

③ 参见聂鑫:《中国公法史讲义》,商务印书馆2020年版,第382~383页。

由是,虽然检察权仍独立存在,但仅在最高法院内设有检察署,裁撤了地方各级检察厅,权力大为缩减。

早在1922年,张一鹏就提出要"废止检察制度"。"而检察官独操刑事权,尤为众怨之的。故不如裁去为愈。近如哈尔滨改设中国法院,并无检察官,两年来成绩甚佳,其例证也。"①1935年的全国司法大会曾集中讨论这一事宜。检察制度使刑事诉讼复杂化,需由检察官先行侦查、移送推事,增加诉累,也占用了司法经费;检察官的侦查过程通常不对外公开,起诉与否没有严格的法律限制,受害人对于不起诉的处分没有救济渠道,对检察官的监督不足将使民众对法院的信任降低。

检察制度的建立与"全盘西化"以谋求现代化的运动相关,而到了20世纪30年代,欧洲和美国、日本等先进地区和国家刑法学者对于检察制度也提出了质疑。例如,日本各级裁判所只将检察官作为其附属机构,并考虑将其废除。②

作为1946年《中华民国宪法》和《中华民国宪法草案》的起草人,张知本认为:"检察制度,是弹劾一般人违法犯罪的一种制度,虽有弹劾的范围,虽和监察制度有别,而弹劾的性质,却和监察制度极其相似。"③他总结了当时主张废除检察制度的三种理由,并逐一予以反驳。(见表2)

表2　张知本对废除检察制度理由的回应

废除检察制度的理由	张知本的回应
司法事务由检察与审判二分,不利于司法行政权力的统一,彼此之间可能互相牵制,影响司法行政事务的运作	就全国言,虽应统一于一个最高司法行政机关,但在某一法院,自可依其性质分为二,而使检察机关与审判机关分别掌管,原无有统一于审判机关的必要,且事务的性质近于何方者,即应由何方处理,亦已有法律详加厘定,彼此依法供职,各有界限,又何患有互相牵制之情事

① 张一鹏:《中国司法制度改进之沿革》,载《法学季刊》1922年第1卷第1期。

② 参见杨兆龙:《由检察制度在各国之发展史论及我国检察制度之存废问题》,载《法学杂志(上海)》1937年第5期。

③ 张知本:《检察制度与五权宪法》,载《中华法学杂志》新编第1卷第3期。

续表

废除检察制度的理由	张知本的回应
采用检察制度以来,检察官提起公诉的案件,很多都是根据告诉告发,以职权主动调查的很少,完全可以由人民向法院起诉,节约司法经费	然检察官之不自动的检举犯罪,乃系检察官之不肯依法尽职,并非检察制度的本身之不良……至于人民直接向法院提起自诉,虽为现行法所承认的制度,但这只是扩大了人民在刑事诉讼上所有的诉讼权利,并不一定可以节省程序和时日
不必然要盲目学习西方设置检察制度,中国历史上没有此种制度,所有的诉讼都是由被害人及其家属向法院请求审判,这是民之所向	不知刑事的诉追制度,原是由个人诉追主义,发达为国家诉追主义的。昔时民刑不分,而刑事亦每每视为个人的私事,所以诉追的事情,也一并委之于个人。迨社会发达以后,以刑事多有关于社会的秩序,乃一变昔时视为私事的观念,而以刑事多有关于社会的秩序……由是关于刑事上的诉追之权,也便由国家来行使了

张知本深谙监察权的价值所在,他认为检察制度合乎"五权宪法"中监察权独立的精神,也符合一般职务上的分工要求,有助于促进审判公正、打击犯罪、减少人民诉累等。检察权与监察权的关系,是"司法上的弹劾权,与行政上的弹劾权,相辅而行"①。

主张保留检察制度的人也不在少数,如刘钟岳认为:"伸张正义需检察官协助;检察分立可得司法公正,使罪刑相称;社会连带主义的发展已成趋势,扩大检察制度之主张,不可谓非明见也。"②

虽然废止检察制度的呼声很高,但在事实上未能动摇检察权的独立地位,在宪法层面也保留了检察制度。③ 检察权以独立机关的形式惩治职务犯罪行为,与监察权的合作也逐步增多。

(二)监察与检察机关的分工协作

如果说北京政府时期的检察与监察关系是横向的,遇有案件择肃政厅或普通法院管辖之,至南京国民政府时期,二者的关系则转向了纵向:监察机关

① 张知本:《检察制度与五权宪法》,载《中华法学杂志》新编第1卷第3期。

② 刘钟岳:《法院组织法》,正中书局1947年版,第62页。

③ 参见张培田:《近代中国检察理论的演进——兼析民国检察制度存废的论争》,载《中国刑事法杂志》2010年第4期。

发起调查，再由检察机关介入。《监察院组织法》第3条规定："监察院为行使职权，向各官署及其他公共机关查询或者调查档案册籍，遇有疑问时，该主管人员应负责为详实之答复。"[①]检察机关主动发现、开展对官吏犯罪行为侦查的情况较为少见，通常都是由监察院提起弹劾，经调查后移交检察机关。

行政权与司法权之间的关系称不上明朗，县官兼理司法之情形直到1936年才完全消除。[②] 在司法党化的影响下，一人可能兼任多个职务，而有监督权之官员自行违法，则容易出现官官相护、瞒而不报的情况。郑毓秀侵占案即是一例。1931年高友唐受监察院派遣，至上海调查1927年上海地方审判庭公款受人侵占一案，核查后发现当事人存取款项簿有明显涂改痕迹，前任院长郑毓秀在卸任之时并没有向现任院长杨肇熉移交法院与银行往来的账簿，二人在任期间，存放在银行的法院公款利息也不见增长，故认为二人共同舞弊，盗取公款。1932年，监察委员高友唐向南京国民政府监察院秘密递交文件，弹劾前上海地方审判庭庭长郑毓秀等人违法侵占法庭资金。监察院院长于右任令田炯锦、刘成禺、周觉三位委员进行调查。[③] 1933年年初，《申报》披露《高友唐弹劾郑毓秀文》，使该案为公众所知。[④] 根据监察院第19号移付中央公务员惩戒委员会文书，监察委员田炯锦等人于11月4日作出《审查报告书》，依据所得账簿、交代册等证据，认为郑毓秀等人违法行为"确凿不移、应即移付惩戒"[⑤]。虽然监察院作出了裁判，并"已交公务人员惩戒委员会付惩戒"，但是"惟本案涉及刑事范围，惩戒会已将全部案卷移送法院侦讯，俾予被弹劾人以申诉机会，惩戒会依法不能在交司法期内惩戒，故当俟法院审结后再交惩戒之"[⑥]。1933年2月，中央公务员惩戒委员会对郑毓秀侵占案审查结束，交最高法院检察处侦办，由江宁地方法院检察处公诉。1933年3月30日，江宁地方法院首席检察官孙绍康以涉嫌侵占、消灭证据罪提出公诉。[⑦] 由

---

① 《监察院组织法》，载《监察院公报》1931年第1期。

② 1936年《县司法处组织条例》颁布，除新疆等地外，各省共设县司法处1318所，至此县长兼理司法制度才完全废止。参见汪楫宝：《民国司法志》，商务印书馆2013年版，第17页。

③ 参见《委员高友唐弹劾文》，载《监察院公报》1932年第16期。

④ 参见《高友唐弹劾郑毓秀文》，载《申报》1933年1月13日，第8版。

⑤ 《本院移付中央公务员惩戒委员会文（第十九号，二十一年九月十九日）》，载《监察院公报》1932年第16期。

⑥ 《弹劾郑毓秀案：移送法院侦讯，暂不能付惩戒》，载《大美晚报》1933年2月20日，第1版。

⑦ 参见《江宁法院检察官对郑案提公诉》，载《申报》1933年4月1日，第8版。

于检察机构介入较晚,郑毓秀在案件侦讯阶段就选择了秘密逃匿,待到正式通缉时,已不知所踪。1935 年,囿于郑毓秀等人逃匿、弹劾人死亡、关键证人不足等因素,江苏高等法院最终以法院判决不受理归档。①

郑毓秀侵占案是监察与检察交替行权的典例。监察院行使弹劾权的程序可以分为四个阶段:提出、审查、移送、公布。经惩戒机关审理认为不法行为确凿者,将给予免职、降级、减俸等处分,对于涉及犯罪的,移送法院审判。②监察院审查后同时交付隶属于司法院的公务员惩戒委员会与检察厅,而需等法院审判后才能再行惩戒。与北京政府时期有共同之处,即保持两权边界,但二者不同在于,南京国民政府时期是行政惩戒与司法科刑并举,而在平政院时期则采其一。监察院的存在让贪腐官吏受到行政与司法两重监督。

至 1946 年,当局对两权配合有了更多共识。司法行政部第 3916 号训令指出,监察院请求照会最高法院检察署检察长、首都地方法院首席检察官、各省高等法院检察官等人,让各司法机关,对于监察院及监察使署调查案件,在依法进行侦查时,充分予以协助。③

四、结论

检察与监察的关系处于变动之中,在程序法与实体法的建构中,可以看见二者关系的嬗变。这种变动根植于中国的监察传统,又受到了西方立法、司法制度的影响,呈现一个非中非西、中西并存、中西融合的发展过程。这是近代中国寻求司法主权、快速完成现代化转型的典型例子。

近代中国监察权与检察权的关系大抵可以分为三个阶段:第一阶段是在清末新政开启后,对于检察与监察异同、都察院存废的讨论颇多,人们试图在传统中国制度中寻找与新的检察制度近似的存在,御史制度与检察制度的交汇,是中西两项制度的首次会面。第二阶段是在北京政府时期,法院制度与

① 参见孙永亮:《她之审判:郑毓秀形象研究与年谱考编》,花木兰文化事业有限公司 2022 年版,第 22、28 页。

② 参见聂鑫:《中国公法史讲义》,商务印书馆 2020 年版,第 387 ~ 388 页。

③ 参见《司法行政部训令:训字第三九一六号(二十五年八月四日)》,载《司法公报》1936 年第 131 期。

刑事诉讼制度逐步完善,监察权与检察权两分,在彼时的宪法设置中,平政院下设的肃政厅主要行使行政监督功能,对于公务员违法行为予以审理、交付惩戒,而诸如受贿、枉法等涉及刑事犯罪之行为,则转由检察厅侦查、普通法院审理,以期保障司法权之行使,监察机关与检察机关虽然能够独立行权,但很难称得上是独立设置之机关。第三阶段是进入南京国民政府时期,历经《中华民国训政时期约法》《中华民国宪法草案》,最终落定 1946 年《中华民国宪法》,形成了“五权分立”的格局,监察权为“五权之一”,而检察权仍置于司法院之下,与审判行为紧密配合,虽然在制度设计中二者非平等状态,但在官吏违法犯罪事件处理中从“非监即检”,转向“监察弹劾”“移交检察”的协作之势,既维护了国家审判权、科刑权的统一,又保留了多元的监督、检举渠道。

从监察与检察关系变迁历程中,可以看到近代中国寻求西方法移植与本土法现代化之间平衡的尝试。初欲“废都察院”,后要“废检察院”,而在论证以后,通过设立新机构或是调整原机构权限等形式,将诸机关予以保留,并在宪法层面予以确认。在反复的实践中,检察与监察的定义逐渐与今日之概念近似,并得到广泛认可,进而实现中西共融。

检察权和监察权在民国时期的形成、发展受到了政治环境的影响,随着政权更迭和社会变革,机构职能和执行力量处于变化之中。在不同的阶段,国家对于监察和检察的定位并不相同,国家遏制贪腐的决心昭然可见。但是在整个民国时期,检察权和监察权都相对较弱,并没有形成现代意义上的独立、专业和有效的机构体系。

Supervision and Prosecution in Modern Chinese history: A Historical Study

Abstract: At the end of the Qing Dynasty and the beginning of the Republic of China, the traditional censorate system faced reform, and the new-style procuratorial system had just been introduced to China. At this time, the Duchayuan exercised the power of supervision, and the power of prosecution was still in its infancy. During the Beijing government period, the highest supervisory organ, the Suzhengting, handled cases of complaints and accusations in the

Pingzhengyuan, distinguishing between "Punishment for violations" and "Criminal trials". By the time of the Nanjing Government, the Control Yuan became "one of the five powers", and the procuratorial organs were part of the Judicial Yuan, cooperating with each other in cases of official crimes. With the improvement of the national judicial system and supervisory system, the relationship between supervision and prosecution in modern China went through three stages: complete Westernization, coexistence of Chinese and Western, and integration. They showed the unique characteristics and functions of the two powers, and reflected the hesitation and adaptation of modern China between tradition and modernity.

Key words: Procuratorate; Control Yuan; Suzhengting; Duchayuan

【实务研讨】

清华法律评论(第十一卷第二辑)
第201～228页

反垄断法视阈下的公司“黑箱”及其破解*

张嘉彦** 徐晓松***

目 次

摘 要 在“市场—组织”二分的思维定式下,公司被反垄断法视为“黑箱”。“黑箱”思维的形成有部门法发展路径依赖的原因,也有一定的经济理性考量,但这些不足以为“黑箱”提供有力的辩护。通过撇清历史成见、辨析交易逻辑与管制逻辑的差异,不难发现反垄断法具有破解公司“黑箱”的正当性和可能性。随着公司实践的日益

---

* 本文系中国法学会2021年度部级法学研究课题“以授权经营推进充分竞争领域国有资本优化配置法律机制研究”[课题编号:CLS(2021)C18]的研究成果。

** 张嘉彦,中国政法大学硕士研究生。

*** 徐晓松,中国政法大学教授、博士生导师。

发展,复杂的公司关系日益成为反垄断法实施的阻碍,不宜再将其作为“黑箱”对待。主流法域已对连锁董事、少数股权收购等现象作出了必要的回应,在行为认定层面不同程度地动摇了公司“黑箱”。而要进一步破解“黑箱”,可以通过在责任层面设定个人责任以提高反垄断法实施效能、降低公司代理成本。我国《反垄断法》(2022年修正)已经迈出了反垄断法个人责任的第一步,但在适用范围和处罚力度上有待进一步调整。

关键词 反垄断法 黑箱 个人责任 代理成本

一、问题的提出:反垄断法视阈下的公司“黑箱”[①]

2021年11月提请全国人大常委会初次审议的《反垄断法(修正草案)》首次在法律责任项下引入个人责任,规定“经营者的法定代表人、主要负责人和直接责任人员对达成垄断协议负有个人责任的,可以处以一百万元以下的罚款”,此举打破了以往反垄断法律责任仅由经营者承担的传统,一时间被认为是“加大违法成本、提升反垄断威慑力”的重要举措。

上述条款顺利通过审议,修正后的《反垄断法》自2022年8月1日起施行。虽然不难预想这一制度改革旨在提高反垄断法的规制效能,但其背后的理论脉络却延伸向公司法与反垄断法间的模糊地带。通常认为,在反垄断法下,公司内部人的行为不受评价和追责。无论是反垄断民事责任还是行政责任,都应以公司为责任承担者,公司内部人责任承担则通过公司治理机制予以内部解决。在作为经营者的公司之外,将反垄断法律责任直接施以公司内部人,越过了法人内外的分界线,冲击了经营者“自负其责”的惯常思维。而反垄断法的个人责任一旦被深挖,便接引到反垄断法与公司法的协同问题。

反垄断法与公司法存在着完全不同的逻辑预设,无论是在当今的制度建构还是在理论研究中,二者都泾渭分明。我国公司法在历次修改中“回归”私法属性,而反垄断法自诞生伊始便承担着市场规制的职能,二者的调整(规

---

① “黑箱”理论出自控制论,后来广泛应用到计算机、心理学、医学、教育学、社会学等领域,这是指人类在认识世界的过程中,遇到的一类客体:由于技术、知识及操作能力的限制,研究者无法直接研究其内部的结构和运行机制。本文将反垄断法视阈下的公司比作“黑箱”,旨在比喻反垄断法制定和实施过程中基于公司独立人格而将公司作为封闭体系的思维定式。

制)范围以公司内外边界为分界线。正如爱德华·洛克(Edward B. Rock)对学界通识的凝练概括:“反垄断是关于市场的;公司法是关于公司的。反垄断是关于竞争的;公司法是关于合作的。反垄断法规范公司之间的关系;公司法规范公司内部的关系。”[①]虽然也有国内学者提出两部法律的“良性互动”[②],但更广泛深入的讨论尚未兴起。在这种区分预设下,公司被视为“黑箱”,成为市场中的“自变量”“元要素”。综观反垄断规范群,对公司内部治理的关注几乎仅在经营者集中审查的“控制”认定中有所体现[③],而其他方面则对公司内部的复杂体系缺乏回应。

然而,在理论上,有学者注意到反垄断法和公司法的界限并不像想象中那样截然二分。从组织经济学的视角看,这是“因为市场和企业间的界限并不那么明显”[④]:科斯认为,企业存在的原因是其通过内部的科层机制降低了市场的交易成本,故而企业和市场本就是可以互相转化的;伊斯特布鲁克和费雪等学者发展的公司契约理论更是使企业和市场的边界难以捉摸。实践中,将公司视作“黑箱”的简化逻辑也已与日益发展的公司实践相去甚远,与复杂的现代公司体系难免凿枘不合。

如今,在行为认定层面,反垄断法对公司实践衍生出的连锁董事、少数股权并购等反竞争问题已无法置若罔闻,而这些行为在“黑箱”思路下难以得到妥当处理。主流法域正基于各自的规范体系,在行为认定层面对这些公司治理和股权制度的演化作出积极回应,动摇公司“黑箱”。

除此之外,公司代理问题将行为主体和责任主体错配,使内部责任分配体系失衡。按惯常逻辑,对公司施加的法律责任将由“被代理人”(通常是股东)承担,法律责任的威慑也无法准确定位到行为人,公司治理失灵将导致法律责任的惩罚性和预防性机能双双落空,反垄断法的公司责任可能因此沦为代理人剥削公司的工具。故而,如何在考量公司内部代理问题的基础上,使反垄断法律责任突破公司边界、破解公司“黑箱”,增进反垄断法的实施效能,并以此补偿公司治理的孱弱与失灵,更呼唤着理论与实务界的关注。

---

① Edward B. Rock, *Corporate Law through an Antitrust Lens*, 92 Columbia Law Review 497 (1992).

② 参见刘俊海:《论公司法与反垄断法的良性互动》,载《中国流通经济》2021 年第 3 期。

③ 参见国家市场监督管理总局《经营者集中审查暂行规定》(已失效)第 4 条。

④ Edward B. Rock, *Corporate Law through an Antitrust Lens*, 92 Columbia Law Review 497 (1992).

恰逢我国《反垄断法》和《公司法》双双修改,在全面强化反垄断执法的背景下,反思公司"黑箱"的成因,并探索如何在承认公司治理失灵的前提下,防止公司内部机制对反垄断法的不当削弱,进而力求公司法与反垄断法的协同促进,是无法回避的命题。基于此,本文从反垄断法视阈下的公司"黑箱"现象出发,通过探究其成因、反思其合理性基础,推翻反垄断法下公司"黑箱"的正当性;进而在行为认定的层面分析反垄断法实践对公司制度的回应,说明事实上公司"黑箱"已经被反垄断法动摇;并最终落脚于反垄断法个人责任制度对公司"黑箱"的破解,即通过个人责任促进反垄断法的实施效能并降低公司代理成本,完成理论向制度改革的回应。

二、反垄断法视阈下公司"黑箱"的成因与反思

本文所称公司"黑箱",是指基于公司独立人格而在法律制定和实施过程中将公司作为封闭体系的思维定式。将公司视为"黑箱"在组织法上的前提是法人独立人格,亦即将公司视为意志独立、责任独立的经济理性人。在此假设下,公司自主行为,并基于自身行为承担法律责任。公司内部人仅仅以机构成员的身份履行职责,其履职过程中的过错直接作为公司的过错,结果也应由公司承担。[①] 反垄断法因此并不关注(也无须关注)公司内部人的行为与责任。

公司"黑箱"现象直觉上与公司本质理论的拟制说与实在说挂钩,但公司本质理论的争论只是对公司人格来源的不同界定,对本文侧重论述的"黑箱"思维并无实质助益,毕竟无论是拟制说还是实在说,都可以在一定程度上支持反垄断法对"黑箱"的动摇和破解,因为不同法律部门和法律调整,需要不同的目光,这不是取决于公司的本质,而是取决于法律或者规则的目的。[②]

若将公司本质理论的争议按下不表,转向现实主义视角,公司"黑箱"的生成既有部门法发展的路径依赖因素,也在一定程度上符合国家管制的经济理性。挖掘公司"黑箱"的成因,有助于划定其合理性边界,为反思是否应当

---

① 典型论述参见[德]托马斯·莱赛尔、吕迪格·法伊尔:《德国资合公司法(上册)》,高旭军等译,上海人民出版社2019年版,第233页。

② 参见邓峰:《代议制的公司:中国公司治理中的权力与责任》,北京大学出版社2015年版,第179页。

打破“黑箱”、如何打破“黑箱”等问题奠定基础。

(一)公司“黑箱”的成因:路径依赖与经济理性

1.部门法发展的路径依赖:反垄断法对商事组织法的尊重

从历史上看,公司“黑箱”最直接的成因是部门法发展阶段的差异。通常认为,反垄断法产生于自由资本主义向垄断资本主义过渡后,此时私法规范不足以规制市场经济秩序,不足以缓和社会化生产的“剩余权冲突”①,催生了反垄断法的诞生。而在此之前,作为市场经济基础设施之一的商事组织法已经历了较长时间的发展。19世纪中叶,英美国家公司已开始采用登记制,公司法蕴含的国家干预要素逐渐褪去,现代公司制度基本成型,而反垄断法在近半个世纪后才姗姗来迟。

法律规范嵌入社会生活的程度越深、在法律体系中越处于基础地位,其路径依赖便越强,在与之相关的新制度出现时,往往也只能在其铺就的轨道上前行。对于构建了法人主体资格的组织法而言更是如此,既然组织法创设了意志独立、责任独立的组织形态,在反垄断法和公司法交汇时,晚近出现的管制法必然需要尊重之。“主体地位是身份的前提,身份附着在主体上。”②只有创设了公司这个“主体”,反垄断法才能将其识别成“经营者”的身份。

从主体的角度讲,组织法构建了市场经济下的主体制度,具有主体身份的组织体在规范层面被视为独立表意、独立担责的“法人”,法人人格在一定意义上成为反垄断管制措施介入组织体内部的“屏障”。从行为的角度讲,商事交易也主要发生在公司之间,反垄断法规制的行为几乎都由公司作出,直接将公司的行为作为规制的行为对象符合立法理性。这可以被视为反垄断法对公司制度几乎别无选择的“尊重”。这种“尊重”在更抽象的维度也是限制国家权力对私法自治的侵入,在此意义上,或许也能说是“经济法的高权因素影响着私法自治的结构与过程”③。

2.经济理性的考量:公司“黑箱”作为“因式”

路径依赖即便存在谬误,也不能偏离理性太远。而将公司作为“黑箱”予

---

① 参见陈乃新:《经济法理性论纲——以剩余价值法权化为中心》,中国检察出版社2004年版,第61页。

② 王涌:《私权的分析与建构:民法的分析法学基础》,北京大学出版社2020年版,第180页。

③ [德]弗里茨·里特纳、迈因哈德·德雷埃尔:《欧洲与德国经济法》,张学哲译,法律出版社2016年版,第141页。

以规制,也在一定程度上符合经济理性。基于公司独立人格,将公司内部复杂的治理体系简化为最终的公司意志、将公司内部人的法律责任简化为公司主体的责任,可以在立法者有限理性约束下降低反垄断规制的成本。美国学者 Pamela H. Bucy 就曾指出直接起诉公司的三个好处:一是加强威慑;二是制裁手段多样化;三是最重要的好处,“起诉一个公司更简单便捷”。①

在数学运算中,复杂算式往往需要通过提取因式来简化计算流程,因式的括号将内外区隔为两块场域,括号外作为整体参与运算,括号内则单独计算结果。如果沿着科斯的思路,将社会总成本视为一个算式,则法人人格就像一个“括号”,将公司内外隔开。对外而言,公司责任的确定在市场语境中完成,产生的成本体现为传统的交易成本;对内而言,公司内部人责任的确定在组织体内完成,产生的成本体现为组织运行成本。科斯认为,正是因为组织运行成本低于市场交易成本,公司才会产生。也正是出于将公司因式作统一形式处理以降低市场整体交易成本和国家管制成本的需要,国家才会遵循商事组织的类型法定主义,使法律承认的有权利能力的组织类型构成一个由可数元素组成的有限集合,并由实定法对于各种类型的法人财产关系和组织结构加以强行法规制。②

若将此思维套用至反垄断法视阈下,法人人格也似括号般被划分出公司内外两块场域:内部关系由公司法的组织规范调整,外部关系由反垄断法进行管制。直觉上,这种对公司“提取因式”的做法与部门法的分工互为表里,简化了对垄断活动的规制流程,便于法律制定与实施。

(二)历史成见的撇清:公司法与反垄断法的历史纠葛

然而,前述原因并不足以成为公司“黑箱”的有力辩护。就历史的路径依赖而言,前文所述只是笼统地回顾了部门法发展的概貌。如果历史上反垄断法果真始终视公司为“黑箱”,那么公司法和反垄断法在功能上应当泾渭分明。而将视线聚焦具体历史情境,便不难发现公司并不天然是“黑箱”,公司法与反垄断法也并非毫无血缘之亲。事实上,反垄断法和公司法命运交织、此消彼长,在历史发展中充满纠葛。撇清笼统概括所导致的历史成见,回顾二者在发展过程中的相伴相生,是反思公司“黑箱”的必由之路。

---

① See Pamela H. Bucy, *Corporate Criminal Liability: When Does It Make Sense*, 46 American Criminal Law Review 1437(2009).

② 参见冯珏:《法人概念论》,法律出版社 2021 年版,第 194~199 页。

一方面,特定时期的公司法可能事实上发挥着反垄断法的作用。公司法诞生较早,公司制度自然成为反垄断法立法的背景与前提,为反垄断法划定了生长的方向。19 世纪末,美国各州公司法禁止公司持有其他州公司的股票,各州的公司只能借助信托形式实现跨州联合以满足资本力量的扩张冲动,典型如 1882 年洛克菲勒组建的标准石油托拉斯(Standard Oil Trust)。在此背景下,在美国作为垄断组织形式的“托拉斯”使用了作为商事法律关系的“信托”(trust)一词,乃至后来成为“垄断”的代名词,美国反垄断法也因此被称为“反托拉斯法”。1890 年《谢尔曼法》(Sherman Act)主要针对的是协议垄断,就是对当时公司主流联合方式的回应。[①] 但由于主导州公司立法的投资者和公司内部人士都希望通过公司法来促进垄断和卡特尔化,故新泽西州和后来的特拉华州改革公司制度,帮助不同的生产商整合成一家公司。[②] 不同利益集团的推动在这一过程中起到了重要作用:在大州和联邦层面,进步人士、公共利益倡导者和反大企业人士,如谢尔曼(Sherman)和布兰代斯(Brandeis)的力量更为强大,使反托拉斯法最终“在联邦赢得了胜利”;而在关键的小州,公共利益参与者和美国普通选民的代表人数不足,支持托拉斯的势力因此促成了有利于垄断的公司法规则。在联邦反垄断法未能对州公司制度形成有效制约的时间里,那些能够支配小州而不支配国会的参与者获得了垄断利润,例如,1901 年美国钢铁公司的合并,直到 1920 年被削减,此间 J. P. 摩根和他的财团赚得盆满钵满;前文提及的标准石油托拉斯更是在 19 世纪 90 年代受益于新泽西州的公司法,并一直持续到 1911 年才在联邦一级被摧毁。[③] 可见,美国州公司法早期禁止跨州持股事实上发挥着规制垄断的功能,且先发制人地决定了垄断组织的形式,“创造”了反垄断法规制对象的初始形态。[④] 同时,州和联邦立法主导势力的不同导致公司法和反垄断法立法层级的差异,公司法为州立法推动者所俘获,以追求经济力量的联合;反垄断

---

① 参见邓峰:《普通公司法》,中国人民大学出版社 2009 年版,第 25 ~ 26 页。

② 值得一提的是,这一公司法改革发轫于 1889 年,几乎与《谢尔曼法》同时诞生。

③ See Mark J. Roe, *Delaware's Politics*, 118 Harvard Law Review 2491(2005).

④ 当然,若反向思考,反垄断政策的差异也会影响公司形态的发展。美国《谢尔曼法》禁止卡特尔,结果加速了美国大企业的形成;而德国早期对卡特尔的纵容甚至鼓励使公司之间通过结盟实现经济力量的联合,也在一定程度上延缓了德国公司向经理阶层管理的大型企业的发展。参见[美]小艾尔弗雷德 · D. 钱德勒:《看得见的手:美国企业的管理革命》,重武译,商务印书馆 1987 年版,第 589 页。

法则在联邦层面兴起,以维护公平竞争秩序。根据对历史细节的进一步考证,直到《谢尔曼法》颁布后,联邦法层面的反托拉斯政策甚至依然尝试着寄希望于公司法。“联邦为了弥补其不足,必须扩大对企业的经济管理权,总统西奥多·罗斯福(Theodore Roosevelt)曾试图推动制定全国通行的公司法,但失败了,这导致扩张行政权力成为联邦政府唯一的出路。”①这些历史,使美国反垄断法到处充斥着被公司制度塑造、与公司制度博弈的痕迹。可能也正因为这样的历史,美国反垄断法视阈下的公司“黑箱”思维明显较其他法域更弱,容后详述。

另一方面,通常属于公司法下的问题可能在个别国家的改革进程中被反垄断法直接规制。虽然反垄断法的出现远晚于公司法,但是不同法域在各自的经济发展模式和制度背景下,同一问题表现各有侧重,也会引起不同的调整思路,反垄断法同样可能对传统公司法下的问题“越俎代庖”,典型如韩国以反垄断法规制关联交易引发的“隧道效应”。“隧道效应”通常指大股东以不易察觉的方式攫取小股东利益的现象,是控股股东—中小股东之间代理成本的典型体现,常以关联交易等手段实现,惯常思路下一般由公司法、证券法规范体系调整,韩国采用反垄断法的规制路径需着眼于其特殊的财阀模式方可理解。第二次世界大战后,韩国政府将接管的日本人财产贱卖给与政界当权者有密切关系的特殊人物,韩国财阀崭露头角。② 历经二十世纪六七十年代的政府补贴和金融支持,韩国财阀迅猛发展。到20世纪80年代,韩国政府因担心财阀经济权势过大而连续实施了一系列管制措施。③ 1986年,《垄断管制与公平交易法》(Monopoly Regulation and Fair Trade Act,MRFTA)第三章有针对性地限制了财阀建立控股公司、直接交叉持股、可能的投资总额上限以及金融和保险业的关联公司行使投票权等行为。但在其后十年内,收效甚微,财阀的市场力量甚至进一步扩大。在此背景下,立法者从关联交易行为入手,认为财阀大量的关联交易促使其经济实力的扩张和巩固,因此将规制关联交易的“不当支持条款”(The Undue Support Clause)引入MRFTA,以扼

① 郭梦蝶:《两部法案的“身世”之谜:对〈克莱顿法〉和〈谢尔曼法〉立法背景的分析》,载《兰州学刊》2016年第12期。

② 参见任明、赵鹏:《韩国企业集团公司治理结构特征分析及启迪》,载《东北亚论坛》2005年第3期。

③ 参见刘洪钟、曲文轶:《公司治理、代理问题与东亚家族企业:以韩国财阀为例》,载《世界经济》2003年第2期。

制财阀扩张。[①] 然而不难预料,MRFTA 的这一规定必然影响公司治理。1997 年亚洲金融危机暴露了财阀企业在公司治理方面的一系列问题。作为回应,韩国移花接木,逐渐将“不当支持条款”视为公司治理工具箱的一部分,韩国公平贸易委员会(Korea Fair Trade Commission,KFTC)对财阀附属公司之间的不正当支持的监管也成为韩国政府在危机后的公司重组和改革计划中的一个重要组成部分。对“不当支持条款”立法目的的认识也由此从排除垄断转变为提升公司治理:韩国宪法法院在 2003 年的判决中指出其目标之一是防止“降低公司透明度和损害股东(特别是小股东)利益的活动”[②]。可见,关联交易既可能损害竞争,也可能损害中小股东利益,在规制手段上存在选择空间。在 20 世纪末的韩国,关联交易引发的首要担忧是财阀经济力量的扩张,而非股东的利益保护,故韩国以反垄断法规制之,呈现与其他法域不同的规范格局,体现了反垄断法对公司制度的(部分)功能替代。

通过对美国、韩国的反垄断法与公司法历史纠葛的回顾,不难发现两者泾渭分明的逻辑预设更多是后来部门立法的理想模型,并非历史经验的总结。历史上,公司法和反垄断法面对法律难题,并不是严格的“一副药方治一个病症”,而是既有公司法引发“并发症”而需反垄断法介入的情形(美国),也有用反垄断法的“药方”治公司制度“病症”的先例(韩国)。可见,具体的历史情境下的公司,并非始终被反垄断法视为“黑箱”。

(三)经济理性的质疑:公司“黑箱”必须坚守吗

前文述及,将公司作为“黑箱”规制,如同将公司作为因式提取便于“计算”一样,符合惯常思维下的经济理性,但也有商榷空间。一方面,公司“因式”在特定情况下会被拆解,如公司法上有“刺破面纱制度”;另一方面,交易逻辑和管制逻辑下的“算式”不同,对公司人格的态度也有所差异。

1. 公司“因式”的拆解:以刺破面纱为例

在复杂的代理关系之下,公司的意志常被内部具体人员(如控股股东或高级管理人员)操控,若此时法律激励依然指向公司,而公司机制又无法实现法律责任的内部调整,就会导致行为和激励的错配。为矫正此种错配,有时

---

① See Yong Lim & Geeyoung Min, *Competition and Corporate Governance*: *Teaming up to Police Tunneling*, 36 Northwestern Journal of International Law and Business 267(2016).

② Yong Lim & Geeyoung Min, *Competition and Corporate Governance*: *Teaming up to Police Tunneling*, 36 Northwestern Journal of International Law and Business 267(2016).

会“拆解”公司“因式”、否定公司人格,以实现行为和激励的对象同一,典型如公司法的“刺破面纱制度”。

“刺破面纱制度”发轫于英美法系,后为大陆法系所借鉴。虽然该制度本质上只是否定了有限责任,但通常也认为其至少在一定程度上是对公司独立人格的挑战。在刺破面纱时,公司“因式”被拆解,“括号”内的数字直接参与算式。

关于“刺破面纱”的理论依据,最传统的是欺诈学说(股东滥用公司形式或有限责任特权欺诈债权人),此外还有代理学说(公司成为股东的代理人)、工具学说(公司沦为股东工具)、企业主体学说(公司事实不符合企业事实)等。① 总体而言,这些学说是在“股东—公司”这一公司内部关系的视角下进行相对抽象的探讨,归根结底是“股东将公司视为他们的‘他我’”,这被班布里奇(Stephen M. Bainbridge)和亨德森(M. Todd Henderson)称为“他我”原则。② 然而,这种抽象探讨使制度适用标准极其模糊,刺破的理由更多地依赖于经验的归纳,因而赋予了裁判者过大的自由裁量权。

与上述理论不同,班布里奇和亨德森创新地认为,刺破面纱应遵循“个人不端行为”标准。在此标准下,问题不在于公司是否被股东作为“他我”,也不在于股东对公司的控制权,而在于股东是否亲自参与了他们应当直接承担责任的行为。因此,股东对公司债务承担的不应是替代责任,而应是直接责任。③

无论依何种学说,“刺破面纱制度”都在其内部人从事不当行为时“拆解”了公司“因式”,将内部人责任直接暴露于交易环节中。只是班布里奇的直接责任论较传统理论更为激进,切断了公司与内部人的连带关系,将因式分解得更彻底。

既然作为“黑箱”制度基础的公司人格都是可以被否认的,那么将公司作为“黑箱”的思维定式更值得质疑。

---

① 参见施天涛:《公司法论》(第4版),法律出版社2018年版,第30~31页。

② 参见[美]斯蒂芬·M.班布里奇、M.托德·亨德森:《有限责任:法律与经济分析》,李诗鸿译,上海人民出版社2019年版,第51页。

③ 参见[美]斯蒂芬·M.班布里奇、M.托德·亨德森:《有限责任:法律与经济分析》,李诗鸿译,上海人民出版社2019年版,第259页。

2. 交易逻辑与管制逻辑之下的公司人格之辨

除了公司人格否认,交易逻辑与管制逻辑之下公司人格的不同定位也值得重视,这直接关乎不同部门法对公司“因式”的态度。

褪去国家管制色彩的现代公司具有趋同的结构性特征,克拉克曼(Reinier Kraakman)和汉斯曼(Henry Hansmann)将公司法律人格置于这些结构性特征的首位。法律人格的具体规则包含实体保护规则(公司财产独立)、权力规则(授权经营管理)和程序规则(以公司名义参与诉讼)。[①] 不难看出,公司法律人格的具体规则均服从于交易逻辑下的信赖保护要求,分别保障了交易相对人对公司责任财产的合理信赖、交易相对人对公司权力归属的合理信赖和交易相对人对争议解决规则的信赖。而克拉克曼和汉斯曼之所以将法律人格置于公司结构性特征之首,是因为只有法律人格难以通过“公司所有者与供应商和客户的合同来复制”。相比之下,其他结构性特征如有限责任、股份自由转让、董事会结构下的集中经营管理和出资者共有所有权,理论上都能在可接受的交易成本范围内由合同直接创设。在交易逻辑之下,法律人格本身并不是目的,而是囊括了上述三个规则的“一个便利的标签”[②]。

只是,上述理论主要建立在私法的交易逻辑之上,与经济法的管制逻辑存在底层差异,直接将交易逻辑下法律人格的经济理性照搬到管制逻辑之下难以自洽和周延。交易逻辑遵循外观主义,注重公司要素的形式化彰显以提供信赖基础、提升交易效率;而管制逻辑关注的是管制对象的精准与管制手段的精当以实现管制目的。由此推演,交易逻辑倾向于交易主体的简化识别,管制逻辑倾向于管制对象的实质化认定。因此,管制性法律会在组织法的基础上对主体认定进行再次调整,典型如德国经济法在公司法之外另设“企业法”体系:不同于民商法语境下作为实体的法人,经济法的“企业”指更为广义的“独立的经济性的生产单位”[③]。

在反垄断法语境下,单一经济体原则很好地体现了管制性法律对行为主

① 参见[美]莱纳·克拉克曼、亨利·汉斯曼等:《公司法剖析:比较与功能的视角》,罗培新译,法律出版社2012年版,第6~8页。

② [美]莱纳·克拉克曼、亨利·汉斯曼等:《公司法剖析:比较与功能的视角》,罗培新译,法律出版社2012年版,第9页。

③ [德]弗里茨·里特纳、迈因哈德·德雷埃尔:《欧洲与德国经济法》,张学哲译,法律出版社2016年版,第330页。

体的重新界定。原欧洲共同体(现欧盟)于20世纪70年代通过染料案、商业溶剂公司案等一系列案件确立了单一经济体原则。[①] 当控制实体能够影响另一家企业的定价政策、销售目标、现金流、库存和营销时,则通常可以认为其构成一个单一经济实体,此时责任将被延伸归于该企业所属的更广泛的集团公司。[②] 相比其他法域,欧盟在单一经济体理论的道路上走得更快也更远,这具有欧盟自身的特殊原因:对单一经济体的依赖很大程度上源于欧盟对企业集团进行跨法域管辖的需要,该原理的实施“扩大服从欧共体竞争法管辖的范围,绕过(而不是解决)域外和其他司法管辖问题”[③]。但其他法域即便没有管辖权上的考虑,出于对企业集团的内部安排规避反垄断法律责任等考虑[④],也积极地引入了单一经济体原则。

经以上分析可见,作为管制法的反垄断法若依照“黑箱”思路将公司作为管制的唯一对象,直觉上可能有立法简洁之便,却未必利于实现“预防和制止垄断行为”的立法目的。

三、“黑箱”的动摇:垄断行为认定回应公司实践

如前所述,将公司视为“黑箱”并非先验地正确,公司法与反垄断法的界线也并非绝对明晰。不难想见,依照各自路径发展的公司法与反垄断法制度体系存在重叠场域。由于二者不存在适用竞合问题,在重叠场域中,反垄断法在行为认定上对公司制度予以必要的回应,是公司“黑箱”思路有所松动、将公司视作封闭体系的思维定式被动摇的体现。

两部法律最直观的交集或许是经营者集中制度中“控制”的认定,已有许

---

① 参见张世明:《欧洲竞争法域外效力中的经济统一体原则新论》,载《政法论丛》2015年第3期。

② 参见王健:《我国反垄断罚款制度的革新——基于整体主义理念的研究》,载《法商研究》2022年第1期。

③ Eran Aharon Lev, *European Community Competition Law: Is the Corporate Veil Lifted too Often?*, 2 Journal of Transnational Law & Policy(1993). 转引自张世明:《欧洲竞争法域外效力中的经济统一体原则新论》,载《政法论丛》2015年第3期。

④ 如利用集团中的小型公司参与垄断协议,若无单一经济体原则、固守法人人格的边界,则只能以该企业的销售额作为罚款基准,导致处罚畸轻。

多研究主张反垄断法在"控制"认定上依靠公司法作出的判断。① 但随着公司实践越发复杂,反垄断法在行为认定上对公司制度的回应远不止于此。

值得注意的是,虽然欧美国家都不同程度地在行为认定层面动摇了"黑箱",但美国反垄断法受"黑箱"思维的浸渗显然轻于欧盟,这对竞争法制深受欧盟影响的我国而言深值重视。在此选取典型予以简述。

(一)公司治理中心的联合:连锁董事

当今主流法域的公司治理结构趋向董事会中心主义:1906 年英国上诉法院自动过滤器公司案标志着英国董事会中心主义开始确立,1899 年美国特拉华州公司法确立董事会的领导地位,1937 年《德国股份法》不再将股东会视为公司运营核心,承认董事会的主导性和独立性,等等,不一而足。② 基于董事会在公司中的核心地位,连锁董事也成为公司间结构性联系的重要手段。

从商业角度看,连锁董事可以促进企业之间的沟通,能够整合各种社会资源,助推企业快速发展,对企业经营成功具有极为重要的作用。③ 更有实证研究显示,连锁董事有助于提升企业创新绩效、减少组织冗余。④

在规范层面,公司法上连锁董事主要引发的是利益冲突的担忧,往往通过董事信义义务制度化解风险。然而,连锁董事也会埋下限制竞争的风险。首先,最易引起注意的,连锁董事可能通过意思联络、信息互通等手段促进共谋。解释连锁董事成因的诸多理论之一"共谋理论"(Collusion Theory)认为,连锁董事作为关联公司之间互惠交易的制度安排,双方通过纵向协调、横向协调、传播知识、共享技能与声誉四种渠道获取收益。在激烈的市场竞争中,连锁董事联结可以通过企业间的共谋来抑制同业竞争,进而获得超额利润。⑤ 其次,连锁董事也可能影响竞争的单边激励,共同参与董事会会议时,董事间

---

① 明示这一主张的文献有刘俊海:《论公司法与反垄断法的良性互动》,载《中国流通经济》2021 年第 3 期;暗示这一主张的文献有邓峰:《传导、杠杆与中国反垄断法的定位——以可口可乐并购汇源反垄断法审查案为例》,载《中国法学》2011 年第 1 期。

② 参见赵旭东:《股东会中心主义抑或董事会中心主义?——公司治理模式的界定、评判与选择》,载《法学评论》2021 年第 3 期。

③ 参见张祥建、郭岚:《国外连锁董事网络研究述评与未来展望》,载《外国经济与管理》2014 年第 5 期。

④ 参见段海艳:《连锁董事、组织冗余与企业创新绩效关系研究》,载《科学学研究》2012 年第 4 期。

⑤ 参见张祥建、郭岚:《国外连锁董事网络研究述评与未来展望》,载《外国经济与管理》2014 年第 5 期。

的社会关系可能会阻止竞争对手的积极战略,这在考虑董事薪酬与公司业绩挂钩时更加明显。[①] 因此,反垄断法对连锁董事不得不有所回应。

欧盟对连锁董事的审查是基于《欧盟运行条约》(The Treaty on the Functioning of the European Union,TFEU)第101条,审查关键是判断连锁董事是否基于企业间协议。若提名董事会成员的权利是公司持股协议的一部分,那么董事会的提名可能构成企业间的垄断协议。[②] 美国的规定则更具针对性,《克莱顿法》(Clayton Act)第8条对连锁董事作了专项规制,其禁止任何人同时担任两家竞争公司的董事或高级管理人员,只要每家公司拥有超过一千万美元的资本(capital)、盈余(surplus)、不可分利益(undivided profits)。当然,此条对竞争关系过于薄弱或规模过小的公司不予适用。

(二)股权的多面向性:少数股权收购

经营者集中最典型的手段是股权收购,我国参考欧盟做法,经营者集中审查以产生"控制"关系为条件。而在世界范围内,不构成控制关系的少数股权并购有时也会被集中控制制度所涵摄。这是因为少数股权收购虽未必延伸公司控制力,但基于股权权能的多面向性,仍可能产生反竞争效果。

股权"是目的权利(财产性权利)和手段权利(公司事务参与权)的有机结合","是团体性权利和个体性权利的辩证统一"[③]。股权的权能可以大致分为控制权面向和收益权面向,前者以投票权、提名权等为依托,后者以利润分配请求权、剩余财产分配请求权等为表征。正如史蒂芬·萨洛普(Steven C. Salop)和丹尼尔·布莱恩(Daniel P. O'Brien)所言,"为了理解部分所有权利益对竞争的影响,有必要将财务利益和公司控制权作为不同的因素来分析"[④]。两类权能对竞争的差异可总结为:收益权将影响收购方的竞争动力,控制权将影响被收购方的竞争动力。[⑤] 少数股权收购即便无法控制目标公司,也能基于收益权生成利益绑定,进而产生单边效应与协同效应。

---

① See Florence Thépot, *The Interaction between Competition Law and Corporate Governance: Opening the "Black Box"*, Cambridge University Press, 2019, p. 92.

② See Florence Thépot, *The Interaction between Competition Law and Corporate Governance: Opening the "Black Box"*, Cambridge University Press, 2019, p. 105.

③ 江平、孔祥俊:《论股权》,载《中国法学》1994年第1期。

④ Daniel P. O'Brien & Steven C. Salop, *Competitive Effects of Partial Ownership: Financial Interest and Corporate Control*, 67 Antitrust Law Journal 559(2000).

⑤ 参见宁度:《部分并购的反垄断经济与法律分析》,载《经贸法律评论》2020年第6期。

少数股权收购的单边效应表现为收购方取得被收购方少数股权后,引发涨价的激励。涨价引起的客户销量流失会转移至同一市场的其他经营者处,而持有其他经营者的股票可分享其增加的收益,以冲抵自身涨价引发的可能的损失。少数股权收购的协同效应,是指其可通过提高市场透明度、削弱竞争动力以促进共谋的达成和维持。①

为应对少数股权收购的反竞争效果,欧美采取了不同措施:

《欧盟合并条例》对集中本质的认识是“控制”关系的长期变化,故而未发生企业控制关系变化的少数股权收购难以为集中控制制度所规制,若要规制则不得不诉诸垄断协议制度的扩张适用。在早期的菲利普莫里斯公司案中,欧盟的法院就通过解释《欧盟运行条约》第 101 条的方式识别了菲利普莫里斯公司收购乐富门国际(Rothmans International)公司 30.8% 少数股权的股权转让协议,承认少数股权投资产生的单边效应。这是迄今唯一裁定股份协议适用《欧盟运行条约》第 101 条以规制经营者集中的案件。② 在该案中,法院坚持“控制”的标准,这一判例遵循的原则广泛适用于后来欧盟少数股权并购的案件。不难看出,苛求少数股权收购达到“控制”的程度显然是过分专注于股权的控制权面向,而对其收益权面向所引发的反竞争效果关注不足。有学者认为,在尊重“菲利普莫里斯原则”的前提下,解决之道在于扩张解释“控制”的含义,进而使《欧盟运行条约》第 101 条得以处理少数股权收购的单边效应。③ 对不符合《欧盟运行条约》第 101 条的少数股权收购,则只能适用《欧盟运行条约》第 102 条按“滥用共同市场支配地位”处理,但如此适用法律的难度显然较大。

美国《克莱顿法》第 7 条的规定较欧盟更为直接,规定禁止可能产生“实质性减少竞争或趋于产生垄断”(substantially to lessen competition, or to tend to create a monopoly)的股权收购。由于《克莱顿法》并不以达到“控制”程度为门槛,而是以更周延的“实质性减少竞争或趋于产生垄断”为判断标准,故美国规制少数股权收购时较欧盟更为自如。在这一规定下,美国法院否决了

---

① 参见宁度:《部分并购的反垄断经济与法律分析》,载《经贸法律评论》2020 年第 6 期。

② See Florence Thépot, *The Interaction between Competition Law and Corporate Governance: Opening the “Black Box”*, Cambridge University Press, 2019, p. 100 – 101.

③ See Florence Thépot, *The Interaction between Competition Law and Corporate Governance: Opening the “Black Box”*, Cambridge University Press, 2019, p. 107.

若干少数股权并购,如著名的“玻璃纸谬误”出现的美国诉杜邦公司案[①]中,就援引了《克莱顿法》第7条以认定杜邦公司违法。

(三)母/子公司的联姻:联营企业与机构投资者

设立联营企业是运用公司制度实现市场力量的联合与扩张的重要途径,经营者共同设立联营企业,以股权制度和公司治理贯通各方意思沟通、实现各方利益绑定,宛如母公司间的联姻。设立联营企业兼具合同和组织属性,自然在规制路径上面临双重选择。美国对联营企业的审查依据是《谢尔曼法》第1条和《克莱顿法》第7条;相对应地,欧盟的审查路径是《欧盟运行条约》第101条和《欧盟合并条例》。两大法域的规制思路是一致的,即以垄断协议和集中控制制度对联营企业进行双重审查。欧盟进一步从联营企业功能的角度划分,将协调仍然独立的企业竞争行为的联营企业纳入《欧盟运行条约》第101条的审查范围,而将全功能联营企业作为经营者集中处理。[②]

与联营企业由多个竞争者共同扶植一家公司相反,机构投资者的共同所有权(common ownership)则是由机构投资者持股同一市场内的多家竞争者。但二者底层原理近似,均是运用公司治理与股权制度,在(机构投资者的)持股公司之间“联姻”。共同所有权反竞争效果已被实证研究证明,如有研究显示,机构投资者共同所有权使美国航空业的机票价格高出3%~7%。[③] 直观来看,共同所有权的反竞争效果涉及机构投资者的投资策略、持股规模等因素。有学者认为,共同所有权能否实际转化为竞争损害,需要考察公司治理的诸多要素,如机构投资者的持股程度、相关市场的结构、股东激励以及管理目标等。[④] 随着股东积极主义思潮推动机构投资者对公司治理的积极参与,共同所有权触发垄断协议或集中控制审查的概率大幅提升。对于共同所有权的发展,公司法的积极态度与反垄断法的消极态度体现了二者的价值差异:从博弈论的角度看,公司法与反垄断法都面临结构相似的“囚徒困境”,只是法律的基本态度相反——反垄断法站在“狱卒”一边,公司法站在“囚徒”

---

① US v. E. I. du Pont de Nemours & Co., 353 U. S. 586(1957).

② 参见《欧盟合并条例》第2条、第3条。《欧盟合并条例》第3条第4款对“全功能联营企业”的界定是“长期履行自治经济实体的所有职能”。

③ See José Azar, Martin C. Schmalz & Isabel Tecu, *Anti-Competitive Effects of Common Ownership*, 73 The Journal of Finance 1513(2018).

④ See Menesh S. Patel, *Common Ownership, Institutional Investors, and Antitrust*, 82 Antitrust Law Journal 279, 334(2018).

一边，即立法者阻挠垄断协议或拟集中经营者的沟通与协调以阻却垄断，却鼓励股东间的沟通协调以约束公司代理人。① 为了平衡上述矛盾，有学者建议为持有 15% 以下的投资者设置“安全港”(safe harbor)：此时机构投资者没有董事会代表，并且只参与“正常”的公司治理活动(normal corporate activities)。② 目前，机构投资者反垄断规制在法律实践中尚未成熟，这考验着各法域反垄断部门的智慧与担当。

(四)小结

上述示例为我们观察反垄断法对公司实践的回应提供了宝贵参考。在处理这些野蛮生长于部门法罅隙之间的现实问题时，公司“黑箱”不同程度地被动摇，欧盟和美国在不同的立法背景下、基于不同的技术考量，对同样问题作出了不同处理。总体而言，欧盟更固守公司的“黑箱”，美国则更能将反垄断审查深入公司内部。

例如，对于连锁董事，欧盟以《欧盟运行条约》第 101 条规制，需判断引发连锁董事的公司协议是否属于垄断协议；而美国却以《克莱顿法》第 8 条直接规制。对于少数股权收购，由于欧盟对经营者集中的识别标准以“控制”为核心，故当少数持股未构成对目标公司的“控制”时，欧盟只得削足适履地套用《欧盟运行条约》第 101 条，略显勉强；而美国也以《克莱顿法》第 7 条直接规制，其对经营者集中的识别标准是“实质性减少竞争或趋于产生垄断”，这就能够对股权的收益权面向引发的反竞争效果作出直接回应。可以看出，欧盟较之美国更在意公司的形式，其对“控制”要件的固守就隐含着对公司形式的执着。

这一差异的形成有偶然的因素，也有必然的基因。一方面，法律都离不开其制定时的政治社会背景，特定的政治事件和舆论倾向完全可以产生不同的立法例。例如，1914 年《克莱顿法》第 8 条的出台具有特殊的政治环境：当时美国各党派均对关联董事持恐惧态度。威尔逊(Wilson)总统的顾问路易斯·布兰代斯(Louis Brandeis)认为，如果连锁董事适用于相互竞争的公司，会倾向于违反《谢尔曼法》；如果应用于相互交易的公司，则会导致“一仆事二

① See Edward B. Rock, *Corporate Law Through an Antitrust Lens*, 92 Columbia Law Review 497(1992).

② See Edward B. Rock & Daniel L. Rubinfeld, *Antitrust for Institutional Investors*, 82 Antitrust Law Journal 221(2018).

主的不公平",无论如何它都会消除激励机制,导致效率低下。[①] 故《克莱顿法》专条限制连锁董事。另一方面,由于政治体制与发展模式的差异,欧盟与美国的反垄断立法使命不完全相同。美国的反垄断法与公司法发展存在明显的衔接,反垄断法更多的是作为对公司法失败的回应而发展起来的;而在欧盟成立初期,各国政府还保留着相当大的经济权力,反垄断法这一工具主要是用来降低成员国间的贸易限制,欧盟的反垄断法旨在促进成员国的经济联合和共同市场的建立,相比美国而言就少了很多针对公司制度的关切。[②]

抽象来看,欧盟反垄断法执着于公司"黑箱"无可厚非。然而如前所述,管制逻辑下的公司"黑箱"并不像交易逻辑下的公司"黑箱"那样值得固守,我国尊重公司人格的论调也主要出现在私法场域。而部门法间的协作应当秉持功能主义立场,反垄断法在多大程度上可以对公司治理实践作出回应,应当视法律适用的总体效能而定。不难看出,欧盟法在固守公司"黑箱"而处理连锁董事与少数股权并购的问题时,体现出一定程度的尴尬与勉强:对连锁董事的审查需要基于公司间的持股协议,而对少数股权收购的规制甚至依赖对"控制"的扩大解释。相比之下,美国对此类典型行为的单独规制显得更得心应手。应当认为,在公司治理、股权制度日趋复杂的今日,许多依赖公司组织而形成的垄断现象已经具备了独立定性的空间。美国与欧盟的立法差异或许是"无心插柳",但后来者可从中吸取经验教训。目前,我国理论与实务界对前述行为的认定多参照欧盟路线,这是法制借鉴的路径依赖使然。思路调整或需待立法与现实的矛盾更为尖锐、比较法研究更为深入时,方可推动。

四、"黑箱"的破解:反垄断法个人责任

前文所述反垄断法对公司实践的回应,主要是反垄断法在行为认定层面对公司实践发展带来的挑战的被动回应。上述实践中虽然在一定程度上解

---

① See Florence Thépot, *The Interaction between Competition Law and Corporate Governance: Opening the "Black Box"*, Cambridge University Press, 2019, p. 113.

② See Florence Thépot, *The Interaction between Competition Law and Corporate Governance: Opening the "Black Box"*, Cambridge University Press, 2019, p. 6.

决了复杂的公司实践对反垄断管制的阻碍，但除《克莱顿法》第8条对连锁董事的禁止外，大多并没有通过反垄断法对公司代理成本产生影响，遑论弥补公司治理失灵。在功能主义视角下，两部法律在上述实践中缺乏双向互动，法律适用总体效能的提高效果差强人意，反垄断法对公司实践表现出被动因应而非主动介入的姿态，故本文只将其称为对公司“黑箱”的“动摇”而非“破解”。

本文所指的反垄断法“破解”公司“黑箱”，是指通过反垄断法对公司体系的主动介入，促进反垄断法实施，并通过反垄断法的实施降低公司代理成本。这并非要求反垄断法否定公司人格，而是希望反垄断法在制定和实施时摒弃因公司独立人格而将其视作封闭体系的思维定式，并进一步通过制度优化实现反垄断和公司机制功能上的互相代偿与促进。

“正义之神，一手持衡器以权正义，一手执宝剑以实现正义……有衡器而无宝剑，只是有名无实的正义。”①相比行为认定层面的回应，责任层面设定反垄断法个人责任更能直接提供内部人的行为激励，阻遏、预防公司内部人的垄断违法行为，降低代理成本，代偿公司治理的孱弱与失灵，成为从根本上破解公司“黑箱”的有力措施。

2022年修正的我国《反垄断法》第56条第1款迈出了反垄断法个人责任坚实的一步，引起实务界关注，但尚待深入的理论研究以提供支撑和反思。

（一）个人责任：国家管制补偿公司治理的隐含路径

公司法所涉及的个人责任源于代理问题。自伯利、米恩斯在《现代公司与私有财产》中提出两权分离的命题开始，公司治理中的代理问题便成为公司法理论研究和制度设计的众矢之的。以“股东—经理”代理关系为例，詹森（Jensen）、麦克林（Meckling）分析代理成本时指出，股东财富增长的速度低于公司价值增长，因为经理会以非金钱利益等形式消耗公司财富，经理持股比例越低时，这一现象越明显。②

解决代理问题的法律对策可分为两类：治理策略和监管策略。前者致力于提升委托人对代理人的控制能力；后者以实体法律规则直接约束代理人的

① 语出耶林《法律的斗争》一文。转引自王泽鉴：《民法总则》，北京大学出版社2009年版，第2页。

② See Michael C. Jensen & William H. Meckling, *Theory of the Firm: Managerial Behavior, Agency Costs, and Ownership Structure*, 3 Journal of Financial Economics 305 (1976).

行为。[①] 在部门法视野下,前者作为私人自治的产物通常归入私法,后者由于具有国家干预的色彩更多归于经济法。治理策略主要通过信义义务机制产生代理人的个人责任,监管策略则直接基于法律规定产生个人责任。

长期以来,公司法理论与实践对代理问题的关注主要围绕治理策略。但日益发展的公司治理机制依然无法彻底消除代理问题,一次次的金融危机都彰显着公司治理失灵的严重后果。同时,随着公司的社会性、公共性的增强,两权分离的加深,对同一决策可能引发的利益冲突越发激烈,控制权的独立价值日益彰显,业务判断规则(Business Judgement Rule)等免责制度蓬勃发展。在全球公司法趋同化竞争的制度演变下,公司董事和高级管理人员(以下简称高管)的违信责任被各种免责机制极大地阻却。以美国的合规体系为例,在早期的格雷厄姆案(Graham v. Allis – Chalmers Mfg. Co.)中,法院直接认为董事没有义务事前创设合规体系。凯马克案(Inre Caremark Int'l Inc. Derivative Litigation)、斯通案(Stone v. Ritter)等虽向前迈进了一步,但依然没有大幅度增加董事责任,认为董事只有在"完全没有执行任何报告或信息系统或控制措施",或"已经实施了这样的系统或控制,却有意识地不去监视或监督其运作"时,才承担违信责任。[②]

因此,虽然在理想状态下,公司因违法遭到行政处罚时,相关损失可经由信义义务机制实现对公司内部人的二次责任分配而内部消化,对公司施加的法律责任可转化为对公司内部人的压力,国家管制得以顺畅地贯穿公司内外。但在私法的趋同化竞争之下,董事、高管受到周密的保护,违信责任的触发难度极高,公司内部信义体系常常面临失灵的风险。故而,若仅寄希望于信义规则等治理策略解决责任传导,可能导致孱弱的公司治理机制充当个人责任的"缓冲带",最终"严厉的惩罚则通过公司的外壳,落在相对无责的人身上"[③]。种种实证经验也证明,在治理策略下,上述对公司施加责任进而通过

---

① 参见[美]莱纳·克拉克曼、亨利·汉斯曼等:《公司法剖析:比较与功能的视角》,罗培新译,法律出版社 2012 年版,第 39 页。

② 参见[美]斯蒂芬·M. 班布里奇:《金融危机后的公司治理》,罗培新等译,上海人民出版社 2021 年版,第 142 页。

③ John C. Coffee Jr., *No Soul to Damn: No Body to Kick: An Unscandalized Inquiry into the Problem of Corporate Punishment*, 79 Michigan Law Review 386(1981).

公司治理机制追责至管理人员的构想较难落地。①

相比之下,监管策略的思路更为直接。管制性法律可以对公司董事、高管等内部人设立行为规则或行为标准,并在违反时直接施以个人责任。② 从制度演变看,监管策略往往实施于治理策略乏力的场域,作为治理策略的有力补强。也正是由于监管策略常常作为治理策略失灵时的补充手段,它最典型的发生路径是:在危机之后,立法者通过外部监管规范进行回应式立法。美国历次金融危机后出台的《萨班斯—奥克斯利法案》《多德—弗兰克法案》等已反复印证了这一规律。随着法律政策的逐步成熟,治理策略和监管策略逐步形成了分工格局。通常而言,在规范普通商事交易和商事决策时,治理策略居主导;在规范公司债务关系和债权人保护问题、公开市场投资者保护和发行人规制的问题时,监管策略居主导;而在关联交易、合并与重大资产出售、控制权交易等方面,治理策略和监管策略被综合运用。③

管制性规范创设个人责任绕过了私法信义义务等相对模糊的规则和标准,有效地避开了信息不对称、集体行动难题等因素的桎梏,在治理失灵时补强了对代理人的约束,成为国家管制降低代理成本、代偿公司治理的途径。

(二)反垄断法个人责任的必要性

反垄断法个人责任的必要性也生发自公司代理问题的严峻与公司治理失灵的危险。在反垄断法个人责任与公司责任的论辩中,早期主张如波斯纳(Richard Posner)认为,公司能以有效的方法来防止其雇员实施给公司的、招致巨大法律责任的行为,故设定公司责任足矣④;但多数学者则对公司惩罚个人的激励强度较为消极,更倾向于国家介入直接惩罚公司中的人。⑤ 在反垄断巨额罚款面前,公司对其成员的惩戒手段极为有限,使传统的公司治理机

---

① See Jesse W. Markham Jr., *The Failure of Corporate Governance Standards and Antitrust Compliance*, 58 South Dakota Law Review 499(2013).

② 例如,我国《证券法》在虚假陈述、内幕交易、操纵市场等场合对控股股东、实际控制人、直接负责的主管人员、直接责任人员等设置了警告、罚款等个人责任。

③ 参见[美]莱纳·克拉克曼、亨利·汉斯曼等:《公司法剖析:比较与功能的视角》,罗培新译,法律出版社2012年版,第52页。

④ 参见[美]理查德·A. 波斯纳:《反托拉斯法》,孙秋宁译,中国政法大学出版社2003年版,第319页。

⑤ See Stephen Calkins, *Corporate Compliance and the Antitrust Agencies' Bi-Modal Penalites*, 60 Law and Contemporary Problems 127(1997).

制承担着更大的压力。[①] 如前所述,代理问题使实际违法行为主体(个人)与责任承担者(公司)错配,治理失灵时,内部责任分配机制失衡,公司的反垄断法律责任最终将由“被代理人”(通常是股东)承担,法律责任的威慑无法恰如其分地定位到行为人。由此,代理问题与公司治理失灵将导致反垄断法律责任的惩罚性和预防性机能均落空。尤其是在代理人薪资广泛与公司业绩挂钩的当下,从事垄断行为若可在个人获利的同时将违法成本转嫁给被代理人,则公司责任将因此沦为代理人剥削公司的工具。

此外,由于反垄断法违法认定的或然性,上述风险被进一步放大,董事、高管因违法而被公司追究违信责任的可能性进一步降低。

技术上,监管策略可以区分为规则和标准。规则指具体的、事先适用的(行为)规范,标准指抽象的、事后适用的(评价)规范。在规范构成上,反垄断法更偏向标准。随着芝加哥学派的兴起,本身违法原则的适用范围不断限缩,合理原则成为支柱。如今,本身违法原则的统辖范围几乎只剩核心卡特尔,其他的垄断违法认定均需要执法、司法机关进行具体的经济、政策分析而定。可以说,在合理原则的主导下,垄断违法的认定具有较强的或然性。

违法认定的或然性给公司治理带来了挑战,事前违法性认识的不足给董事、高管的“善意”判断笼上迷雾,使其难受信义义务的苛责。又由于合理原则下的垄断违法判断“一事一议”,即便在经历了反垄断处罚之后,董事、高管也可能基于商业判断而抱有侥幸心理、“善意”地再次违法。从域外经验看,这或许直接影响了执法机关对公司治理体系的信心,在欧盟和美国对反垄断合规的谨慎处理之中可见一斑。早期,欧盟委员会在多起案件中考虑过公司合规计划对公司责任的减免,但在近年,欧盟却将合规排除出处罚的考量范围,其转折点或许为英国糖果公司一案。该案中,欧盟委员会基于英国糖果公司的合规计划,调整了对其滥用市场支配地位的罚款金额,但事后合规计划并没有阻止其经营决策者继续从事垄断行为。欧盟由此失去对公司合规计划的信心,不再考虑对合规计划进行奖励。[②] 美国作为公司合规潮流的主导者,却例外地对反垄断法的合规奖励持否定态度,如此审慎,难免是因垄断

---

① See Stephen Calkins, *Corporate Compliance and the Antitrust Agencies' Bi-Modal Penalites*, 60 Law and Contemporary Problems 127(1997).

② See Florence Thépot, *The Interaction between Competition Law and Corporate Governance: Opening the "Black Box"*, Cambridge University Press, 2019, p. 201 -202.

违法认定的模糊性而对公司治理体系的效能缺乏信心。

内有公司治理失灵,外有垄断违法认定的或然性,双重因素使公司责任传导机制更难发挥作用,从事违法行为的董事、高管因此得到了更完满的庇护。此时,合规激励更难以穿透公司内部治理体系而加诸真正的决策者,外部的管制性规范补偿公司治理成为必然选择。反垄断法个人责任因而需要外部制度的直接供给。

(三)反垄断法个人责任缺失的原因

美国反垄断法诞生伊始,《谢尔曼法》就创设了个人责任,且在实践中大量运用①,这与其较强的功能主义导向有关。在世界范围内,反垄断法个人责任也日益兴起。在欧盟层面,出于对前述公司形式的“尊重”,没有直接设置个人责任,但公司责任因其局限性无法解决代理问题,导致反垄断法实施效果大打折扣。故欧盟成员国尝试着突破上述藩篱。如英国政府就认为,只有“对个人施加刑事处罚,才算是抓住了合适的人”,在政府部门的建议下,英国立法机关最终在2002年引入了针对个人的反垄断刑事制裁。② 据统计,在欧盟成员国层面,已有至少19个成员国确立了反垄断法的个人责任。③

相比之下,我国反垄断法的个人责任长期缺失,背后的原因不可不察。

1.反垄断法刑事责任阙如

我国反垄断法个人责任的缺失一定程度上是部门法分工的结果。纵观域外反垄断法个人责任,几乎都体现为刑事责任而非行政责任,典型如美国。英国立法者更是直接指出:“已有的制裁手段的缺陷主要存在于对自然人的威慑不足方面……而加强对自然人的制裁,最有效的手段乃是刑事制裁。”④ 而在我国刑法的集中立法模式下,《刑法》垄断了刑事责任的设定权,《反垄断法》起步又较晚,在吸收域外经验时,与《刑法》的互动衔接不足。

---

① 据实证统计,一定期间内,美国反垄断部门对个人的起诉几乎与对公司的起诉一样多。See Stephen Calkins, *Corporate Compliance and the Antitrust Agencies' Bi-Modal Penalites*, 60 Law and Contemporary Problems 127(1997).

② 参见李国海:《反垄断法律责任专题研究》,武汉大学出版社2018年版,第160页。

③ See Marco Slotboom, *Individual Liability for Cartel Infringements in the EU: An Increasingly Dangerous Minefield*, Kluwer Competition Law Blog(Apr. 25, 2013), http://competitionlawblog.kluwercompetitionlaw.com/2013/04/25/individual-liability-for-cartel-infringements-in-the-eu-an-increasingly-dangerous-minefield/.

④ 李国海:《反垄断法律责任专题研究》,武汉大学出版社2018年版,第161页。

观察经济法所辖的诸多法律文本不难发现,除《反垄断法》外,《反不正当竞争法》《消费者权益保护法》《产品质量法》等文本也未规定个人责任,这使反垄断法个人责任的缺失乍一看并不突兀。但上述法律的相关违法行为可在该当构成要件时直接纳入《刑法》相关条文的视野。例如,虚假广告可能构成《刑法》第222条的虚假广告罪,生产、销售伪劣产品的行为可能构成《刑法》第140条的生产、销售伪劣产品罪等。这些领域的个人责任没有体现在经济法层面,却有刑法的兜底。

相较而言,目前《刑法》并没有与垄断行为配套的罪责体系,反垄断个人责任无法寻求刑事责任的兜底,在部门法的分工下被"遗忘"。

2. 公司法上的任职限制与反垄断法责任衔接缺位

现行《公司法》第178条的董事、监事、高管任职限制是外部管制性法律转化为内部人责任的重要通道。该条第1款第4项规定,"担任因违法被吊销营业执照、责令关闭的公司、企业的法定代表人,并负有个人责任的",自该公司、企业被吊销营业执照、责令关闭之日起未逾三年不得担任公司的董事、监事、高管。经济法中的管制性规范,即可通过吊销营业执照间接剥夺相关内部人的任职资格,进而实现外部责任向内部转化。

但是,公司的反垄断法律责任只有责令停止违法行为、没收违法所得和罚款,没有"吊销营业执照"。不难理解,竞争政策在维护竞争秩序和规模效应的平衡中,不宜对已经具有相当规模的垄断企业施加"吊销营业执照"等资格罚。但这的确导致公司法上的董监高的任职限制无法被反垄断法触发,两者的衔接缺位使反垄断法律责任向公司内部转化的可能性再度落空。

(四)《反垄断法》(2022年修正)的突破与不足

至此,本文论证了反垄断法个人责任的重要意义,分析了既有制度下个人责任缺失的原因。值得欣慰的是,2022年修正的《反垄断法》第56条第1款新增规定:"经营者的法定代表人、主要负责人和直接责任人员对达成垄断协议负有个人责任的,可以处一百万元以下的罚款。"这一规定将归责对象由形式上的"经营者"深入组织体内部,直至最终责任人员,破解了公司"黑箱",不啻为本次修法的一大重要突破。另外,修正后的《反垄断法》新增了第67条:"违反本法规定,构成犯罪的,依法追究刑事责任。"虽然刑法还没有对此作出明确回应,但不难预见,反垄断法个人责任即将得到刑事责任的补强。

个人责任的这一突破也体现了立法者的审慎。首先,基于垄断违法认定的或然性,修正后《反垄断法》的个人责任仅限于垄断协议这一主要适用本身违法原则的领域,而没有贸然进入滥用市场支配地位、经营者集中的罚则中,应当是旨在保障相关责任人员的违法认识可能性;其次,在数额上,个人罚款被限定在一百万元人民币以下。

依笔者管见,审慎虽是渐进式改革的重要品质,但上述规定或许过于保守:

1. 在适用范围上不应仅限于垄断协议。垄断协议的违法认定的确更为明确,但不能认为滥用市场支配地位的公司决策者就缺乏违法性认识可能性。构成垄断的经营者通常规模较大、财力雄厚,其决策者完全有条件通过获取法律咨询服务等方式对相关经营行为的违法风险进行充分评估,对违法性认识的可能性较普通的企业经营管理者而言应该更大。设想,若将个人责任的适用范围扩张至滥用市场支配地位与经营者集中,董事、高管必将创建更为严格的合规体系,且此时合规效能会更高,因为董事、高管难以再利用公司治理失灵的漏洞,而必须直面个人责任的压力。从比较法上看,美国、日本的个人责任都至少扩展至滥用市场支配地位行为。①

2. 对个人罚款上限设定为一百万元人民币明显过低。具体体现在:(1)个人罚款没有设置比例额度,只设置了最高限额,这不利于过罚相当原则的实现,在反垄断执法奋发有为的当下,一百万元人民币的上限与企业承受的百亿元人民币的天价罚单相去甚远。(2)与域外法横向比较也畸轻。在美国,《谢尔曼法》设定的个人罚款上限为一百万美元;在德国,个人可能会因反竞争行为而面临高达一百万欧元的罚款;在荷兰,个人罚款也可高达四十五万欧元②。在中国反垄断高压态势下,罚款上限远低于上述法域,或与执法需求不符。

当然,修正后的《反垄断法》刚刚施行,以上“不足”也尚缺乏更详细的实证经验支撑。待实践中反垄断法个人责任广泛应用后,或可期待立法者根据相关反馈对适用范围和计罚标准进行调整。

---

① 参见李国海:《反垄断法律责任专题研究》,武汉大学出版社2018年版,第167~168页。

② See Marco Slotboom, *Individual Liability for Cartel Infringements in the EU: An Increasingly Dangerous Minefield*, Kluwer Competition Law Blog (Apr. 25, 2013), http://competitionlawblog.kluwercompetitionlaw.com/2013/04/25/individual-liability-for-cartel-infringements-in-the-eu-an-increasingly-dangerous-minefield/.

五、余论

回顾经济学发展历程,在新古典主义经济学中,公司同样被视为"黑箱"。在新古典传统中,企业被视为"生产函数"①,仅仅作为市场经济的一个元要素。而随着科斯《企业的性质》一文的诞生,新制度经济学家的视角开始深入公司内部,不完全契约理论、产权理论等开始尝试解释公司现象。自此,公司与市场的边界不再牢不可破,经济学打破了公司"黑箱"。

对法学而言,公司法学大量吸收了新制度经济学的研究成果;而反垄断法更多关注产业经济学,依然将公司视为"黑箱"。随着反垄断法工作的强化、公司"黑箱"在反垄断法视阈下越发难以为继,借鉴公司理论打破"黑箱",已成现实命题。

反垄断法视阈下的公司"黑箱"有部门法发展路径依赖的原因,也有一定的经济理性考量,但这些不足以为"黑箱"提供有力的辩护。通过梳理公司法与反垄断法的历史纠葛,撇清历史成见;又借助刺破公司面纱的反思、辨析交易逻辑与管制逻辑下公司因式的差异定位,不难证明反垄断法具有破解公司"黑箱"的正当性和可能性。

随着公司实践的日益发展,反垄断法已在行为认定层面对连锁董事、少数股权收购等现象作出了必要的回应。从美国和欧盟的处理看,公司"黑箱"已被反垄断法不同程度地动摇。但这是反垄断法对公司实践的被动因应,除《克莱顿法》第 8 条对连锁董事的禁止外,大多无法起到弥补公司治理失灵的作用。相比之下,责任层面的反垄断法个人责任既能有效促进反垄断执法的实效,又可绕过公司治理直接缓解代理问题,可谓反垄断法对公司"黑箱"的主动破解之道。我国 2022 年修正的《反垄断法》已经迈出了个人责任的第一步,笔者期待这一条款的实施效果,并展望其将来可能的改变。

但这一问题远远没有结束,商事组织法与市场规制法的衔接是部门法区隔所创造的长久命题。即便坚持认为反垄断法与公司法平行并存、互不相干

---

① 参见[美]奥利弗·E. 威廉姆森、西德尼·G. 温特编:《企业的性质——起源、演变和发展》,姚海鑫、邢源源译,商务印书馆 2010 年版,第 2 页。

的学者,也不得不承认在公司法无法解决公司控制权等问题时,可以由反垄断法介入协助。① 如今,越来越多学者注意到二者之间的关联。②

两部法的交叉场域或许无法一劳永逸地穷尽列举,只能在当下的公司和反垄断理论实践中寻找破局点,并采取措施优化二者的衔接。未来,公司法与反垄断法的协同互补,应当注意回归功能主义立场,尤其避免公司内部复杂的代理关系在“黑箱”庇护下成为反垄断法实施的阻力。目前,我国反垄断理论与实务界对共同滥用市场支配地位、单一经济体等理论的关注为公司“黑箱”衍生问题的后续探讨提供了良好的语境。但是,由于借鉴了欧盟反垄断框架、公司“黑箱”思维较深,上述工作任重道远。

学者阿扎尔(Azar)曾在一篇著名文章中指出,股东多元化、股东利益最大化和竞争性产品市场的维护这三个目标不能同时实现,因为前两个目标的改进隐含以牺牲竞争为代价,这是难以权衡的问题。③ 但反垄断法个人责任似乎突破了上述价值冲突,成为促进反垄断法实施和降低公司代理成本的共同举措。在《反垄断法》与《公司法》双双修改的背景下,笔者管中窥豹,尝试分析了这种破解公司“黑箱”的路径,供理论与实务界批评探讨。

“公司既无灵魂可被诅咒,又无躯体可被踢翻,难道你能期待它有良心吗?”④这句古老的诘问,在今天反垄断法的语境下依然发人深省。

---

① See Nicholas Walter, *Antitrust and Corporate Law: Revisiting the Market for Corporate Control*, 15 University of Pennsylvania Journal of Business Law 755(2013).

② 例如,有学者认为:“竞争政策从股东利益的角度来看待反竞争行为,这种行为与公司内部运作存在紧密关联,而后者是公司治理规范的话题……对公司治理原则的理解可以帮助塑造反垄断政策。”See Sahithya Muralidharan & Chaitanyra Deshpande, *Scope for Intersection between Antitrust Laws and Corporate Governance Principles vis-a-vis Cartels Deterrence in India*, 9 National University of Juridical Sciences Law Review 93(2016).

③ See José Azar, Martin C. Schmalz & Isabel Tecu, *Anti-Competitive Effects of Common Ownership*, 73 The Journal of Finance 1513(2018).

④ 此言出自瑟洛(Thurlow)第一男爵爱德华(Edward)。See John C. Coffee Jr., *No Soul to Damn: No Body to Kick: An Unscandalized Inquiry into the Problem of Corporate Punishment*, 79 Michigan Law Review 386(1981).

The "Black Box" of the Corporation and its Cracking in the Field of Anti – Monopoly Law

Abstract: With a market-organization dichotomy mindset, corporations are seen as a "black box" by anti-monopoly law. The emergence of the "black box" idea is attributable not only to the path reliance amid the development of the branch of laws but also to rational economic considerations. However, these are insufficient to provide a strong defense for the "black box". By rejecting historical stereotypes and analyzing transactional and regulatory logics, it is not difficult to find the justifiability and possibility for anti-monopoly law to tackle the corporate "black box". With the development of corporate practices, complicated corporate relations have increasingly become an obstacle to the implementation of anti-monopoly law and thus the corporation should no longer be treated as a "black box". Necessary responses have been made to phenomenon like interlocking directors and minority equity acquisition in mainstream legal regions, shaking the ground of corporate "black box" from the perspective of recognition of actions. To further crack the "black box", it is feasible to set individual responsibilities to improve the implementation effectiveness of anti-monopoly law and reduce the agency cost of corporate governance. Anti-Monopoly Law of China (2022 Amendment) has made the first step in terms of individuals' liabilities but further adjustments to its scope of application and degree of penalty are needed.

Key words: anti-monopoly law; black box; personal liability; agency cost

清华法律评论(第十一卷第二辑)
第229~255页

共享经济下的我国劳动关系认定
——因应与完善

于　汇*

目　次

摘　要　共享经济带来了劳动用工形式的变化,也对我国劳动法上的劳动关系认定规则提出了挑战。我国网络平台用工具有法律关系复杂、从属性虚化以及用工形式松散灵活的特点。梳理我国劳动关系认定规则可以发现,以工厂劳动为模型的劳动关系内容判断规则既缺乏表达从属性劳动的自觉,也缺乏应对新兴劳动关系形态的远见。网络平台用工案件在我国司法实践中经历了从否认劳动关系到倾向承认劳动关系的过程,我国法院在实定法

* 于汇,中国政法大学民商经济法学院讲师,法学博士,主要研究方向:民法、劳动法和社会法。

上劳动关系认定规则框架内,作出了有益的创新尝试。未来为应对网络平台用工问题,我国劳动关系认定规则的自我完善是最为现实的选择,完善的路径包括增加劳动关系判断要素、增加经济从属性的内容和理念以及运用利益衡量与衡平的司法裁判方法。

关键词 共享经济 劳动者 劳动关系认定 从属性

共享经济(Sharing Economy)是当下我国经济学、法学、社会学、管理学争相讨论的对象,不仅是因为其作为新兴事物,在理论上尚有诸多创新之处可供探索;还由于共享经济在我国有广阔的发展前景,不单是国内经济下行形势下的新兴经济增长点,也是实现产业升级转型、安置供给侧结构性改革分流劳动人口的重要接口。然而,网络平台盲目地设立与扩张、缺乏必要的监管,已经成为制约网络平台服务甚至我国共享经济发展质量提升的最大阻力,其投射在劳动法领域,就是庞大的网络平台从业者的法律身份仍扑朔迷离,这是新兴业态以及新兴用工形式与我国劳动关系认定制度碰撞而产生的不可避免的问题。我国劳动法学界对这一问题讨论热烈,但至今仍未提出一通说以平息争论;我国法院面对有关案件,虽有若干判决,但也缺少有代表性和指导性的案例。当然,值得谨慎乐观的是,共享经济是否可以凭借着在未来我国经济版图中的重要作用、日渐增长的从业人群和庞大的用户基数,倒逼我国立法部门通过立法的方式对目前问题尚多的劳动关系认定标准进行完善并解决与此关联的劳动者权利保护问题、社会保障问题等,也未可知。因此笔者特撰此文,对我国共享经济与我国劳动法有关制度发生碰撞后产生的问题予以探讨,期望对有关讨论有所助益。

一、我国共享经济的发展以及对用工形态的改变

(一)共享经济的产生和发展

1. 共享经济的起源

共享经济理念的提出,最早可以追溯至学者对协同消费现象(collaborative consumption)的研究。协同消费主义(者)最早是为了对抗传统消费主义对人们生活的侵蚀而倡导的。共享经济最初作为对消费主义的一

种抗议方式，与其说是一种商业模式，不如说是一种文化——同一社区内的人群，对于手头闲置的物品，以零散的线下或线上方式，有偿或无偿提供给需要的人使用。例如，在一个花园小区，每家门前都有草坪，都有修剪草坪的需求；修剪草坪所需的草坪修整机则价值不菲，并非每户都会购买，也不会每天都使用。于是，拥有草坪修整机的住户会选择将修整机出借给其他有修整草坪需要的邻里，避免修整机无谓地闲置，换取一次恩惠的评价，或从邻居手里换取其他的闲置资源，如落叶清理机、水泵等，最终达到资源的最优化配置。因此，一般认为传统的分享经济应当具备两大要件：有可供分享的物品，该物品系统性地存在过剩的倾向以及对物品进行分享的动机。①

2．“互联网+”与共享经济的结合

共享经济最初被认为是一种只存在于熟人社会的生活方式，不会成为一种主流的经济形式，直到其与互联网相结合。随着互联网以及大数据技术的不断发展，过去制约分享经济大规模实现的技术“瓶颈”——信息的匹配，也随之被突破。各种网站、手机 App 平台将商品的信息和需求者信息集中起来，通过运算，将商品和服务者与需求者及时地结合起来，实现了闲置物品和需求的规模化匹配。过去草坪修整机的所有人只能在其居住的社区公告板上贴小广告寻求有需要的人，传播范围也基本只限于同一小区内的住户；而如今，他可以登录某 App 平台，将信息进行发布，不出 1 秒钟的时间，有相同需求的用户就会显示出来，供他选择。当然，闲置资源与有效需求之间巨大的信息差，蕴含着极为诱人的商业价值，这些商业价值也早已被互联网从业者敏锐地发现和利用。如今，共享经济大多涉及金钱交易和商业活动，已非作为消费范畴的“共享”一词本义，而是一种新的交易模式。非营利性的资源交换越来越少，更多的人选择将自己闲置的资源进行标价并售卖。当然，售卖的并非商品所有权，而是对其闲置商品进行短暂使用的可能性或曰链接权（Access）。基于迅速匹配供需信息的特点，共享经济又被称为“随需”（On-demand）经济。② 如今再谈论共享经济，人们已经遗忘了其最初起源时的社区性，并且不会将其与互联网割裂开来，共享经济如今被认为是

① See Yochai Benkler & Sharing Nicely, *On Shareable Goods and the Emergence of Sharing As A Modality of Economic Production*, 114 Yale Law Journal 273, 276(2004).

② 参见蒋大兴、王首杰：《法律规制共享经济的事实前提》，载《扬州大学学报（人文社会科学版）》2017 年第 3 期。

“透过社交网站线上服务,基于非商主体之间的获取、给予或共享商品和服务的经济活动”①。

(二)共享经济引发的劳动用工问题

共享经济给我国法学各个学科都带来了新问题,劳动法领域自然也不例外。最根本的问题自然是法政策层面对于共享经济中的从业者,即网约工,是否应当将其与网络平台的关系认定为劳动关系;以及在立法技术层面,如果将其认定为劳动关系,如何定位这种新兴的劳动关系形态,以传统工厂劳动为模型设计的劳动法规则还能否适用,应作哪些调适;如果不认定为劳动关系,劳动法可否仍然提供若干规则的保护;又是否存在劳动关系和劳务关系之间的第三种选择?有学者总结了目前关于网约工权益保护的问题,认为我国劳动法学界目前至少达成了以下共识:(1)“互联网+”尤其是平台经济,给劳动用工形式带来了巨大变化,甚至给劳动法理论尤其是劳动关系理论带来了革命性挑战;(2)网约工无论有无劳动关系,对其劳动权益都应当予以保护;(3)现行劳动关系认定标准虽不适合网约工,但劳动关系认定不能被泛化;(4)保护网约工劳动权益固然重要,但不能损害平台经济、分享经济的发展。②

我国学者在总结网约工与传统劳动用工形式的区别时,较具有代表性的观点认为网约工具有以下特别之处:(1)用工性质模糊、主体无形。首先,用工性质模糊。在“租赁车+代驾”模式中,专车司机的劳动合同虽然是与劳务派遣公司签订的,但他们实际是接受专车软件运营商的指挥和监督,在为专车软件运营商提供劳动,工资实际也是由专车软件运营商控制和发放,这使专车司机不知道其与两家公司到底是何种关系,自己究竟是哪家公司的员工,因而没有归属感、依赖感。原本在传统直接雇佣用工中只需看一个老板的脸色,现在劳务派遣间接用工中却要仰两个老板的鼻息。其次,用工主体无形。在滴滴、Uber公司所采取的“租赁车+代驾”模式和“社会车辆加盟”模式中,从事专车营运的专车软件运营商们,既没有传统出租汽车企业所应当具有的基本生产经营资料——出租车辆,也没有完成运输任务的专职司机——企业员工,其只是一个虚拟的互联网信息交流平台。(2)从属性弱化。

---

① 蒋大兴、王首杰:《共享经济的法律规制》,载《中国社会科学》2017年第9期。

② 参见王全兴、王茜:《我国“网约工”的劳动关系认定及权益保护》,载《法学》2018年第4期。

在互联网专车服务的运营模式中，专车司机与专车软件运营商之间的关系比较松散，从属性被弱化。(3)劳动关系多重。在互联网专车运营的“租赁车+代驾”模式中，专车司机不一定只隶属于一家专车软件运营商，他们可以根据意愿和现实条件与多家软件平台同时建立用工关系，与多家劳务派遣公司签订劳动合同，从而建立非全日制劳动关系、兼职劳动关系等非典型劳动关系。①

上述对我国网络平台用工特点以及当前研究共识的总结有一定的科学性。但笔者认为，目前我国学界对网络平台用工的描述和理解并不准确，不能够完全反映网络平台用工的真实生态，对其在我国法上的效果评估也存在偏差：首先，对于“用工性质模糊、主体无形”这一描述，并不能反映网络平台用工的实质。持这一观点者认为，“专车司机的劳动合同虽然是与劳务派遣公司签订的，但他们实际是接受专车软件运营商的指挥和监督，在为专车软件运营商提供劳动，工资实际也是由专车软件运营商控制和发放”，从而用工主体性质出现模糊。事实上，既然专车司机或其他网约工能够清楚地意识到其用工指令来自网络平台，用工要遵守网络平台对其行为的规范约束，那么用工的性质以及主体其实已足够清楚。而且这一现象也不足以将网络平台用工与其他劳务派遣性质区别开来(此处只作事实描述，实际上在网约车等网络平台适用劳务派遣制度的合法性存疑，容后详述)。目前我国的任何一种劳务派遣形式，恐怕都难逃这种特性，难谓此乃网络平台用工专属，由此也无法得出网络平台用工性质模糊的法律评价。另外，“主体无形”这一描述也不尽准确。任何一家互联网企业，其对外表征形式可能都是“虚拟的信息交流平台”，但其作为用工主体却是真实存在的。汽车等生产资料是否由网络平台自身拥有、网络平台是否有从事交通运营的特许资格等，这些都与用工主体是否存在、是否有形、是否真实无关。

其次，“从属性弱化”这一判断也不够准确。从属性是控制权理论在大陆法系的表达方式。② 相比于传统劳动关系中“朝九晚五”“按部就班”的劳动

---

① 参见张素凤：《“专车”运营中的非典型用工问题及其规范》，载《华东政法大学学报》2016年第6期；类似观点可参见王文珍、李文静：《平台经济发展对我国劳动关系的影响》，载《中国劳动》2017年第1期；彭倩文、曹大友：《是劳动关系还是劳务关系？——以滴滴出行为例解析中国情境下互联网约租车平台的雇佣关系》，载《中国人力资源开发》2016年第2期。

② 关于大陆法系劳动法从属性理论的相关论述，参见黄越钦：《劳动法新论》，中国政法大学出版社2003年版，第94页。

模式,网络平台在这方面对于从业者的控制有所减弱。但相应地,网约工都要通过在网络平台上注册账号并每天登录,其每次提供劳动时,都离不开网络平台 App 的“监控”(如抢单、接受路线指示、记录劳动时间、查看用户评价等)、要接受消费者和平台合作评价机制的约束,并承受对其不利的评价,其报酬也是先由消费者支付给平台,再由平台根据服务质量抽取提成后发放给网约工。网络平台的这些行为,能否被评价为“控制性手段”?这些行为事实上是否能够产生同样的从属性效果?网络平台与传统的监督和控制手段相比孰强孰弱?这些问题恐怕都要在互联网时代语境下重新慎重考虑,在没有实证研究证实以前,贸然得出从属性在网络平台用工中出现了弱化的结论,恐怕不符合现实情况。

最后,“劳动关系多重”的表述也不够严谨。网络平台从业者可能同时在多个平台注册并提供服务,但目前的大趋势是网络平台用工越来越集约化、专门化,网络平台密集的派单频率也使同一从业者在多个平台提供同质服务的可能性越来越小。另外,“劳动关系多重”的表述,也有混淆事实描述和法律评价之嫌。劳动关系在我国劳动法语境下是一种法律评价,只有满足法定条件才能构成。网络平台从业者同时为多家网络平台提供服务这一现象,只能作为一种事实描述,在网络平台用工法律性质在我国实定法上尚无定论之前,将其评价为多重劳动(法律)关系,显然有误导性。

可见,无论是对于网络平台用工的真实运作状况,还是其可能产生的法律效果,目前的代表性观点都有失准确,对其特征的总结与概括也无法反映其真实特点。因此,笔者在修正这些偏差的基础上认为,目前我国网络平台用工与传统用工的形式区别在于以下三点:

1. 用工主体复杂,真实用工主体往往隐藏于多重法律关系背后

网络平台用工的主体仍然是真实、客观的存在,这一主体难以被识别,是网络平台利用其丰富的法律智力资源,而刻意规避劳动关系的适用的结果。网络平台常常设计复杂的法律关系,人为地将自己隔离于劳动关系之外,避免发生直接用工,实现其所谓的用工灵活、“资产轻质化”等经营目标。如前所述,网络平台常常与劳务派遣公司签署劳务派遣协议,先由劳务派遣公司与网约工签订劳动合同,再根据派遣协议将他们派至网络平台进行用工(甚至有网络平台还要求司机先同汽车租赁公司订立汽车租赁合同)。但应当注

意的是,无论是我国劳动法的实定法规范还是司法实践都主张[①],“用人单位”对于双方劳动法律关系的各种形式化的设计,并不必然决定双方法律关系的性质以及规避劳动关系有关规定的适用。也就是说,无论其设计如何复杂,对于以实体化用工作为判断基准的我国劳动关系判断制度来说,这种规避行为笼罩之下的实际用工的性质,都会同“刺破公司面纱”那样,刺破网络平台表面的法律安排,探究其背后网络平台和其从业者之间的实际权利义务状况。[②] 法律评价并不会因为这一系列操作而变得“模糊”、主体也不会“无形”,只不过是藏在了阴影当中。如果其一系列法律规避手段被评价为违法,那么双方的关系还是会被认定为劳动关系,网络平台还是要承担用人单位责任。

2. 从属性虚化

网络平台用工对于从业者的控制,呈现虚拟化和隐蔽化的特点。目前网络平台对于其从业者的控制性程度,虽然难以从表面作直观对比,但直接因为控制手段的灵活化得出控制性减弱的结论恐怕也失之偏颇。于网络平台自身的特点、能力以及其经营方式而言,其本身就无法采用传统工厂时代下监工式的控制手段,现代技术手段的进步使网络平台也不需要采用。对于网络时代,在网约工的劳动能力被五星评分制量化后摆上台面由潜在消费者选择的情况下,我们已经很难判断,究竟是扣发 100 元工资还是“一星差评”对于劳动者的震慑力大,而我国的网络平台事实上在交替使用这两种方式对从业者施加管控。同样地,当某一网约工的网络平台账号登录权限、每单报酬、评价机制等完全握于网络平台之手时,我们也很难说,究竟是网约工因网络平台自身性质所限无法每天到点上班,还是资本的力量外加信息技术的加持,使网络平台已经无须网约工每日到固定地点报到上班即可实现操控。因此,从属性弱化的判断在没有被更多的实证研究证实之前,尚难仅从当前控

① 参见张某与上海乐快信息技术有限公司劳动争议案,北京市第三中级人民法院(2017)京 03 民终 11768 号民事判决书。

② 我国劳动法上这种对真实权利义务状况的重视,最具代表性的就是 2005 年 5 月 25 日劳动和社会保障部(已撤销)《关于确立劳动关系有关事项的通知》(劳社部发〔2005〕12 号)中关于“建筑施工、矿山企业等用人单位将工程(业务)或经营权发包给不具备用工主体资格的组织或自然人,对该组织或自然人招用的劳动者,由具备用工主体资格的发包方承担用工主体责任”的规定。根据该规定,用人单位将建立劳动关系的任务交给不具备用工主体资格的承包方,以逃避用人单位责任的,即使符合用人单位和劳动者的真实意愿,我国法律仍然不承认这种规避式的设计。

制手段的形式变化中得出,而毋宁说是从属性有所"虚化"——从过去肉眼可见的控制手段转变为数字化、虚拟化的控制手段。这些控制手段的效果和影响如何,都应当结合新业态下网络平台的经营方式和用工要求重新评价。

3. 用工形式松散、灵活

松散、灵活的用工形式是网络平台用工区别于传统用工方式最直观的特点。这种松散和灵活主要体现在网络平台从业者组织的松散性和提供服务形式的灵活性。由于网络平台不会提供一个集中的物理工作场所将从业者集中起来提供劳动,从业者一般或是在等待指令,或是在完成任务的过程中,一般无须在统一地点集中劳动,这一特点与外勤劳动者颇为相似。网络平台从业者提供服务的形式也颇为灵活,网络平台一般对其没有严格的上下班时间规定;对于是否接单提供服务,在完成一定数量的基础订单后,从业者也有了选择是否接单的自主权;从业者的报酬结算也颇为灵活,既可以采取每单收入累加计算的方式,又可以采取固定工资制,还可以采取"固定底薪 + 提成"的模式,不一而足。

以上网络平台在用工法律关系设计方面的种种创新,事实上也是网络平台作为一种新兴的创业和就业形式进行创新的一部分,为网络平台的勃兴提供支持。但这种创新,在目前我国实体法上会产生什么效果,特别是是否会产生其所欲规避劳动法律关系认定以及劳动法律规范适用的效果,无论是在法律适用还是在法政策层面,都存在很大疑问。对这一问题的回答,还是应当回到劳动法的价值和作用、劳动者权益保障以及培育和保护经济形式创新三者的平衡关系上来。对于这一问题的回答,在一定程度上也攸关网络平台经济的命运,决定其能否继续保持比较优势从而得以幸存。在回答这些问题之前,需要全面检视目前我国劳动关系的认定规则。

二、共享经济下的网约工劳动关系的认定实践

(一)当前我国共享经济下的典型用工模式——以"滴滴专车"为例

同美国互联网平台用工性质的讨论起源自 Uber 公司一样,我国的互联网平台用工法律问题也全面地折射在了 Uber 公司在我国的伙伴——"滴滴专车"上。作为目前互联网平台用工的巨头,以滴滴专车为代表的网约车集中

反映了我国互联网平台用工法律性质的特征与问题点。

1."滴滴专车"用工模式解析

我国有学者对滴滴专车等"网约车"平台的运作模式进行了全面的分析,认为可大致分为三种模式:第一,专车软件运营商自己购置运营车辆,从市场直接雇佣专车司机。神州专车目前采用的就是这种模式,简称 B2C(Business-to-Customer)模式,也称为"自有车辆+直接雇佣"模式。第二,专车软件运营商向汽车租赁公司租赁运营车辆,由汽车租赁公司向劳务派遣公司寻求符合条件的有驾驶资质的专车司机,然后由劳务派遣公司和专车司机签订劳动合同。这种模式简称为 C2C(Customer-to-Customer)模式,也有人将其概括为"租赁车+代驾"模式。[①] 第三,一些私家车主连人带车一起"加盟"专车运营,成为兼职专车司机。这种模式简称为"社会车辆加盟"模式。[②]

笔者认为,若讨论这些模式下的专车司机是否构成劳动法意义上的劳动关系,仍然不能脱离劳动关系(劳动者)生产力与(用人单位)生产资料结合这一本质特征。[③] 准此以例,涉及劳动者身份与劳动关系认定的模式,应当只有上述的第二类模式,即"租赁车+代驾"模式或 C2C 模式。关于第一类"自有车辆+直接雇佣"模式[④],由于车辆属于平台,由平台直接雇佣劳动者,与传统的运输服务行业并无二致,只是将交易平台由线下挪到了线上,并未改变平台和司机这一侧劳动力与生产资料直接结合这一传统的劳动模式,认定专车司机劳动者身份问题并无新意。至于第三类,"社会车辆加盟"模式,也就是我们常说的"兼职司机",由于具有本职工作,只是利用下班后业余时间提供专车服务,或上下班交通途中顺路提供专车服务(顺风车),属于民法上调整的好意施惠行为,应由民法调整,也不存在劳动者身份认定的问题。至于学者讨论的兼职问题,笔者认为这一问题并不存在,因为《劳动合同法》上所

---

① 值得注意的是,第一、第二种模式可谓我国特有的模式,无论是美国的 Uber、Lyft 还是其他网约车平台,都没有平台自己购置车辆的运作模式,有的学者在对中美网约车用工问题进行分析时,忽略了这种差异。参见王天玉:《基于互联网平台提供劳务的劳动关系认定——以"e 代驾"在京、沪、穗三地法院的判决为切入点》,载《法学》2016 年第 6 期。

② 参见张素凤:《"专车"运营中的非典型用工问题及其规范》,载《华东政法大学学报》2016 年第 6 期。

③ 参见王全兴:《劳动法》,法律出版社 2008 年版,第 29 页;王全兴、王茜:《我国"网约工"的劳动关系认定及权益保护》,载《法学》2018 年第 4 期。

④ 也有学者称其为重资产模式,参见班小辉:《论"分享经济"下我国劳动法保护对象的扩张——以互联网专车为视角》,载《四川大学学报(哲学社会科学版)》2017 年第 2 期。

规定的兼职问题,其所兼之职,应当是"本职工作"之职,即劳动者有与另一用人单位建立传统的、专一的劳动关系的意思或行动,这样才有所谓的与本职工作冲突之可能。至于利用业余时间开专车的行为,其所兼之职并非"本职工作"意义之职,专车司机也不会产生与专车平台建立劳动关系的意思,不会有劳动者身份认定的问题。

2."租赁车+代驾"模式在我国劳动法下的合法性分析

在"租赁车+代驾"模式下,专车软件运营商向汽车租赁公司租赁运营车辆,由汽车租赁公司向劳务派遣公司寻求符合条件的有驾驶资质的专车司机,然后由劳务派遣公司和专车司机签订劳动合同。各主体之间的法律关系如图1所示:

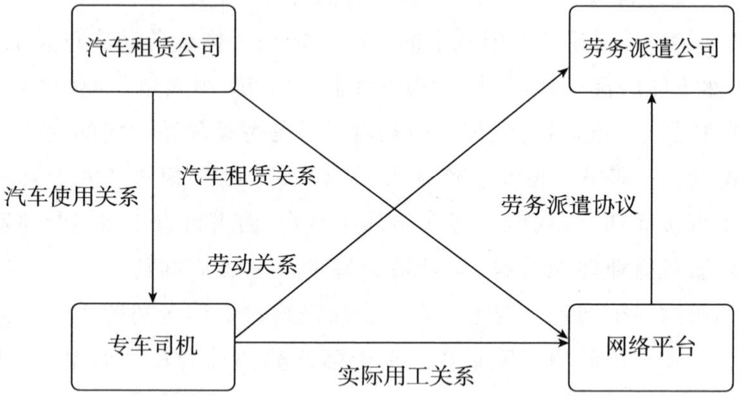

图1 "租赁车+代驾"模式主体间法律关系

由图1可知,在涉及四方主体的这一系列法律安排中,涉及劳动关系问题的,只有专车司机、劳务派遣公司与网络平台三方之间的权利义务关系。现实中网络平台采取的是通过《劳动合同法》第五章"特别规定"第二节所规定的劳务派遣的方式,来避免直接和司机建立劳动关系。然而,这种刻意设计的法律规避,目前来看很难逃过我国劳动法上否定性的评价。在我国劳动立法收紧劳务派遣的适用范围,提高劳务派遣门槛的大趋势下,我国的劳务派遣适用的合法性审查将非常严格。① 我国《劳动合同法》于2012年修正时再次重申,劳务派遣用工是补充形式,只能在临时性、辅助性或者替代性的工

① 参见黎建飞:《"派遣劳动"应当缓行》,载《法学家》2005年第5期。

作岗位上实施。临时性工作岗位是指存续时间不超过6个月的岗位;辅助性工作岗位是指为主营业务岗位提供服务的非主营业务岗位;替代性工作岗位是指用工单位的劳动者因脱产学习、休假等原因无法工作的一定期间内,可以由其他劳动者替代工作的岗位。① 另外,《劳务派遣暂行规定》第4条第1款规定:"用工单位应当严格控制劳务派遣用工数量,使用的被派遣劳动者数量不得超过其用工总量的10%。"从目前来看,滴滴公司与劳务派遣公司签订的"劳务派遣协议"恐怕不符合其中的任何一项规定。专车司机所提供的运输服务,无法被认定为滴滴公司(自称为信息平台和网络技术公司,只提供信息交换及相关技术支持服务)②的任何临时性、辅助性或替代性岗位的职责,既不属于为"主营业务岗位(应当是互联网技术类岗位)提供服务的非主营业务岗位(一般应理解为为互联网技术提供支持的岗位或工种,如数据收集、分析岗等)"的临时性岗位,更不属于季节性(服务周期明显超过6个月)或替代性(与主营业务岗位毫无替代关系)岗位。更何况,以滴滴公司目前庞大的专车司机数量,不超过其用工总量的10%这一数量要求,恐怕也很难达到。因此,这种"劳务派遣"极有可能在我国实定法之下被认定为无效,按照《劳动合同法》以及《劳务派遣暂行规定》的有关规定,如果劳务派遣不符合法定要求,那么将根据《劳动合同法》第92条第2款"劳务派遣单位、用工单位违反本法有关劳务派遣规定的,由劳动行政部门责令限期改正;逾期不改正的,以每人五千元以上一万元以下的标准处以罚款,对劳务派遣单位,吊销其劳务派遣业务经营许可证。用工单位给被派遣劳动者造成损害的,劳务派遣单位与用工单位承担连带赔偿责任"的规定处罚。

(二)我国司法实践对于网络平台用工案件判决及规则梳理——从"e代驾"案到"闪送"案

1."e代驾"案介绍与分析

对于我国最为火热的网约车行业,我国法院尚无关于劳动关系的典型案

① 参见《劳动合同法》第66条第1款、第2款。

② 例如,滴滴官网上提供的《用户服务协议》中写道:"滴滴出行科技有限公司根据您的出行需求,通过实时的线上线下信息交互,线下资源借助大数据分析的有效匹配,为您提供多样化的网约车服务。"参见滴滴:《用户服务协议》,载滴滴官网2023年3月23日,https://www.didiglobal.com/read? file =//img-ys011. didistatic. com/static/didiglobal/do1_s7PleKUHa2wyhm3nqwt8&name =%E4%B8%93%E5%BF%AB%E8%B1%AA%E5%8D%8E_E8%BD%A6%E6%9C%8D%E5%8A%A1%E5%8D%8F%E8%AE%AE。

例作成,但在其他网络用工平台,我国法院已有较为典型的关于是否确认劳动关系存在的判决(在我国实定法上,如果确认存在劳动关系,对劳动者主要的保护是用人单位为其缴纳社会保险费①、受到劳动合同解除制度的保护②以及劳动合同解除或终止后可以从用人单位获得一笔经济补偿金③),此处依照时间顺序选取三个在我国理论界和实务界引起较大反响的网络平台用工案例进行分析,从中整理出目前我国法院对于网络平台案件审理的适用规则,并可以感受到我国法院对网络平台用工态度的变化。

最先走入法院视野并引起关注的是代驾司机与网络平台之间用工性质的案件。2014 年年底至 2015 年年初,北京市第一中级人民法院先后判决了三起代驾司机与代驾网络平台(e 代驾)关于确认劳动关系的案件。三个案件的最终判决结果都是双方之间不存在劳动关系。④ 在庄某某与北京亿心宜行汽车技术开发服务有限公司劳动争议案中,代驾司机庄某某主张,其作为代驾司机必须穿工服,带工牌,必须以 e 代驾员工身份,以 e 代驾的名义按照其指定的收费标准收费,并遵守其他规定,向 e 代驾的客户提供服务。亿心宜行公司曾因为庄某某没有穿工服对其作出过 500 元罚款,该事实证明了亿心宜行公司对庄某某行使了监督权和处分权。双方属于管理与被管理、施罚与受罚的人格从属关系。对此,e 代驾在一审审理时答辩称:“庄某某确实穿工服、戴工牌,这只是形式上的东西,实质上应看是否发工资,用工方式、获得报酬方式等,穿工服是帮助代驾司机有更好的形象,这是按合作协议履行……事实上庄某某有自主选择权,可以选择接单或者不接单,庄某某说灵活多变,说明庄某某在家可以接单。庄某某并没有工作时间,他可以自主选

---

① 《劳动法》第 72 条后半段规定:“用人单位和劳动者必须依法参加社会保险,缴纳社会保险费。”

② 《劳动合同法》第 39 条规定:“劳动者有下列情形之一的,用人单位可以解除劳动合同:(一)在试用期间被证明不符合录用条件的;(二)严重违反用人单位的规章制度的;(三)严重失职,营私舞弊,给用人单位造成重大损害的;(四)劳动者同时与其他用人单位建立劳动关系,对完成本单位的工作任务造成严重影响,或者经用人单位提出,拒不改正的;(五)因本法第二十六条第一款第一项规定的情形致使劳动合同无效的;(六)被依法追究刑事责任的。”

③ 《劳动合同法》第 47 条第 1 款规定:“经济补偿按劳动者在本单位工作的年限,每满一年支付一个月工资的标准向劳动者支付。六个月以上不满一年的,按一年计算;不满六个月的,向劳动者支付半个月工资的经济补偿。”

④ 参见北京市第一中级人民法院民事判决书,(2014)一中民终字第 6355 号、(2015)一中民终字第 01359 号、(2015)一中民终字第 176 号。

择把软件打开,选择是否接单。我方提供信息,庄某某根据信息选择是否与客户签约这种模式,这不是劳动关系。”针对双方的诉讼请求,两审法院都认为,是否存在劳动关系,关键取决于是否满足《关于确立劳动关系有关事项的通知》第1条所确立的三项标准。“庄某某作为代驾司机,可以兼职也可以全职,工作时间自己掌握,不符合劳动关系的认定标准。且根据庄某某与亿心宜行公司签订的e代驾驾驶员合作协议,其二者是合作关系。”因此,两审法院都认为,庄某某未能提供充分证据证明其与亿心宜行公司存在劳动关系,故其基于劳动关系的各项诉讼请求,没有事实依据及法律依据,法院不予支持。① 北京市第一中级人民法院以相同的理由,驳回了另外两名代驾司机要求确认与e代驾之间存在劳动关系的诉讼请求。②

从“e代驾”案的三份判决书中可以大致归纳出北京市第一中级人民法院当时对于网络平台用工确认劳动关系案件的裁判规则:关于劳动关系认定的标准,仍旧采纳《关于确立劳动关系有关事项的通知》第1条所确立的三项标准:一是用人单位和劳动者符合法律、法规规定的主体资格;二是用人单位依法制定的各项劳动规章制度适用于劳动者,劳动者受用人单位的劳动管理,从事用人单位安排的有报酬的劳动;三是劳动者提供的劳动是用人单位业务的组成部分。但是,其中的各项要素在确认劳动关系存在时所占的比重却不相同:“从本案主要事实来看,庄某某没有固定的工作场所,工作时间可自行掌握,庄某某亦非按月从亿心宜行公司获取劳动报酬,结合代驾司机的行业特点以及本案中庄某某与亿心宜行公司签订了e代驾驾驶员合作协议的情况,本院认为庄某某与亿心宜行公司之间并非劳动关系,故庄某某基于其与亿心宜行公司存在劳动关系而提起的各项诉讼请求,缺乏事实和法律依据,本院均不予支持。”可见,北京市第一中级人民法院对于“是否存在固定的工作场所”“工作时间是否自行掌握”“是否按月领取劳动报酬”这些因素较为看重,而对于另外一些可以反映劳动关系特征的要素,如“穿戴统一的工服和工牌”“从e代驾处接受订单和每单报酬”“e代驾有权对司机进行惩罚和监督”等要素不予置评。

---

① 参见北京市第一中级人民法院民事判决书,(2014)一中民终字第6355号。

② 参见孙某良与北京亿心宜行汽车技术开发服务有限公司劳动争议案,北京市第一中级人民法院(2015)一中民终字第176号民事判决书;王某拴与北京亿心宜行汽车技术开发服务有限公司劳动争议案,北京市第一中级人民法院(2015)一中民终字第01359号民事判决书。

相比之下,上海市浦东新区人民法院,对于代驾司机与平台之间法律关系的性质,看法有所不同。在陶某某诉北京亿心宜行汽车技术开发服务有限公司等机动车交通事故责任纠纷案中①,上海市浦东新区人民法院在判断代驾司机与e代驾之间的关系时(请注意,此案是关于代驾司机造成交通事故致他人受伤时的损害赔偿和“雇主责任”承担问题,而非代驾司机直接请求确认存在劳动关系案件)认为:“首先,从事发当时的情形来看,被告赵某系收到被告亿心宜行公司的短信通知,要求其完成代驾服务,且通过代驾服务确认单可以认定,委托代驾服务协议系由被告鲁能上海分公司与被告亿心宜行公司签订,被告赵某并非协议当事人,故被告赵某的代驾行为系接受被告亿心宜行公司的指令为履行协议作出的特定行为。其次,从被告赵某与被告亿心宜行公司的约定来看,被告赵某系经被告亿心宜行公司考核并认可的代驾驾驶员,在其代驾服务过程中,必须接受被告亿心宜行公司制定的规章制度及行为规范,并需穿着公司统一的制服及胸卡,故被告赵某在工作时间内接受被告亿心宜行公司的管理。再次,被告赵某根据被告亿心宜行公司制定的标准收取费用,对于代驾费用被告赵某并无议价权,其仅以付出的劳动获取相应报酬。最后,从雇佣关系的特征来看,雇佣关系是指当事人一方在一定或不定期内为另一方当事人提供特定或不特定劳动且接受另一方当事人的安排指挥,并以此获取劳动报酬的法律关系,本质特征在于一方当事人接受另一方的一定管理,并向其提供劳务以获取报酬。本案被告赵某与被告亿心宜行公司之间符合雇佣关系的一般特征,应认为双方之间属于雇佣关系。综上所述,本院认为被告赵某事发时在执行职务过程中,属于职务行为。根据法律规定,雇员在从事雇佣活动中致人损害的,雇主应当承担赔偿责任,故对于原告损失超出保险理赔范围的部分,应由被告亿心宜行公司基于职务关系承担。被告亿心宜行公司抗辩其与被告赵某之间系合作关系,但从协议的内容来看,被告赵某仅以劳动换取报酬,既不对被告亿心宜行公司的经营承担风险,也不享受除劳动报酬以外的其他利益,其实质仍为雇佣,故对被告亿心宜行公司的抗辩本院不予采纳。”

从该案判决的说理部分来看,对于完全相同的通过e代驾平台接单进行的代驾行为,上海市浦区新区人民法院作出了完全不同的法律评价,不仅判

---

① 参见上海市浦东新区人民法院民事判决书,(2014)浦民一(民)初字第37776号。

决结果与北京市第一中级人民法院相反，其分析过程也显著不同：相较于后者将关注重点放在“是否存在固定的工作场所”“工作时间是否自行掌握”“是否按月领取劳动报酬”这些劳动关系判断要素上，前者则重点考量了后者判决中忽略的“统一的制服和胸卡”和“接受被告亿心宜行公司制定的规章制度及行为规范”等行为，意味着代驾司机接受代驾平台的劳动管理。同时，对于后者认为的“非按月从代驾公司领取报酬（因而不成立劳动关系）”，前者也作了完全相反的评价，“被告赵某根据被告亿心宜行公司制定的标准收取费用，对于代驾费用被告赵某并无议价权，其仅以付出的劳动获取相应报酬”，并没有以报酬是否按月发放给代驾司机作为标准，而是考察费用标准由谁制定以及代驾司机是否有议价权，来决定是否属于“从事用人单位安排的有报酬的劳动”。前者在对劳动关系认定问题的说理上，明显更为细致，也更加贴近《关于确立劳动关系有关事项的通知》第 1 条所确立的三项标准。相比之下，后者在“e 代驾”案件中对有关问题的说理明显不足：一方面，没有解释为何不采纳代驾司机一方提供的、属于法定劳动关系判断要素的主张（如胸卡和工服、接受罚款和监督等）；另一方面，也没有完全按照《关于确立劳动关系有关事项的通知》所确立的标准进行全面分析，忽视了如劳动规章制度适用、接受劳动管理等要素的判断。

2.“好厨师”案介绍与分析

在“e 代驾”案开启我国网络平台劳动关系认定司法裁判的大门后，“好厨师”案接踵而至，又一次将网络平台用工劳动关系认定问题推至前台。在张某与上海乐快信息技术有限公司（以下简称乐快公司）劳动争议案①中，上诉人（一审原告）张某是一名厨师，其于 2015 年 6 月 3 日与从事互联网在线预约厨师上门服务的被上诉人（一审被告）乐快公司签订了“合作协议”，在合作协议中双方约定，张某将其身份信息、联系方式等个人信息提供给乐快公司，并由乐快公司发布于其拥有的“好厨师”App 上。乐快公司为张某提供“好厨师”平台，为张某的厨艺进行在线推广，并为张某提供客户预约服务。客户通过“好厨师”平台向张某提出上门烹饪预约时，张某应当于客户议定的时间内抵达服务地点为客户进行烹饪服务。

对于双方之间是否构成劳动关系的问题，上诉人张某主张：“（乐快公司

① 参见北京市第三中级人民法院民事判决书，(2017) 京 03 民终 11768 号。

要求)每天上午10点都必须要到通州区果园新华联家园南区33号楼401室报到,是公司管理职工的办公室和派工站,晚上18点半时也必须到此报到,报到是打卡,迟到是要扣钱的,受到公司管理。工作由公司派工,每天都有外派的活,上门给客户做厨师,原材料由客户提供,不常用的原料厨师自己带,如果没有活要背着公司背包去街上做宣传。"上诉人就此认为,此种表面上的"合作协议",实际上属于劳动关系。被上诉人乐快公司则抗辩称,"报到"行为只是给厨师派单,厨师领取配料等。厨师自己决定是否接单,因此并不受乐快公司的管理。另外,乐快公司也否认了厨师如果拒绝接单,会遭到公司的处罚(后被上诉人举证推翻)。

审理该案的北京市第三中级人民法院在判决书中认为:"劳动关系的建立固然要尊重双方当事人的意思自治,但不同于一般的民商事法律关系,劳动法律关系中当事人的意思自治要受到劳动法、劳动合同法等法律、法规及劳动行政部门颁布的规范性文件的严格限制,劳动关系认定与否是由强制性规范予以认定的范畴,不能仅凭当事人的书面约定就排除劳动关系,仍要结合双方的'合作'模式和劳动者的具体工作内容予以确定……乐快公司对张某进行指派、调度及奖惩等,按月发放张某较为固定的报酬,张某受乐快公司的劳动管理,在乐快公司安排的工作地点,代表乐快公司从事该公司安排的有报酬的劳动;双方符合有关法律法规规定的用人单位和劳动者的主体资格;乐快公司仅经营厨师类业务平台,张某主要提供厨师技能,综合以上因素考虑,应当认定双方具有较强的从属关系,而从属关系正是认定劳动关系的本质特征。"①

从该案判决书的说理部分来看,分析框架仍然取自《关于确立劳动关系有关事项的通知》第1条中的三项标准,并对三项标准中的各具体要素进行了案件事实的对应和填充:对于乐快公司平台对厨师进行的指派、调度及奖惩等行为,认定为"劳动者受用人单位的劳动管理";按月发放的较为固定的报酬以及在乐快公司安排的工作地点代表乐快公司提供劳动被认定为"从事用人单位安排的有报酬的劳动";乐快公司在招聘网站上将自身定位为"私人厨师平台""我国网络饮食界龙头企业",也基本承认私厨业务、餐饮业务是其主要经营业务,其签约厨师提供的劳动"是用人单位业务的组成部分"。可

① 参见北京市第三中级人民法院民事判决书,(2017)京03民终11768号。

见,在该案的判决中,北京市第三中级人民法院不仅完全遵循了我国目前实定法上的劳动关系认定分析框架,而且对其中的每项标准,都进行了案件事实类型的对应和填充,都找到了相应的案件事实,反映出了我国法院对网络平台用工案件审理的规范性程度的提高以及对有关规则运用的熟稔。

3. 我国网络平台用工最新司法动向——“闪送”案介绍与评价

目前,我国司法实践关于网络平台用工最新的判决是北京市海淀区人民法院对于快递员和“闪送”平台作出的确认劳动关系判决。“闪送”平台是由北京同城必应科技有限公司(以下简称同城必应科技公司)开发和运营的从事同城配送业务的 App 平台,其经营模式为接受客户的快递订单,由与其平台签约的闪送员上门取件后,依客户要求将物品送至指定地点。“闪送员”李某自主下载“闪送”App 并注册成为闪送员,自 2016 年 5 月 29 日起开始接单。2016 年 7 月 24 日,李某在进行闪送业务时发生交通事故。后李某诉至北京市海淀区人民法院,要求确认其与闪送平台之间存在劳动关系,并要求认定工伤,由闪送平台向其赔偿因未依法办理工伤保险所造成的损失。

北京市海淀区人民法院经审理查明,李某下载“闪送”App 并注册成为闪送员,自行购买配送车辆,在平台上抢单后从事快递配送服务。李某无底薪,每单配送收益的 80% 归其所有,计入 App 账户内,剩余 20% 归属“闪送”平台。“闪送”平台对李某无工作量、在线时长、服务区域方面的限制和要求,但对每单配送时间有具体规定,超时、货物损毁情况下有罚款。快递员不得同时为其他平台提供服务。“闪送”平台为快递投保商业保险。法院经审理后认为,法律关系的性质应根据事实审查认定,当事人不可以协议约定的方式排除劳动法之适用。“闪送”平台的经营模式为通过大量提供货物运输服务来获取利润,故“闪送”平台的运营公司同城必应科技公司并不是一家信息服务公司,而是一家从事货物运输业务经营的公司,而闪送员的作用在于提供货物运输服务,使同城必应科技公司得以履行货物运输合同中运输货物的合同义务。本案中,同城必应科技公司在招聘闪送员时,对担任闪送员的条件作出了要求,李某在进行闪送服务时需佩戴工牌,按照服务流程的具体要求提供服务,在任平台闪送员期间李某并未从事其他工作,从事闪送员工作获取的报酬是李某的主要劳动收入,故同城必应科技公司与李某间具有从属性,双方间属于劳动关系。法院认为,同城必应科技公司从李某提供的劳动中获益,则其应当承担相应的法律责任及企业之社会责任。若允许其低成本地用工,则其必然缺乏防范用工风险之主动性,对采取劳动安全保护措施的积极性必然不高,因此带来之社会问题必然增多;互联网企业不能因其采用了新的技术手段与新的经营方式而不承担本应由其承担的法律责任与社会责任。作为运用新技术手段进行经营的公司,其完全可以运用信息技术优势实现合法的经营、管理。法院不能因为相关配套制度尚不完善而拒绝向劳动者提供基本权利之救济。最后,法院判决确认李某与同城必应科技公司间存在劳动关系。①

在该案中,可以看到北京市海淀区人民法院沿袭了我国法院(准确地说应当是北京地区法院)对网络平台用工态度的转变。该案审理法院仍然是依照双方的实际用工事实来判断是否存在劳动关系,而非依照双方所签协议之性质认定。对于"闪送"平台的性质,认定为从事货物运输业务而非信息服务,故而闪送员所提供的同城运送服务,符合《关于确立劳动关系有关事项的通知》第1条所规定之"劳动者提供的劳动是用人单位业务的组成部分"标准。对于佩戴工牌、按照"闪送"平台所制定之服务流程提供服务、只在"闪送"一家平台提供服务并取得报酬等因素,北京市海淀区人民法院认为这些因素也基本符合了《关于确立劳动关系有关事项的通知》第1条所规定之"用人单位依法制定的各项劳动规章制度适用于劳动者,劳动者受用人单位的劳动管理,从事用人单位安排的有报酬的劳动"标准,体现了从属性,从而判定双方之间构成劳动关系。值得注意的是,北京市海淀区人民法院在之前北京地区法院判决的基础上,首次对该案可能的社会效果进行了说理:"同城必应科技公司从李某提供的劳动中获益,则其应当承担相应的法律责任及企业之社会责任。若允许其低成本地用工,则其必然缺乏防范用工风险之主动性,对采取劳动安全保护措施的积极性必然不高,因此带来之社会问题必然增多。互联网企业不能因其采用了新的技术手段与新的经营方式而不承担本应由其承担的法律责任与社会责任。作为运用新技术手段进行经营的公司,其完全可以运用信息技术优势实现合法的经营、管理。"这可以看作对我国社

---

① 参见Tech Web:《闪送途中发生事故,闪送员起诉平台经营者要求确认劳动关系获支持》,载Tech Wed 2018年6月7日,http://baijiahao.baidu.com/s?id=1602574548365744616&wfr=spider&for=pc。

会上的特别是来自平台方反对建立劳动关系的理由的回应①,共享经济和网络平台用工形式上的创新并不必然具有排斥劳动关系适用的正当性。

(三)小结:当前我国法院审理案件的裁判规则

从最初的"e代驾"案、"好厨师"案到最新的"闪送"案,可以看到我国法院对网络平台用工性质的司法态度经历了一个由倾向于不认定为劳动关系到倾向于认定为劳动关系的转变过程。伴随这一转变过程的是法院判决说理部分论证越发翔实、逻辑越发缜密,与我国现行法规定的贴合度更高,并开始意识到对网络平台用工这一大规模用工现象进行劳动关系的认定可能引发的社会效应。总体来说,我国法院对网络平台用工的案件的审理规则已经逐渐成熟、成型,判决结果也逐渐趋向一致。具体可以归纳出以下裁判规则:

第一,对于是否为劳动关系,重点考察用工的实际情况,而非双方签订协议的表面形式,特别是其中排除劳动法和劳动关系适用的约定,并不必然发生网络平台预想之规避劳动法适用的效力。在上述三个案件中,网络平台都通过各种方式与网约工签订了所谓的非劳动合同的"合作协议",并且都在协议中写明不存在劳动关系或不适用劳动法的内容。我国法院对这类约定的效力,还是延续了一贯的依照用工实情进行法律判断的司法习惯和传统,如果双方的用工形态符合劳动关系特征,仍然按照劳动关系处理,平台排除劳动关系适用的努力并不为法院所认同。

第二,对于劳动关系认定的规则,遵从的仍然是《关于确立劳动关系有关事项的通知》第1条所确立的三个标准,尤其是对劳动规章制度、劳动管理、劳动报酬三个要素的审查。对于平台要求网约工佩戴工牌、统一服装等,一般认为构成劳动管理;对于平台所制定的一系列约束网约工的规则,如果网约工提供服务时需要遵守,也认定为"适用用人单位的劳动规章制度"(请注意,这些规则可能并不符合《劳动合同法》第4条所规定的劳动规章制度的内容和程序要求)。从平台所获得的报酬或提成,一般也会被认定为劳动报酬,无论该报酬是每单发放、每月统一发放还是每月存在固定底薪加上一定提成。同时,我国法院基本都否决了平台对于自己性质即经营范围的抗辩,即否认其属于信息交换平台、从事的是民法上的居间业务的主张,认为其是实

① 参见蔡雄山、徐俊:《专车平台与驾驶员之间是劳动关系吗?——基于美国加州Uber劳动案件的深度分析》,载腾讯研究院2015年10月16日,http://www.tisi.org/4266。

际提供餐饮或运输服务的企业,从而也符合"劳动者提供的劳动是用人单位业务的组成部分"之要求。这背后反映了我国法院开始以传统的裁判路径来处理所谓的共享经济下用工新问题。我国法院并不相信在上述案件类型中,其平台用工形态突破了传统劳动关系中的用工形态,在立法未作突破的情况下,还是倾向在既有规则框架内进行分析和判决。

第三,在裁判意见中出现了一定的照顾弱势网约工、"倾斜保护"的劳动法衡平思想。照顾和保护劳动者是我国《劳动法》第5条规定的社会责任的内容,是我国法上的共识之一①,也是我国《劳动法》的立法精神之一。但前提应当是网约工属于传统劳动关系中的劳动者,或至少在地位上与传统劳动关系中的劳动者相当。对于网约工是否属于劳动者或类比为劳动者进行倾斜保护,我国法院之前的态度并不明朗:"平台公司与注册司机之间不宜直接认定为传统的劳动关系。'互联网+出行'新业态改变了传统的用工模式,在现阶段尚无明确的法律法规界定二者关系的情形下,考虑到劳动保障、工伤认定等多层次复杂因素,目前不宜将平台公司与注册司机的关系直接认定为传统的劳动关系……二者的关系在本质上是注册司机根据平台公司的指示,提供劳务服务,从而获取一定的报酬,在法律特征上更贴近于事实上的劳务关系。"②但经过"闪送"案的判决,我国法院开始将社会效果纳入劳动关系认定的考量标准当中,特别是对于双方的力量和利益对比:一方面,网约工确实在经济上还仰赖于从网络平台获得的收入;另一方面,网络平台也从网络用工中获得了巨大的收益,判定其承担劳动关系的责任并不会产生实质上的不公,体现了利益衡量的裁判思路。

三、我国劳动关系认定未来可能的改革方向:各归其位与第三条道路

(一)我国共享经济下的劳动关系认定的先决问题——各归其位

当前,无论是我国劳动法理论界还是实务界,对于共享经济劳动关系的

---

① 参见朱慈蕴:《公司的社会责任:游走于法律责任与道德准则之间》,载《中外法学》2008年第1期。

② 游晓飞:《交通事故案件中App平台公司的责任承担规则——以余学锋诉王刚领、北京小桔科技有限公司等机动车交通事故责任纠纷案为例》,载《法律适用(司法案例)》2018年第4期。

认定问题，存在一种笼统化讨论的倾向，具体表现为脱离不同网络平台用工的具体形态与特点，泛泛地讨论共享经济劳动关系认定的问题，得出应当或不应当认定为劳动关系的结论。经常有学者在文章中以美国 Uber 案作为分析模型，或得出所有共享经济下网络平台用工都不成立劳动关系的结论，或得出在我国的网约车领域，司机与平台之间不构成劳动关系的结论。这些结论的正确与错误本身并不重要，重要的是这些讨论忽视了重要的先决问题，即我国的网络平台用工形态多种多样，既存在兼职用工的情况，也存在全职用工的情况；既存在自备劳动工具的情况，也存在平台提供的情况；既存在强制派单的情况，也存在自由接单的情况；既存在无监督、无惩罚的松散式“合作”，也存在严监督、多处罚的紧密式“合作”，等等。脱离具体语境谈劳动关系判断不足以反映我国问题的特殊性和严谨性。

因此，在讨论我国网络平台用工是否构成劳动关系时，首先应当解决的是各类情形的“归位”问题：对于可能存在从属性用工或劳动的，进一步分析其构成劳动关系的可能性，如滴滴专车中的“租赁车 + 代驾”模式；而对于那些根本不存在从属性用工、当事人也无意建立劳动关系的情形，归入民法框架讨论和调整，排除出劳动法上劳动关系问题的讨论范围，如滴滴的顺风车业务、许多网约车平台的“自有汽车 + 专职司机”模式等。至于进行初步判断的标准，有学者提出以劳动力与生产资料结合的紧密程度为标准①，值得参考，至于紧密程度的衡量要素，可以选取传统劳动关系中的代表性要素，如工作时间和地点的自由性、平台规章和规则的约束程度、报酬的获得方式和规则平台是否有惩罚之权力等。

对我国共享经济下劳动关系认定问题进行归位，有重要的现实意义。首先可以缩小问题的分析范围，明确问题重点，增强结论的科学性。更重要的是可以防止网络平台一方面获得了传统劳动关系下的用工便利；另一方面打着技术创新、用工形式创新的旗号拒绝承担传统劳动关系下的用工成本，不正当地赚取两者之间的“剪刀差”利益。特别是目前我国司法审判坚持“防止

① 参见王全兴、王茜：《我国“网约工”的劳动关系认定及权益保护》，载《法学》2018 年第 4 期。

劳动关系泛化”的态度[①],不解决各归其位的先决问题,就容易将前述不属于劳动法讨论的问题混入劳动法问题讨论中来,将一些民事关系判断要素混同为劳动关系判断要素,导致事实上以劳动关系方式用工的网络平台借防止泛化之名,逃避其应当承担的劳动法义务。

(二)我国网络平台用工的未来命运:第三条道路的可能性与可行性

目前,我国实定法上的劳动关系判断规则对共享经济下的劳动关系问题调整明显力不从心。我国法院对有关案件审判的不断摸索和修正即印证了这一点。出现这一问题也并不奇怪,因为我国劳动关系判断规则明显是以传统的工厂劳动为模型抽象出来的规则;面对与工厂劳动截然不同的网络平台用工,本来就不能期待其能够完美解决所有问题。

为了解决共享经济下网络平台从业者的身份问题,有学者将眼光投向了域外,认为应当否定目前我国劳动法保护“全有或全无”的模式[②],可以引入其他国家的“非典型劳动者”或者“类雇员”制度,将网约工定位为劳动者和承揽人之外的“非典型劳动者”身份,提供部分劳动基准性的保护,如最低工资、最高工时、基本休假等。[③]

本文无意讨论“非典型劳动者”这种第三道路的科学性,只谈论其进入我国实定法秩序内的可能性以及可能产生的影响。不同于西方国家完善的劳动者保护体系(完善的劳动立法和集体协议)和制度(集体行动与惩罚性赔偿等),我国的劳动法实施以及劳动者保护状况恐怕难以为“非典型劳动者”这一制度提供必要的土壤。在当前我国典型劳动关系下劳动者的权益保护尚成问题的情况下,很难想象用人单位会接纳这种非典型劳动者并履行相应的劳动法上的义务,也很难想象我国薄弱的劳动监察力量可以监督这些非典型劳动者的权益保障状况。即使未来我国劳动法体系接纳了这一概念,其真实

---

① 最高人民法院《第八次全国法院民事商事审判工作会议(民事部分)纪要》第六部分“关于劳动争议纠纷案件的审理”指出,劳动争议案件的审理对于构建和谐劳动关系,优化劳动力、资本、技术、管理等要素配置,激发创新创业活力,推动大众创业、万众创新,促进新技术新产业的发展具有重要意义。应当坚持依法保护劳动者合法权益和维护用人单位生存发展并重的原则,严格依法区分劳动关系和劳务关系,防止认定劳动关系泛化。载中国法院网,https://www.chinacourt.org/article/detail/2016/11/id/2361616.shtml。

② 参见丁晓东:《平台革命、零工经济与劳动法的新思维》,载《环球法律评论》2018 年第 4 期。

③ 相关论述可参见王全兴、粟瑜:《意大利准从属性劳动制度剖析及其启示》,载《法学杂志》2016 年第 10 期。

的权利保障状况也令人担忧。另外,我国的劳动者概念缺乏劳动法上的清晰界定,在传统劳动者的界定和保护尚不清晰的情况下,贸然再引入"非典型劳动者"之概念,其界定恐怕会更加困难,我国劳动法上的劳动者概念体系恐怕会更加混乱。因此,在可预见的未来,期待我国立法者通过引入"非典型劳动者"制度来解决网约工的权益保护问题,并不现实。

(三)对我国劳动关系认定规则的修正建议

相比于在修改我国《劳动法》和《劳动合同法》时引入"非典型劳动者"制度,当下更为现实可行的解决我国网络平台用工问题方法,应当是修订于《劳动合同法》颁布之前制定的劳动关系认定标准。

首先,从认定要素的数量来看,可以作为真正意义上劳动关系认定要素的只有劳动规章制度、劳动管理和劳动报酬三种,无论是与美国法上通行的Borello 测试中确立的 13 项认定要素①,还是与大陆法系上以人格从属性、组织从属性以及经济从属性所辐射出的多种判断要素②相比,都显得数量匮乏。立法上缺乏表征从属性的要素数量的直接结果就是,面对复杂多变的商业模式和用工模式,缺少足够的判断指标。因此应当增加劳动关系的其他判断要素,如用人单位惩戒、劳动工具的所有、是否允许转包或他人代为履行等这些在现实交易模式中经常出现的事实要素,使司法认定标准能够容纳足够多的现实素材,以因应目前我国"互联网 +"创业潮催生的不断变化的劳动关系实态。同时,以劳动关系的从属性为基准,应当删去《关于确立劳动关系有关事项的通知》第 1 条第 1 项"主体资格"的认定标准,主体资格问题交给我国的经济主体和商主体法解决;对于"劳动者提供的劳动是用人单位业务组成部分"这一标准,也应该有更加科学的表述"为用人单位的正常经营提供劳动"。

其次,为因应越来越复杂的网络平台用工形式,应当在劳动关系判定规则中,增加和突出经济从属性的内容和地位。经济从属性在大陆法系劳动法理论上常被理解为"雇员从该合同关系中获得的收入构成了他主要的经济来

---

① 参见喻术红、李梦云:《"去劳动关系化"下平台劳务提供者保护的反垄断法介入》,载《河北法学》2023 年第 3 期。

② 参见王倩:《德国法中劳动关系的认定》,载《暨南学报(哲学社会科学版)》2017 年第 6 期。

源"①。这一理解具有启发性,但只体现了收入这种狭义上的经济力量,忽视了影响收入以及经济地位的其他潜在力量,需要在更为具体的语境中进行细化和填充。决定劳动关系及劳动法适用最为正当和迫切的理由,就是是否处于一种极端从属和不自由的状态下提供劳动,从而需要劳动法为劳动者提供倾斜保护。这一判断在网络平台用工问题中也不例外,在网络平台用工这一具体语境下,劳动者的倾斜保护就是两者经济地位的衡量对比,特别是一方的经济地位是否显著系于另一方的意志。相比于大陆法系劳动法的经济从属性理论,美国法上的"经济现实理论"(Economy Realities Test)内容更为丰富、方式更为灵活,可以为网络平台用工问题提供更多借鉴思路:一是对雇员的职责和任务进行控制;二是工资的支付来源和方式;三是录用、解雇和惩戒的权力;四是雇员所提供之劳动系雇主营业不可缺少的部分。② 经济现实理论明显更为置重劳动者和用人单位实际之力量及利益对比,明显更能应对目前"互联网+"时代下多变的用工形式,对其中许多为我国立法所忽视,但已在网络平台用工案件中出现的情形,如网络平台对从业者的惩戒(封号、暂停接单、罚款等),有很强的指导意义和借鉴价值。

最后,在司法裁判中,处理共享经济劳动关系认定问题时,人民法院应当更加重视利益衡量方法的运用。在网络平台用工案件中,发生冲突的是网络平台作为新兴经济形式和用工形式,其创新利益和发展利益与从业者的劳动权益两对利益。在"闪送"案中,审理法院注意到了这一对冲突的利益关系,并且作出了权衡。事实上,两对利益没有直观的位阶高低,都具有一定的正当性,需要进行适度的均衡甚至折中。但是折中的方式并不是引入"非典型劳动者"的学理概念来逃避实际问题,而是应当在具体的案情语境下,分析平台进行创新特别是用工形式的创新,是否有足够的正当性来允许我们适度容忍牺牲实定法秩序甚至劳动者若干权益。这个说服我们"容忍"的正当性,就在于平台用工是否真正突破了传统用工形态,突破了目前实定法上规定的判断标准的边际,进入了所谓的"法律空白"之领域。③ 而从"e代驾"案、"好厨师"案和"闪送"案的案件事实和裁判规则来看,目前的互联网平台用工尚没

---

① BAG 15.4.1993, AP Nr.12 zu § 5 ArbGG 1979. 转引自王倩:《德国法中劳动关系的认定》,载《暨南学报(哲学社会科学版)》2017年第6期。

② See Fitzgerald v. Mobil Oil Corporation, 827 F. Supp. 11301(E. D. Mich. 1993).

③ 参见[美]本杰明·卡多佐:《司法过程的性质》,苏力译,商务印书馆1998年版,第73页。

有完全突破传统用工形态,其事实要素尚在实定法规定的判断标准的涵摄范围之内。因此,将上述网络平台用工认定为劳动关系,只是一次正本清源,将原本属于劳动关系的内容重新予以吸收,而不是"劳动关系泛化",更不是扼杀平台经济。

四、结语

我国新近发生的一系列社会事件以及司法案件表明,共享经济作为一种新兴的经济形式,之前存在的我国消费习惯和消费需求与传统服务行业特点的空当已经被逐渐填满;共享经济在我国已经从最初的野蛮生长阶段逐渐进入需要管制的阶段。管制路径的选择和实施,将会直接决定共享经济未来在我国的命运。共享经济从业者是否被认定为劳动关系,即是管制中的一环,体现着我国决策者对于共享经济在劳动市场的态度:究竟是应当持守当前我国实体的劳动关系认定规则和对劳动者倾斜保护的规则和态度,还是应该适当允许这种新兴的经济形态与用工安排在劳动力市场上普及和发展,甚至不惜适当牺牲我国劳动法上实体规范的确定性以及由此形成的劳动法秩序?

对于这一问题,永远不可能有非黑即白的回答。各观点的持有者,都应当完成对己方观点足够充分且正当的论证责任:共享经济创造的就业机会以及由此带来的正面效应不应当被否认;但担心认定劳动关系会摧毁共享经济的论者同样应当论证,是否认定劳动关系,就必然会摧毁共享经济,而不是可能将其引导至一个有序发展的轨道。抑或放任共享经济平台对其从业者不进行任何劳动法上的保护,是否就一定会促进平台经济的勃兴?这样的勃兴,是否又能带来经济繁荣之外的社会效益的相应提升?同样地,对于支持将部分共享经济从业者认定为劳动关系的论者,同样应当承担这样的论证责任——这部分从业者,是否真正符合我国劳动关系的实体认定规则以及我国劳动法的精神?我国实体法上的劳动关系认定规则,是否有必要对共享经济作适当调适,以更好地适应该行业的特点,为其从业者提供更为适当的保护?

但在上述立法政策问题的思考和答案尚未真正走入实体法层面、带来既有规则变化之前,对于共享经济劳动关系认定的问题和案件,无论如何还是应当在我国的实体法框架内进行思考和裁判。目前,我国大部分提供体力劳动服务的共享经济平台,都极有可能符合我国劳动关系认定的标准。各大平台都试图通过一系列交易安排的设计,规避劳动关系的适用,将自己隔离于直接用工主体之外。对此,我国劳动关系认定规则"重实体、轻形式"的惯例应当继续保持,应当注重从业者与网络平台之间真正的权利义务安排。《关于确立劳动关系有关事项的通知》中确立的三条标准,仍然应当是判断的出发点和主要依据。我国法院也已经基本完成了网络平台用工中各要素对应的实体法涵摄,不出意外,今后发生的类似案件都将会延续这种裁判路径。我国实定法上的各类规则,都已经基本"物尽其用",提供了其能力范围之内所能提供的所有答案。或许,接下来要做的,就是迎接立法者对于这一问题给予的直接和终局的回答了。

Determination of China's Labour Relationship under the Sharing Economy

—Consequences and Improvements

Abstract: The sharing economy has brought about changes in the form of labor employment and also posed challenges to the labor relationship recognition rules in China's labor law. The employment in China's online platforms are characterized by complex legal relationships, blurred attributes, and loose and flexible employment forms. By sorting out the rules for determining labor relations in China, it can be found that the rules for determining the content of labor relations based on factory labor models lack both self-awareness in expressing subordinate labor and foresight in dealing with emerging forms of labor relations. The employment cases on online platforms have gone through a process from denying labor relations to tending to acknowledge labor relations in China's judicial practice. Chinese courts have made beneficial innovative attempts within the framework of labor relations recognition rules in substantive law. In order to address the issue of employment on online platforms in the future, self-improvement of China's labor relations recognition rules is the most practical choice. The path to improvement includes adding elements of labor relations judgment, adding content and concepts of economic subordination, and using judicial judgment methods of interest measurement and balance.

Key words: sharing economy; workers; labour relationship determination; subordination

图书在版编目（CIP）数据

清华法律评论. 第十一卷. 第二辑 /《清华法律评论》编委会编. -- 北京：法律出版社，2024. -- ISBN 978-7-5197-9234-3

Ⅰ. D9-53

中国国家版本馆 CIP 数据核字第 20246GA505 号

清华法律评论（第十一卷第二辑）
QINGHUA FALÜ PINGLUN
（DI-SHIYI JUAN DI-ER JI）

《清华法律评论》编委会 编

策划编辑 孙东育 曲 杰
责任编辑 曲 杰
装帧设计 臧晓飞

出版发行 法律出版社
编辑统筹 学术·对外出版分社
责任校对 张翼羽
责任印制 胡晓雅 宋万春
经　　销 新华书店

开本 710 毫米×1000 毫米 1/16
印张 16.25 **字数** 292 千
版本 2024 年 11 月第 1 版
印次 2024 年 11 月第 1 次印刷
印刷 唐山玺诚印务有限公司

地址：北京市丰台区莲花池西里 7 号（100073）
网址：www.lawpress.com.cn
投稿邮箱：info@lawpress.com.cn
举报盗版邮箱：jbwq@lawpress.com.cn
销售电话：010-83938349
客服电话：010-83938350
咨询电话：010-63939796

书号：ISBN 978-7-5197-9234-3
定价：88.00 元
凡购买本社图书，如有印装错误，我社负责退换。电话：010-83938349